ÉTUDES D'HISTOIRE LOCALE

DEUX ANNÉES D'INVASION

EN PICARDIE

PAR ALCIUS LEDIEU

BIBLIOTHÉCAIRE

CORRESPONDANT DU MINISTÈRE DE L'INSTRUCTION PUBLIQUE

> Je t'aimais glorieuse et t'adore insultée ;
> Je me sens mieux ton fils en pleurant tes revers.
>
> V. DE LAPRADE.

(OUVRAGE COURONNÉ PAR LA SOCIÉTÉ DES ANTIQUAIRES DE PICARDIE EN 1884).

PARIS

ALPHONSE PICARD, LIBRAIRE-ÉDITEUR

82, Rue Bonaparte.

1887

DEUX ANNÉES

D'INVASION ESPAGNOLE

EN PICARDIE

1635-1636

Aucun travail d'ensemble n'a encore été publié sur la guerre de Trente-Ans en Picardie; cependant ce sujet ne manque point d'intérêt, et les documents abondent.

Nous avons tenté cette entreprise — du moins en partie.

Les deux premières années de l'invasion de notre chère province par les bandes hispano-impériales sont assurément les plus douloureuses.

Les combats incessants, les rencontres successives entre les troupes ennemies et les troupes françaises eurent pour résultat la dévastation presque complète de notre région.

L'existence de nos malheureux ancêtres était toute d'alarmes, de souffrances et de privations.

A la guerre succédèrent les deux autres fléaux qui l'accompagnaient presque toujours autrefois, — la famine et la peste.

C'est le récit de ces deux funèbres années que nous nous sommes proposé de retracer.

Si les revers éprouvés par notre pays font saigner notre patriotisme, d'un autre côté ils servent à le raviver.

Notre travail est le fruit de plusieurs années de recherches laborieuses. Avant de le publier, nous l'avons revu avec le plus grand soin et nous avons fait droit aux conclusions de la Commission de la Société des Antiquaires de Picardie.

En jetant un coup d'œil sur l'Index bibliographique, il sera facile de se rendre compte des nombreux documents que nous avons compulsés. Outre les manuscrits qui nous ont servi, la plus grande partie des ouvrages imprimés consultés par nous font partie de collections qui ne sont entre les mains que de très peu de personnes; d'autres sont tellement rares — à témoin les treize premiers de notre Index — qu'ils offrent le même intérêt que certains manuscrits.

Puisse notre œuvre être accueillie comme un nouveau gage de l'affection que nous avons vouée à notre chère province !

INDEX BIBLIOGRAPHIQUE.

OUVRAGES IMPRIMÉS.

Manifeste contenant les justes causes que le roi a eues de déclarer la guerre au roi d'Espagne. 1635.

Déclaration des paysans de Picardie à monseigneur le mareschal de Chastillon. 1635.

Récit véritable de la grande défaite de trente-trois cornettes de Croates, taillés en pièces par l'armée du roi commandée par M. de Rambures, et la honteuse fuite du colonel Forcasse dans le comté d'Artois le jeudi quinzième novembre 1635.

Déclaration générale sur l'élection de monseigneur le duc d'Orléans, frère unique du roi, en la charge de généralissime de l'armée de Sa Majesté dans la province de Picardie, contre les desseins ... du cardinal infant... 1636.

L'acheminement et résolution de la cavalerie et infanterie de la puissante armée du roi dans la province de Picardie. 1636.

Déclaration des villes de la province de Picardie, au roi, sur l'arrivée de la puissante armée de Sa Majesté, et de ce qui s'est nouvellement passé en icelle, contre les ennemis de l'État. 1636.

Harangue militaire d'un ancien capitaine à la revue et montre générale de l'armée du roi, dans la province de Picardie, faite près la ville de Pons Saincte Maixence, le lundi 15 septembre 1636.

2

Le tocsin et la trompette des paysans de Picardie, pour le service du roi, dans les furieuses poursuites contre les Espagnols, et prise de leur canon. 1636.

Les valeureuses actions guerrières de monseigneur le duc d'Orléans, frère unique du roi, généralissime des armées de Sa Majesté, en la poursuite et retraite des troupes de l'armée impériale et espagnole dans la province de Picardie. 1636.

L'arrivée de l'armée du roi près la ville de Bapaume, au Païs-Bas, sous la conduite de monseigneur le duc d'Orléans, frère unique de Sa Majesté. 1636.

Lettre sur le désastre des habitants et garnison de la ville de Corbie, et des furieuses batteries faites contre icelle, par M. le marquis de la Force, suivant les commandements du roi. 1636.

Obsidio Corbeiensis, dicata regi ab Antonio de Ville, equite gallo... 1637.

Joannis Grangierii, professoris regii eloquentiæ, de deditione Corbiæ oratio habita in auditorio Cameracensi regio, die xv novemb. an. MDCXXXVI. Sans date.

Le Mercure français. 1635 et 1636. t. xx et xxi.

Charles Bernard. Histoire de Louis XIII. 1646.

Le P. Ignace. Histoire... des mayeurs d'Abbeville. 1657.

Mémoires pour l'histoire du cardinal de Richelieu, recueillis par Aubery. 1667.

(Jean le Clerc). Vie de Richelieu. 1695, T. ii et iii.

(Simon de Riencourt). Histoire de Louis XIII, dit le Juste. 1695.

Michel le Vassor. Histoire du règne de Louis XIII. 1712-1718. T. viii et ix.

Vincent Voiture. Œuvres. 1729. T. Ier.

Le P. Daire. Histoire de la ville d'Amiens. 1757. T. Ier.

Le P. Griffet. Histoire de Louis XIII. 1758. T, ii.

Dusevel. Histoire de la ville d'Amiens. 1832, T. ii.

Bouthors. Cryptes de Picardie. 1838.

Sismondi. Histoire des Français. 1840. T. xxiii.

A. Bazin. Histoire de France sous Louis XIII. 1840. T. iii.

Les Historiettes de Tallemant des Réaux, pub. par Monmerqué. 1840. T. ii.

Mémoires du duc de la Force. 1843. T. iii.

F.-C. Louandre. Histoire d'Abbeville et du comté de Ponthieu. 1843. T. ii.

H. Martin. Histoire de France. 1849. T. xiii.

Mémoires de Mathieu Molé, pub. par Champollion-Figeac. 1855-1857. T. ii et iv.

Manuscrits de Pagès, pub. par L. Douchet. 1857. T. ii.

La Picardie. Années 1859, 1866 et 1871-1872.

V. de Beauvillé. Recueil de documents inédits concernant la Picardie. 1860 et 1881. T. ier et iv.

E. Prarond. Histoire de cinq villes et de trois cents villages. 1861-1868. 6 vol.

Mémoires du marquis de Beauvais-Nangis. 1862.

E. Delgove. Histoire de la ville de Doullens. 1865.

De Boyer de Sainte-Suzanne. Les intendants de la généralité d'Amiens. 1865.

L'abbé P. de Cagny. Histoire de l'arrondissement de Péronne. 1866. 2 vol.

Ch. Gomart. Essai historique de la ville de Ribemont. 1869.

A. Janvier. Récits picards. Procès célèbres. Exécutions capitales. 1869.

V. de Beauvillé. Histoire de la ville de Montdidier. 1875. T. ier.

L'abbé J. Gosselin. Mailly et ses seigneurs. 1876.

F.-I. Darsy. Répertoire et appendice des histoires locales de la Picardie. 1877. T. ier.

Tillette de Clermont-Tonnerre. Documents inédits sur Abbeville et le Ponthieu. 1880.

E. Coët. Histoire de la ville de Roye. 1880. T. Iᵉʳ.

A. Janvier. Petite histoire de Picardie. 1880.

H. Josse. Histoire de la ville de Bray-sur-Somme. 1883.

Mémoires de Jacques de Chastenet, seigneur de Puységur, pub. par Tamizey de Larroque. 1883. T. Iᵉʳ.

Collection de documents inédits sur l'histoire de France publiés par les soins du Ministère de l'Instruction publique.—1° A.Thierry. Recueil des monuments inédits de l'histoire du Tiers-État. 1856. — 2° Lettres... du cardinal de Richelieu, pub. par M. Avenel. 1863. T. v. — 3° Lettres de Jean Chapelain, pub. par M.Tamizey de Larroque. 1880. T. Iᵉʳ.

Collection de Mémoires pour servir à l'histoire de France depuis le xiiiᵉ siècle jusqu'au xviiiᵉ siècle, de Michaud et Poujoulat. — IIᵉ série : Mémoires de Fontenay-Mareuil,de Montglat, de Bassompierre, de Pontis, de l'abbé Arnauld, de Richelieu. 1837-38. T. v, vi, viii et ix. — IIIᵉ série : Mémoires du cardinal de Retz, de Montrésor, de la Rochefoucauld. 1836-39. T. Iᵉʳ, iii et v. Etc., etc.

SOURCES MANUSCRITES.

Archives départementales de la Somme. B. 21, 22 et 23.

Registres aux délibérations de l'échevinage d'Amiens et d'Abbeville et Comptes des argentiers pour 1636.

Mss. de D. Grenier.

Mss. du bourgeois Scellier, de Montdidier.

Mss. divers de la bibliothèque de Roye.

Archives d'Abbeville et de Crécy.

Histoire généalogique et chronologique des comtes de Ponthieu, par Formentin. (Bibl. d'Abbeville).

Journal d'un bourgeois de Domart. (Bibl. d'Abbeville. N° 96 des Mss.).

Documents particuliers en la possession de l'auteur.

Etc., etc.

CHAPITRE Ier.

Causes de la guerre de Trente Ans. — Première campagne en Picardie. — Les ennemis ruinent Crécy et d'autres localités du Ponthieu. — Condamnation de cinq traîtres. — Le duc de Chaulnes tient la campagne. — Le maréchal de Châtillon est envoyé en Picardie. — Tentative pour attirer Jean de Werth au service de la France.

Dans le premier quart du xviie siècle, une guerre politique et religieuse, qui dura trente ans, — d'où son nom, — s'étendit à toute l'Europe. Les causes qui l'amenèrent sont multiples : l'antagonisme des catholiques et des protestants, mais surtout l'envahissement que prenait chaque jour la Maison d'Autriche. Ces causes ne cessèrent de s'accroître à partir des premiers troubles qui s'étaient produits à Cologne en 1583. Sans cesse en butte, depuis cette époque, aux persécutions des catholiques, les protestants engagèrent la lutte après la défénestration de Prague. (1618).

La guerre de Trente Ans, qui commença alors en Bohême, pour s'étendre ensuite à tout l'Empire, se divise en quatre périodes. A la *période palatine* (1618-1625), où les protestants sont vaincus, succède la *période danoise* (1625-1629), à la suite de laquelle les catholiques ont encore le dessus. C'est alors

que la France, inquiète des succès de la Maison
d'Autriche, lui oppose un ennemi redoutable dans la
personne de Gustave-Adolphe, roi de Suède, qui fond
sur l'Allemagne et la déconcerte un instant par les
victoires qu'il remporte à Leipzig, au Lech et à Lut-
zen; mais il périt à cette dernière bataille et ses soldats se firent battre ensuite à Nordlingen, où Jean de
Werth, dont il sera souvent question, s'acquit une
grande réputation. A Nordlingen, la réformation était
encore une fois vaincue : c'était la fin de la *période
suédoise* (1630-1635).

La rivalité qui avait amené de nombreuses luttes
entre François Ier et Charles-Quint semble s'être
transmise aux successeurs de ces deux monarques.
Richelieu, après son entrée au ministère, paraît avoir
hérité de la haine qui les divisait. Déjà Henri IV avait
conçu le projet d'attaquer la Maison d'Autriche : ce
dessein devait être repris et mis à exécution par le
ministre de son fils.

Mais, à son arrivée aux affaires, le cardinal de Richelieu avait deux autres buts à poursuivre à
l'intérieur du royaume : l'anéantissement des protestants et l'abaissement des grands; il sortit triomphant
de ces deux luttes. C'est alors qu'il put tourner ses
regards vers l'extérieur et préluda, par la guerre de la
Valteline et par celle de la succession de Mantoue, à
une autre lutte bien plus importante ; il résolut en
effet de continuer seul la guerre de Trente Ans : c'é-
tait la *période française* qui allait commencer, et qui
devait durer plus longtemps que chacune des trois

autres, mais il n'en devait pas voir la fin (1635-1648).

Le 8 février 1635, un traité était signé à Paris entre la France et la Hollande pour l'envahissement des Pays-Bas catholiques au printemps suivant. Le 11 juillet de la même année, un autre traité d'alliance était conclu à Rivoli entre le roi de France, les ducs de Savoie, de Parme et de Mantoue, pour envahir et ensuite partager le Milanais.

La situation devenait chaque jour plus tendue entre la France et l'Espagne.

L'ambassadeur d'Espagne à Paris s'était retiré le 5 mai 1635 ; des bruits de guerre circulaient de toutes parts.

Dès le 10 mai, le duc de Chaulnes, gouverneur de la Picardie, faisait appel aux sujets de sa province, et les invitait à se tenir prêts à monter à cheval « avec armes et équipages » à la première sommation qui leur en serait faite par lui-même ou par ses lieutenants, le comte de Soyécourt et le marquis de Mailly. Le 20 juin, il faisait publier à son de trompe dans les rues d'Amiens : « Il est enjoint à tous gentilshommes résidant dans le bailliage d'Amiens de se tenir prest dans huit jours pour monter à cheval. »

La déclaration de guerre, enregistrée au Parlement le 18 juin, ne fut publiée à Amiens que le 5 juillet. Quatre jours plus tard, le duc de Chaulnes, qui prenait toutes les dispositions nécessaires, non seulement pour la défense de la Picardie, mais aussi pour faire irruption dans les pays ennemis, promulguait une nouvelle ordonnance enjoignant « à tous nobles, vassaulx et aultres, bourgeois et habitans, subjects au ban et arrière-ban », de se rendre à Amiens pour le 15 juillet « avec chevaux et équipaige. »

Le 11 juillet, le roi signait une ordonnance pour engager les habitants de la Picardie à faire « retirer leurs bledz et grains qui sont à la campagne et iceux faire transporter et conduire dans les villes fermées, permettant néantmoins à tous ceux à qui ilz appartiendront de s'en servir pour leur usage particulier et les vendre comme s'ilz estoient en leurs maisons. »

Par ordonnance royale du 30 août, les habitants de Corbie sont exemptés du ban et arrière-ban « en considération des incommoditez qu'ils reçoivent et des despences grandes et extraordinaires qu'ilz sont journellement contraints faire et supporter pour l'entretènement des gens de guerre. »

Le 10 septembre, le duc de Chaulnes signait au camp devant Albert une ordonnance enjoignant « aux habitants des villages du bailliage d'Amiens de quelque qualité et condition qu'ils soient de se rendre dans trois jours à Doullens avec armes et bagages. »

Le 17 du même mois, il renouvelait cette ordonnance au camp devant Corbie. (*Archives de la Somme* B, 21 et 22).

Le duc de Chaulnes avait quitté Amiens le 12 juillet pour se rendre à Doullens, où il avait fixé le rendez-vous de l'armée qu'il devait conduire ; il emmenait avec lui sa compagnie de cavalerie et trois pièces de canon que conduisaient les bourgeois privilégiés. Cette petite armée, lit-on dans Pagès, s'empara de

Pas, de Buquoy « et autres bicoques », puis du Ca-
teau-Cambrésis et alla ensuite camper à Miraumont,
où les soldats vexèrent les habitants des environs sans
que leur chef les en empêchât ; « il est vray que M. le
duc de Chaulnes disoit toujours qu'il n'avoit point
d'ordre d'en faire davantage. Ce qui tourna depuis en
proverbe dans ce pays icy. »

Pendant que le duc de Chaulnes prenait toutes les
dispositions dont nous venons de parler, les ennemis
ne perdaient point de temps. A peine la guerre était-
elle déclarée, qu'ils envahissaient le comté de Ponthieu ; l'une des localités qui souffrit le plus dans ce
comté fut le bourg de Crécy. On trouve à ce sujet
dans le *Répertoire et appendice des histoires locales de
la Picardie* par M. Darsy, t. I⁸ʳ, pp. 237 et suiv., les
détails les plus intéressants et les plus circonstanciés.
L'auteur reproduit un acte de notoriété du 3 février
1636 d'une très grande importance pour le sujet que
nous traitons ; nous ne pouvons moins faire que d'en
donner une analyse.

Le fort d'Hesdin était alors occupé par les Espagnols
commandés par le comte d'Hanapes. 400 hommes de
cette garnison sortirent un jour pour aller butiner
dans les environs, mais les habitants de Crécy les at-
tendirent à leur retour au Boisle et au pont de la
Broye. Les ennemis furent mis en déroute en cet endroit et durent abandonner le butin qu'ils avaient
fait à Estrées et à Fontaine, et même laisser reprendre
Philippe de Montault, depuis duc de Navailles, alors
âgé de dix-neuf ans, et envoyé peut-être en mission en

Picardie par Richelieu. Les Espagnols perdirent un certain nombre des leurs sur le champ de bataille et beaucoup d'autres furent faits prisonniers.

Ce passage du document rapporté par M. Darsy s'accorde bien avec la relation que nous trouvons dans le *Mémorial d'un bourgeois de Domart*, qui se trouve à la Bibliothèque d'Abbeville.

Quelques jours après cette affaire, les ennemis, ayant formé le dessein de surprendre Rue, brûlèrent Vironchaux en passant. D'après une note de D. Grenier citée par M. Prarond, les Espagnols, au nombre de 400, commandés par le comte de Frezin, s'avancèrent jusqu'à l'ermitage de St-Vulphy, près de Regnières-Écluse, mais ils furent découverts et durent rebrousser chemin. Les habitants de Crécy, qui veillaient toujours sur la marche des ennemis, les allèrent attendre à Dourier, à leur retour des environs de Rue, et les harcelèrent à nouveau.

Le 29 juillet, le maire et les échevins d'Abbeville écrivaient au duc de Chaulnes : « Nous avons creu qu'il estoit de nostre depvoir de vous donner advis que quatre ou cincq cens chevaux et deux ou trois mil hommes de pied des ennemis ayant passé la rivière au bourcg de Dourrier et entré dans le paiis y ont faict un tel désordre qu'ils ont bruslé dans le village de Vironchaux trente cincq maisons, le petit Mesouttre et Rets. Et qu'ils continuent de faire le feu estant encore allumé en divers endroits ; le paiis est tellement en alarmes que sy promptement il n'y est pourveu il s'en va perdu et la moisson abandonée ;

c'est pourquoy, Monseigneur, nous avons recours à vous affin qu'en y donant l'ordre requis telles incursions soient à l'advenir empeschées... »

Pour venger cet affront, le gouverneur d'Hesdin envoya le comte de Frezin devant Crécy avec l'ordre de sommer les habitants de se rendre à discrétion, « corps, biens, armes et les forts. » Cette sommation ayant été faite, le curé de Crécy et un nommé Pierre Hecquet, laboureur à Wadicourt, allèrent trouver les officiers espagnols et demandèrent un délai de vingt-quatre heures, ce qu'on leur refusa. Les deux députés retournèrent dans l'église et firent connaître aux leurs le résultat infructueux de la mission dont ils s'étaient chargés.

Les braves habitants de Crécy prirent une résolution extrême : puisqu'ils ne pouvaient espérer obtenir aucun quartier de la part des ennemis s'ils se rendaient sans combat, ils « prirent entre eux résolution de se défendre et battre jusqu'au dernier homme plustost que de se rendre. A l'instant se mirent en estat de combattre aux barrières où il y eust huict habitans tuez par la force des ennemis estant en grand nombre tant quavaliers que gens de piedz, tous armez au cler entrèrent et mirent le feu aux quatre coings et milieu dudict bourcq et d'ung mesme temps alèrent pour forcer et entrer dans l'esglise par la porte et vitres d'où ils furent courageusement soutenus et repousez par iceux habitans tirant furieusement sur l'ennemy et en tuez quantitez, entre lesquelz se trouva ung chef tué et son cheval aussy, sy bien que se voiant ainsi repousez furent deppuis sept à huit heures du matin jusquez à quatre heures d'après midy, faisant brusler et consommer touttes les maisons bien bastie de machonnerie, couverte de thuilles, plains de tous biens, estante à l'entour du grand marché, mesme l'eschevinage et l'hostel de la ville, n'ayant délaissé que petittes maisons de peu de valleur estant en bas du bourcq, tellement que ledict sieur curé et icelluy estant lors au clocher ont veu brusler et ruiner totalement ledict bourcq de Cressy et mesme veu emesner grande quantité de bestiaux que les ennemis trouvèrent dans les maretz et jardinaiges. Par ce meus, les habitans ont tous quitté et habandonné ledict bourcq, pour n'y avoir plus aulcune demeure ny comoditez pour vivre, ny ayant à présent que pauvres gens se retirant dans la forest. »

Les Espagnols brûlèrent plus de quatre cents maisons à Crécy, aussi les habitants étaient-ils entièrement ruinés ; il ne leur restait plus que « la vie », leurs « biens tant meubles que grains que bestiaux », ayant « tous esté bruslez et le reste pris et enlevé. » On voit dans l'acte de notoriété reproduit par M. Darsy que plus de vingt années de paix seraient nécessaires pour rebâtir ce bourg tel qu'il était auparavant, aussi les habitants demandaient-ils qu'il fût fait « supplication au Roy de les exempter de tailles, fermes et touttes autres impositions, durant lesdictes vingt années. »

Antérieurement à cet acte, qui est daté du 3 février 1636, les habitants de Crécy avaient emprunté, le 12 novembre 1635, « la somme nécessaire au paiement des frais faits pour raison de la taille », car des poursuites avaient été exercées contre eux à propos des impositions. Le 15 décembre 1635, ils présentèrent au Conseil une requête à l'effet d'être déchargés de la taille et de toute autre imposition ; le Conseil, faisant droit à cette requête, ordonna un sursis de trois mois pour la perception de la taille. — Pendant six ans, ce malheureux bourg resta presque désert, et, en 1641, on promit une exemption d'impôt à tous ceux qui s'y établiraient.

Après la ruine de Crécy, vint celle de nombreuses localités du Ponthieu, dont on trouve une liste dans un arrêt du Conseil en date du 28 mai 1636. M. Darsy reproduit aussi cet arrêt, que l'on voit aux archives municipales de Crécy, CC, 1. On y trouve en effet qu'au mois d'août 1635, Nampont et Montigny, Vironchaux, Machy, Machiel, Rossignol, Petit-Chemin, Dominois, Ligescourt, Ponches, Dompierre, Verjolay, la ferme de Branlicourt, le Boisle, Boufflers, Villeroy, Vitz, Neuilly-le-Dien et Acquêt, Bernâtre et Saint-Lau, Hiermont, Conteville, Maison-Ponthieu, Gueschart, Noyelles-en-Chaussée, Brailly et Cornehotte, Fontaine-sur-Maye, Froyelles, Estrées, Domvast, Gapennes, Yvrench et Yvrencheux, Agenvillers, Millencourt, Neuilly, Canchy, La Motte, les fermes de Balance, Mesoutre, Estruval, Wacourt, Bezancourt, Bellinval, Moismont, Cumont, Lannoy, Hesmont, Quesnoy, Forest-l'Abbaye, Triquerie, Ouville, Saint-Nicolas, Beauvoir et un certain nombre de fermes et de hameaux furent totalement pillés puis incendiés par les Espagnols. Tous les paysans qui essayaient de leur opposer de la résistance étaient mis à mort sans pitié ; ils enlevaient les plus riches, qui n'obtenaient leur liberté qu'au prix des plus fortes rançons ; les femmes et les filles subissaient les derniers outrages.

Après avoir été d'abord livrées aux dévastations de l'ennemi, ces nombreuses localités souffrirent presque autant des divers passages de l'armée française, qui fit « de sy grands desgastz et ruynes qu'il n'est resté choses quelconques. » Les habitants avaient été contraints d'abandonner leurs maisons avant d'avoir fait leur moisson ; malgré leur misère, ils n'en devaient pas moins payer la taille ; ceux d'entre eux qui ne pouvaient acquitter cet impôt, — et le nombre en était grand — se voyaient impitoyablement jeter en prison, aussi adressèrent-ils au roi une requête pour obtenir l'exemption de la taille.

Nous ne quitterons point l'ouvrage de M. Darsy sans parler de la sentence du 30 janvier 1636 dont il reproduit le dispositif.

Le comte de Frezin était conduit dans le Ponthieu par plusieurs traîtres de ce pays. Adrien de Lamiré, sieur de Vercourt, était accusé d'avoir accompagné le comte de Frezin jusqu'aux portes de Rue, de s'être trouvé au siège de Dompierre avec les troupes ennemies, d'avoir assisté avec elles au pillage puis à l'incendie de Vironchaux, de Crécy et autres localités, « d'avoir levé les contributions sur les villages du comte de Ponthieu et en avoir baillé les acquitz signez de luy et soustraitz et

débauché les subjectz du roy de l'obéissance qu'ils luy
doibvent pour les porter au service du cardinal-infant. »
Il était encore accusé « d'avoir abusé des deniers et
des commissions du Roy, s'estre retiré avecq les ennemis de l'Estat, avoir participé à leurs conseils et favorisé les entreprises par eux faictes, erré et levé des
gens pour eux, fait faire des basteaux, eschelles et
pestartz pour surprendre les villes de Rue et Abbeville, estre entré à main armée dans le royaulme. »

Ce traître, ayant été pris, fut jeté en prison, mais il
ne tarda pas à s'évader, grâce à la complicité d'un
nommé de Lignières.

Le 30 janvier 1636, Laffemas, intendant de Picardie, prononçait contre le sieur de Lamiré, contumace, les peines les plus sévères; il était condamné, comme criminel de lèse-majesté, « à estre
traisné sur une claie par l'exécuteur de la haulte
justice, deppuis le chasteau de Ponthieu jusques au
grand marché de ceste ville (d'Abbeville) et là escar-
telé et tiré vif à quatre chevaux, ses membres portez
aux advenues des quatre principalles portes de ceste
ville et sa teste attachée à ung poteau posé sur la porte
de Marcadé tirant du costé de Nouvion, sy pris et
appréhendé peut estre, sinon exécuté par figure et
réputation, sa mémoire condamnée, sa principalle
maison razée et desmolie et au lieu et place d'icelle
une pyramide (eslevée) sur laquelle sera posée une
lame de cuivre contenant en substance la cause de sa
condamnation, tous ses biens acquis et confisquez au
roy, sur iceux préalablement pris la somme de 1,000
livres aplicables en œuvres pies. »

Une récompense fut promise à ceux qui pourraient se saisir de sa personne, tandis que les peines les plus sévères attendaient ceux qui l'auraient caché.

Le 20 février, Louis XIII écrivait au maïeur et aux échevins d'Abbeville, les priant de faire arrêter le « nommé Vercourt, fils bastard du Sr de Nouvion », en quelque lieu qu'ils pussent le rencontrer. André de Lamiré, écuyer, seigneur de Nouvion, père d'Adrien, fut transféré de la citadelle d'Amiens à la prison du château de Ponthieu à Abbeville, « pour luy estre son procez faict et parfaict. »

Par cette même sentence, Julien le Sueur, sieur de la Pâture, demeurant à Argoules, complice d'Adrien de Lamiré, fut également « condamné à estre rompu tout vif, son corps mis sur une roue plantée sur le grand chemin d'Abbeville à Rue, et sa teste sur la principale porte de ladicte ville de Rue, et avant l'exécution de mort, ordonné qu'il seroit applicqué à la question ordinaire et extraordinaire pour avoir revellation de ses complices. »

D. Grenier rapporte que Julien le Sueur était coupable d'avoir conduit les ennemis à Rue pour s'emparer de cette ville. A leur approche, l'alarme fut donnée dans la place. Voyant qu'ils étaient découverts, les Espagnols se retirèrent, mais le Sueur fit semblant de s'être échappé de leurs mains et entra dans la ville ; il demanda à voir le gouverneur, le sieur de Caumesnil ; il voulut lui faire croire qu'ayant été pris par les ennemis, il avait réussi à s'évader pour venir lui révéler leurs desseins ; mais ce n'était qu'une ruse :

ce traître avait voulu se rendre compte de l'état de la place pour en informer les Espagnols. Le gouverneur de Rue ne s'y laissa point tromper ; il se saisit du sieur de la Pâture et l'envoya à l'intendant de Picardie, qui fit instruire son procès ; on sait le reste.

Précédemment, les nommés Lambert, Pierre Bidet et le fils de ce dernier avaient été condamnés, le 5 janvier, « à estre rompus tout vifz » comme complices d'Adrien de Lamiré.

Au mois de septembre 1635, huit à neuf mille Croates, commandés par Forgazi, logeaient à Pas en Artois, pendant que le comte de Frezin s'établissait à Auxi-le-Château avec ses Espagnols ; ils ne tardaient pas à rentrer en Picardie sans que le duc de Chaulnes pût s'y opposer ; ils s'abattaient sur Toutencourt puis sur Beauquesne qu'ils livraient aux flammes le 10 septembre, ainsi que d'autres villages ou fermes des environs ; ils continuaient d'appliquer leur système de dévastation en brûlant tout sur leur passage, et en commettant toutes sortes d'atrocités; c'est ce qui fit dire à Pagès avec infiniment de raison : « Toute la valeur de ces guerriers consistoit principalement à tuer hommes, femmes et enfants, brûler, violer, sans épargner les églises et les autres lieux consacrés à Dieu. »

Quelques jours plus tard, Richelieu écrivait au duc de Chaulnes pour lui marquer la confiance qu'il avait en lui, et il ajoutait : « Je désire... que vous ayez quelqu'occasion de prendre sur les ennemis quelque notable avantage. J'ay ouy dire qu'on en a perdu une belle

3

de desfaire des Croates, mais on ne vous en donne pas
la faute. »

Cette faute, le cardinal la faisait retomber sur Jean
de Rambures, quoiqu'il eût beaucoup d'affection pour
ce dernier. Le 7 septembre, il lui écrivait qu'il venait
d'être informé des travaux qu'il avait fait faire, en
prévision de toute éventualité, autour de Doullens,
dont il était gouverneur ; il le conjurait de prendre les
dispositions nécessaires pour s'opposer à l'entrée des
Espagnols en Picardie. En même temps, le cardinal
l'avertissait qu'un bruit venu du fond de cette province
l'accusait d'avoir manqué une belle occasion de battre
un détachement de Croates aux environs de Bapaume ;
que le duc de Chaulnes, prévoyant que les ennemis
ne pouvaient s'échapper de l'impasse dans laquelle ils
se trouvaient, avait ordonné de livrer un combat, mais
que Rambures, suivant une mauvaise inspiration,
avait crié : *Halte !* et avait fait tourner ses troupes
« à droite ou à gauche » ; Richelieu terminait ainsi
sa lettre : « Je vous mande, comme vostre amy, toutes
les particularités de ce qui se dit, afin que vous puissiés me donner un entier esclaircissement sur ce sujet.
Je respondray tousjours bien volontiers de deux choses
pour ce qui vous regarde, sçavoir est, du cœur et de
l'affection ; mais de la teste, vostre camarade et moy
avons résolu, avec vostre propre consentement, que
vous aviés besoin de conseil. Sy vous cognoissés qu'elle
vous ait mal servy en cette occasion, il en faut trouver
quelque aultre pour réparer ce défault. Je le désire autant que vous, aymant Rambures comme moy-mesme,

désirant luy tesmoigner tousjours de plus en plus que je suis, etc. » (*M. Avenel*).

La ville de Chauny étant dépourvue de garnison, Richelieu y envoya le maréchal d'Estrées afin de tranquilliser les habitants qui savaient les ennemis dans leur voisinage.

Dans une lettre du 20 septembre au maréchal de Brézé, alors en Hollande, l'un de ses serviteurs lui écrivait : « Du costé de Dourlens, l'Espagnol y est, et mesme s'est advancé dans la France et venu jusqu'à une portée de canon d'Amiens, ayant bruslé quantité de villages. Cela a alarmé ung peu le bourgeois. M. le duc de Chosne s'est jetté dans la citadelle d'Amiens...»

Comme le fait remarquer avec raison M. Avenel, la situation était alors très critique ; on dissimulait tout ce qu'on pouvait, et les efforts de Richelieu tendaient constamment à tenir caché tout ce qui était défavorable, craignant que le roi ne le rendît responsable des mauvais succès ; aussi les détails les plus exacts se trouvent, non pas dans les bulletins officiels, mais dans les lettres particulières, — témoin celle que nous venons de citer.

Le duc de Chaulnes ne restait point inactif ; il cherchait sans cesse à grossir le nombre de ses troupes pour en garnir les places fortes de son gouvernement. Le 18 septembre, Richelieu lui écrivait pour le féliciter des mesures qu'il avait prises, et il l'informait qu'il lui enverrait le maréchal de Châtillon ; il ajoutait : « Je seray bien aise pour vostre intérest qu'il trouve toutes choses en sy bon ordre qu'on cognoisse par là

ce que vaut le maréchal de Chaunes. » Mais à lire la
fin de cette lettre, où le cardinal se montre si flatteur
pour le gouverneur de Picardie, on se tromperait fort
si l'on pensait qu'il en fût ainsi au début. « Je vous
fais cette dépesche, — commence Richelieu — pour
vous avertir que tout Paris crie contre vous à merveille, et que le fondement de ces bruits vient de la
Picardie, qui soustient que vous y laissez brusler plusieurs vilages par les Croates en petit nombre, bien
que vous peussiez vous y opposer avec vostre cavalerie. On dit aussy que tous les habitans des frontières,
dont la plupart sont soldats, ne désirent autre chose
que de se réduire sous certains chefs pour estre en
estat de se deffendre, et on vous attribue la faute de
ne l'avoir pas faict jusqu'à présent... ».

Pendant que l'armée franco-batave prenait ses quartiers d'hiver en Hollande, le duc de Balançon et le
comte de Bucquoy, à la tête de 3,000 chevaux et de
8,000 hommes de pied, faisaient continuellement des
excursions en Picardie, ravageaient cette province,
d'où ils emportaient de riches butins, et, finalement,
brûlaient nombre de villages.

Le duc de Chaulnes était trop faible pour s'opposer
aux ennemis ; en outre, ses connaissances militaires
étaient insuffisantes, car il n'avait dû son élévation
qu'à la faveur de son frère, le duc de Luynes. Mais un
guerrier plus habile aurait eu bien de la peine à lutter
contre les ennemis : le duc de Chaulnes ne disposait
que de 1,000 ou 1,200 cavaliers et de quelques régiments nouvellement levés.

Le cardinal, qui pourvoyait à tout, profita de la rentrée en France du maréchal de Châtillon, dont les capacités étaient bien connues, pour l'envoyer en Picardie commander les troupes de cette province conjointement avec le duc de Chaulnes. Il était temps de prendre cette mesure, car les troupes chargées de défendre la Picardie, étant mal payées, diminuaient de jour en jour.

Enfin, le **22** septembre, Châtillon arrivait dans cette province ; le **5** octobre, il écrivait au prince d'Orange pour l'informer que le roi lui avait donné l'ordre, par Richelieu, d'aller rejoindre le duc de Chaulnes ; il lui faisait aussi connaître que le premier ministre lui avait promis de faire augmenter son armée de 2,000 Allemands et de deux régiments suisses de 3,000 hommes chacun, et qu'il pourrait disposer de 2,500 chevaux. Avec ces troupes, Châtillon comptait bien arrêter les ravages des ennemis ; il espérait même les faire reculer, et il engageait le prince d'Orange à occuper le cardinal-infant du côté de la Hollande pour qu'il ne pût se porter sur la Picardie avec le gros de son armée. Mais ces belles espérances ne devaient point tarder à faire place à la plus cruelle déception. Richelieu fut loin de tenir les promesses qu'il avait faites : au lieu d'augmenter les troupes de Châtillon, il obligea à envoyer en Lorraine quelques régiments de Picardie ! ..

Dans une lettre écrite le **15** octobre à Servien, secrétaire d'État, Châtillon lui apprenait que, le lendemain de son arrivée à Amiens, il était allé rejoindre le duc de Chaulnes à Bettencourt-Saint-Ouen, où celui-ci avait donné rendez-vous aux troupes qu'il avait pu amasser, « sans dégarnir trop les places importantes de son gouvernement. »

Le 11 octobre, cette petite armée, composée de 1,400 cavaliers et de 3,000 hommes d'infanterie, quittait Bettencourt ; elle passa par Doullens pour aller camper en pays ennemi, à Outrebois, où elle arriva le 13 ou le 14 octobre.

Le comte de Frezin, qui avait établi les quartiers de ses Croates sur la rivière de Canche, recula en Artois, et fit camper ses soldats entre Hesdin et Auxi-le-Château. Il avait choisi ce poste dans le but de harceler les troupes françaises entre Montreuil et Abbeville, mais il n'avait en cet endroit qu'il fit fortifier, qu'une partie de son infanterie, formant 40 compagnies, représentant un peu plus de 3,000 hommes.

Le duc de Chaulnes était d'avis d'attaquer les ennemis et de les faire déloger, mais Châtillon et Vignoles furent d'un avis opposé ; ils représentèrent qu'il était impossible, avec 4,000 fantassins, d'en attaquer victorieusement 3,000 bien retranchés et soutenus en outre par leur cavalerie dans un pays où ceux-ci pouvaient de plus être secourus. Aussi, le 16 octobre, les soldats français quittaient Outrebois et se portaient entre Abbeville et Auxi-le-Château afin de protéger l'arrivée par Montreuil des pièces de canon venant des Pays-Bas, que l'armée française avait prises à la bataille d'Avein.

L'expédition des maréchaux de Chaulnes et de Châtillon se borna à cette marche. Ils avaient pris quelques petits châteaux qu'ils firent raser et vécu en pays ennemi aussi longtemps qu'ils avaient pu le faire pour empêcher les troupes espagnoles de pouvoir y subsister. Cette diversion, comme le fait remarquer Richelieu, incommoda fort l'armée ennemie qui devait s'opposer à celle des Hollandais.

Le comte de Bucquoy avait reçu pour mission de faire face aux soldats des maréchaux de Châtillon et de Chaulnes ; on lui avait donné le commandement de troupes composées en grande partie de Croates dont la plus grande valeur consistait à incendier les villages et à en massacrer les habitants: de là les représailles dont nous parlerons.

A la fin du mois d'octobre, les maréchaux de Châtillon et de Chaulnes écrivaient au roi que leur infanterie diminuait « à vue d'œil », et qu'elle ne pouvait résister aux rigueurs du campement dans une saison aussi avancée. « Nous avons depuis quinze jours, disaient-ils, plus de huit cens malades dans les régimens français, et deux cens pour le moins dans cinq compagnies allemandes qui commencent de former le corps d'un régiment. Le peu qu'il y avoit de noblesse volontaire s'est retiré, et M. de Villequier s'en est retourné à Boulogne avec la cavalerie qu'il avoit amenée de son gouvernement. Réduits à trois mille hommes de pied, et à six ou sept cens chevaux tant bons que mauvais, nous ne pouvons plus tenir la campagne. Ce qui nous reste de troupes achèveroit de se ruiner et les ennemis s'apercevroient de notre faiblesse. »

Par cette même lettre des deux maréchaux, on voit que le roi, dans une dépêche du 18 octobre, les avait engagés, « pour la satisfaction du public, et même pour sa justice », à brûler en Artois deux fois plus de villages que les Espagnols n'en avaient brûlé en Picardie. Louis XIII leur avait donné l'ordre de faire publier dans les pays ennemis que c'était par représailles que l'on agissait ainsi, mais que ces incendies cesseraient quand les Hispano-Impériaux n'auraient plus recours à ce moyen honteux de faire la guerre.

Jean de Rambures, qui ne perdait jamais une occasion d'attaquer les ennemis, ayant été prévenu que le colonel Forgazi était logé à Frévent avec quelques Croates, s'y porta le 20 novembre et fit main basse sur tout ce qu'il rencontra. Le colonel « se sauva en chemise, tout son équipage fut pris, et sa g.... tuée comme elle montoit en carrosse. » (*Richelieu*).

On trouve dans les lettres du cardinal publiées par M. Avenel, deux mémoires assez curieux concernant Jean de Werth. Aucun historien jusqu'à ce jour ne s'était occupé de ces deux pièces, dont nous devons dire un mot.

Dans une lettre de Richelieu du 1er octobre 1635 adressée à Chavigny, le cardinal informait celui-ci qu'il y aurait peut-être possibilité d'attirer Jean de Werth au service de la France en lui offrant cinquante mille écus. Le 28 novembre, le cardinal de la Valette écrivait de Château-Salins à Chavigny que Jean de Werth avait l'intention de quitter le service de l'Empereur pour entrer à celui de Louis XIII s'il en était bien

accueilli, Il est permis de supposer que cette lettre
contribua pour une large part à faire rédiger le premier
mémoire relatif à la défection de Jean de Werth.
D'après ce mémoire, en date de Saint-Germain en Laye
du 16 décembre 1635, Jean de Werth, qui n'était
alors que lieutenant du maréchal de camp, aurait demandé lui-même à entrer au service de la France, et
se serait engagé à amener avec lui le plus de soldats
qu'il lui aurait été possible de le faire. Suivant ce mémoire, les propositions les plus brillantes étaient faites
à ce guerrier : les troupes qu'il devait amener auraient
été entretenues pendant toute la durée de la guerre
aux frais de l'État ; — il aurait été revêtu du titre de
maréchal de camp et en aurait touché les émoluments,
outre une pension annuelle de quatre mille reichsthalers (quinze mille francs pour cette époque) ; — une
terre d'un revenu au moins égal lui aurait été donnée
en France ; — on l'assurait qu'il lui serait tenu compte
de ses actions d'éclat, et une infinité d'autres propositions avantageuses lui étaient faites, de même qu'à ses
officiers.

Par le second mémoire, rédigé vers le 20 décembre,
portant ratification des promesses faites quatre jours
auparavant, le roi offrait cent mille reichsthalers à ce
fameux partisan s'il parvenait à prendre Brissac et dix
mille s'il prenait Saverne. Il y a tout lieu de supposer
que la copie de ces deux mémoires fut envoyée par
Richelieu à Jean de Werth, mais la cause de son refus
d'entrer, au dernier moment, au service de Louis XIII,
est jusqu'ici restée inconnue.

Les troupes françaises cantonnées en Hollande sous le commandement du maréchal de Brézé étaient dans la misère la plus profonde : les soldats, mourant de faim, demandaient l'aumône !... Il n'y avait cependant que quelques mois que les Hollandais et même les ennemis rendaient de cette armée le meilleur témoignage (mai 1635).

Deux lettres de Richelieu au roi, datées du 4 janvier 1636, font connaître l'état de désolation dans lequel se trouvait l'armée de Flandre, qui ne se composait plus alors que de 8,000 fantassins et de 350 chevaux. Dans la première lettre, le cardinal disait : « Le cœur me saigne d'avoir sceu par le sr Boutard la misère avec laquelle l'armée de Flandre est toute périe. Il le contera à Sa Majesté, qui seule peut, par son authorité, y apporter ordre pour l'avenir, y ayant faict tout ce qui m'a esté possible sans effect. — Je proteste devant Dieu que je voudrois avoir donné de mon sang que cette pauvre armée n'eust point esté réduite à l'extrémité où elle est, ce qui est de plus grande conséquence qu'on ne sçauroit s'imaginer pour les affaires du roy, dont on mesprise la puissance par la misère avec laquelle on voit périr ses troupes.» — Et dans la seconde lettre, le cardinal disait. «...La nécessité est si extresme dans les trouppes de Flandre, que les villes ont mandé à Mr le mareschal de Brézé que si on ne les faisoit payer de leurs monstres, ils (sic) seroient contraints de les mettre dehors, et la pluspart d'elles ont esté si bonnes qu'elles ont donné des chemises aux soldats, et mis dans les hospitaux les valets que les cavaliers avoient esté contraints de chasser. Et sans le pain de munition qu'on a pris par emprunt du commissaire de M^r le prince d'Orange, tout eust été perdu. »

La situation faite au maréchal de Brézé, par suite du défaut de solde et de la misère de ses troupes, était tellement intolérable, qu'il demanda son rappel en France. Le 30 janvier, Richelieu lui écrivait que le roi le laissait libre de rentrer ou de rester en Hollande.

L'ennemi sut mettre à profit l'état d'impuissance dans lequel se trouvait l'armée de Brézé et celle du duc de Chaulnes pour ravager de nouveau la Picardie.

CHAPITRE II.

Exploits du duc de Chaulnes et de Jean de Rambures sur les frontières de l'Artois. — Prise d'Hébuterne. — Entrée des ennemis en Picardie. — Manifeste du cardinal-infant. — Siège et prise de la Capelle et du Catelet. — Les Hispano-Impériaux quittent le Vermandois et traversent la Somme à Cerisy-Gailly. — Retraite du comte de Soissons.

Au commencement de l'année 1636, le duc de Chaulnes se rendit à Péronne, d'où, à plusieurs reprises, il fit sortir des soldats de la garnison avec mission de faire des courses en pays ennemi. Un jour, ils rencontrèrent un certain nombre d'Espagnols logés à Bapaume ; ils les défirent presque entièrement et mirent le reste en fuite.

Les soldats français s'avancèrent jusqu'à Cambrai, incendiant les moulins, les fermes et les villages qu'ils rencontraient sur leur chemin, exécutant ainsi l'ordre qu'ils en avaient reçu du duc de Chaulnes ; mais le gouverneur de Bapaume écrivit à celui-ci pour se plaindre des nombreux incendies qu'il voyait tous les jours des remparts de cette ville ; il le suppliait de les faire cesser, lui promettant, de son côté, qu'il tiendrait la main à ce que ses troupes se gardassent bien d'employer désormais le même procédé en Picardie. Le duc de Chaulnes s'empressa de donner satisfaction au gouverneur de Bapaume, qui, lui, ne tint pas la promesse

qu'il avait faite, puisque, quelques jours plus tard,
ses troupes incendiaient trois villages de Picardie ; les
Français n'allaient point tarder à user de représailles.

Le duc de Chaulnes fit venir du Catelet la compagnie d'Aunac, les deux compagnies de fantassins avec
les capitaines de Fouilloy et de Montmirail qui s'y
trouvaient en garnison, et une compagnie de carabins
d'Albert, commandée par le capitaine Pagès ; il réunit
ces quatre compagnies avec celles de Lignières et de
Conteville, qui se trouvaient à Péronne, et, à la tête
de cette petite troupe, renforcée par la compagnie de
ses gardes, il s'avança un jour sur Bapaume, où il
se trouvait à deux heures du matin.

Arrivé devant cette ville, dont la garnison était
composée de 400 Irlandais, il sépara ses soldats et leur
fit attaquer simultanément les quatre faubourgs; trois
d'entre eux furent pris presque aussitôt, tant l'alarme
était grande dans la place. Le quatrième faubourg,
celui qui était tourné vers la Picardie, opposa une
plus grande résistance ; une forte barrière en défendait l'approche. La lutte fut acharnée en cet endroit ;
malgré une pluie continuelle, que les soldats français
avaient eu à supporter depuis la veille au soir, et malgré leur marche forcée, ils s'emparèrent du quatrième
faubourg après avoir mis hors de combat un grand
nombre d'ennemis. Le duc de Chaulnes fit ensuite incendier ce faubourg et deux moulins situés près de la
ville, puis il retourna vers Péronne ; il n'avait perdu
que six ou sept soldats, qui moururent plutôt de fatigue que des suites de ce combat.

Pendant que le duc de Chaulnes défendait les frontières de sa province du côté de Péronne, le gouverneur
de Doullens ne déployait pas moins de zèle. Il apprit
un jour par ses éclaireurs que cent cavaliers espagnols
bien montés et bien armés, après avoir fait des courses
aux environs de Doullens, venaient de se retirer à
Auxi-le-Château. Il choisit alors les meilleurs hommes
de sa garnison et partit avec eux pendant la nuit pour
surprendre Auxi, qu'il attaqua par trois endroits.
Cette attaque imprévue le rendit bientôt maître de la
ville ; les ennemis se retirèrent alors dans l'hôtel-de-
ville, que le comte de Frezin avait fait fortifier quelque
temps auparavant ; des trente soldats qui s'y étaient
réfugiés, dix furent tués et les autres cherchèrent leur
salut en se précipitant au haut de l'escalier ; les soldats de Rambures pénétrèrent dans l'hôtel-de-ville, et
y mirent le feu après avoir pillé les bagages des ennemis, puis ils rentrèrent à Doullens sans être inquiétés (24 janvier).

Quatre jours plus tard, Jean de Rambures apprit que
deux compagnies d'infanterie espagnole s'étaient logées à Aubigny, à deux lieues d'Arras, et qu'elles voulaient prendre leur revanche. Rambures n'attendit
point qu'elles vinssent le trouver ; le 28 janvier, il quittait Doullens avec 70 fantassins, deux compagnies de
dragons, une compagnie de chevau-légers et un certain nombre de cavaliers ; cette petite troupe se présentait au point du jour devant le bourg d'Aubigny,
qu'elle attaquait aussitôt. Les retranchements ne tardaient pas à être forcés et les soldats français entraient

dans le bourg. Une partie des Espagnols se réfugia dans l'église, qui fut pétardée ; 50 hommes furent faits prisonniers en cette rencontre, dit Formentin ; tout le reste des ennemis perdit la vie dans l'action ou dans la fuite. Les chevau-légers de M. de Rambures s'avancèrent jusqu'aux portes d'Arras, mettant l'alarme partout ; les paysans s'enfuirent de tous côtés, abandonnant leurs bestiaux, dont les nôtres se saisirent; pas un d'eux ne périt en cette occasion; ils rentrèrent à Doullens après vingt-et-une heures de route. Le sieur de Bertrancourt, capitaine, porta au roi les drapeaux pris aux Espagnols.

Les exploits du fils du *Brave Rambures* ne se bornèrent point à ces deux combats. Peu de temps après, il s'emparait d'Avesnes et battait 200 Espagnols ; au mois de mai suivant, il taillait en pièces la garnison de Saint-Pol. Comme on le voit, le succès couronnait toutes ses entreprises.

On trouve dans les manuscrits de Jean Pagès une relation assez détaillée de la prise d'Hébuterne par le capitaine Antoine Pagès, son grand-père, commandant de la ville d'Albert. Cet officier avait été chargé de faire une levée de 50 carabins qu'il prit parmi les gens les plus déterminés d'Albert et des environs, de sorte que, connaissant bien le pays, ils faisaient des courses continuelles, en ramenaient de riches butins et harcelaient sans cesse les soldats ennemis occupant les forts de Bienvillers-au-Bois, d'Hébuterne et de Foncquevillers. Le gouverneur de Doullens apprenait chaque jour que les Espagnols ravageaient Mailly et ses environs ; voulant y mettre obstacle, il appela le capitaine Pagès, alors commandant la cavalerie à Pé-ronne, et M. du Fay, commandant une compagnie de volontaires dans la tour de Contay. Dans un conseil tenu entre ces deux officiers et le gouverneur de Doul-lens, Pagès proposa à celui-ci d'attaquer le fort d'Hé-buterne par le pétard, ce que l'on approuva ; — de l'église et du cimetière de ce village les ennemis avaient fait une forteresse.

Le 2 avril, le capitaine Pagès et le chevalier de Saint-Christophe, commandant le premier la cavale-rie et le second l'infanterie, arrivaient vers le soir à la tête de 750 hommes et s'embusquaient dans le bois de Mailly. Quand la nuit fut venue, cette petite troupe se dirigea sur Hébuterne ; le fort était emporté par le pétard ; les 15 hommes composant la garde étaient passés au fil de l'épée ainsi qu'une trentaine de sol-dats ; quant à la garnison, formée de 400 hommes, elle était faite prisonnière et emmenée à Doullens avec 60 chevaux et un fort butin. Après cet exploit, Pagès ordonna d'incendier le fort d'Hébuterne qui lui avait si peu coûté à prendre.

L'année 1636 allait être fatale à la France et notam-ment à la Picardie. Pour faire tête aux ennemis, Ri-chelieu avait été obligé de diviser ses forces ; il envoya le comte de Soissons en Champagne pendant que le duc de Weymar et le cardinal de la Valette étaient chargés de ravitailler quelques places en Al-sace ; mais bientôt, reprenant l'offensive, ils s'empa-raient des bords de la haute Sarre, mettaient le siège devant Saverne et s'en emparaient le 14 juillet. D'un autre côté, le prince de Condé avait été envoyé en Franche-Comté avec les meilleurs régiments et les meilleurs officiers ; le cardinal lui avait donné pour lieutenant son cousin-germain, le marquis de la Meilleraye, grand-maître de l'artillerie.

Le 1er juin, l'armée de Condé mettait le siège devant Dôle ; mais la résistance qu'opposèrent les assiégés déconcerta les projets de Richelieu et réagit d'une manière bien fâcheuse sur les opérations militaires du Nord.

Les Hispano-Impériaux, profitant de ce que les troupes du roi de France étaient occupées dans l'Est, formèrent la résolution d'obliger la ville de Liège, qui se prétendait libre et neutre, à se départir de cette neutralité en faveur de l'Empereur. Piccolomini, général impérial, qui avait pris ses quartiers d'hiver en Belgique, fut rejoint devant Liège par Jean de Werth, général du duc de Bavière et de la Ligue catholique, qui venait d'être détaché de l'armée de Galas, opérant sur le Rhin.

Les Hispano-Impériaux mirent le siège devant Liège ; les habitants et la garnison firent bonne contenance, et tout faisait prévoir que les ennemis allaient rencontrer devant cette ville une résistance qui les forcerait à employer une partie de l'année à ce siège ; mais les Liégeois demandèrent tout à coup à traiter, ce qui rendit libre l'armée ennemie ; elle ne devait pas tarder à faire usage de cette liberté.

On crut généralement que le siège de la ville de

4

Liège était une feinte destinéé à masquer le projet qu'avaient les ennemis d'envahir la Picardie ; ce dessein avait aussi pour objet de laisser arriver à maturité les blés de cette province, et de donner le temps à l'armée du cardinal-infant d'être renforcée par les troupes impériales qui devaient la rejoindre.

Dès le mois de mai, on avait prévu en France une invasion possible, mais sans pouvoir conjecturer sur quel point elle pourrait se faire. Dans cette prévision, Richelieu fit garder les frontières du Nord.

Le 24 mai, le comte de Soissons envoyait un courrier de la Champagne, où il était, à l'effet d'avertir le cardinal qu'il se dirigeait sur Rocroy pour faire face aux ennemis, qui s'assemblaient de ce côté ; il le prévenait aussi que sa cavalerie était insuffisante et enfin il demandait du secours en cas d'invasion ; il lui fut répondu qu'on lui enverrait le duc de Chaulnes et le maréchal de Brézé.

Le 20 juin, des Noyers, secrétaire d'État, écrivait au duc de Chaulnes pour l'informer du dessein qu'avaient les ennemis d'envahir la Picardie en attaquant la Capelle au premier jour, et, qu'à cet effet, leur armée s'assemblait entre Mons et Valenciennes ; des Noyers engageait le gouverneur de Picardie à pourvoir activement et en toute diligence à la défense des places fortes de sa province, notamment à celles de la Capelle, de Corbie et du Catelet.

Les ennemis choisissaient bien leur moment pour envahir la France ; ils avaient la certitude de n'être point inquiétés du côté des Provinces-Unies par les

Hollandais, car ceux-ci, contents d'avoir heureusement
achevé le siège du fort de Skenk, investi dès l'été précédent, ne parlèrent point de se mettre en campagne
avant la fin du mois d'août. Bassompierre fait remarquer que les Hollandais voyaient avec une joie secrète
les deux rois « embarqués par une forte guerre l'un
contre l'autre et les laissèrent vider par ensemble. »

L'armée française envoyée en Hollande ne se composait plus, avec les recrues, que de 12,000 fantassins
et de 4,000 cavaliers; mais, comme elle ne recevait
point l'argent nécessaire pour payer ses dépenses aux
Hollandais, ceux-ci ne voulaient pas la laisser partir.

L'armée de Condé était retenue en Franche-Comté,
où Richelieu s'opiniâtrait à lui faire assiéger la ville
de Dôle, qui pouvait être secourue par une puissante
diversion et par une bonne armée. Le cardinal aurait
fait preuve de plus d'habileté à ne pas engager cette
entreprise qui se montrait d'autant plus difficile que
les habitants étaient déterminés à se défendre jusqu'à
la dernière extrémité ; au surplus, cette ville ne devait
point être prise.

Aucune des places frontières, dit Montrésor, n'était
en état de se défendre ; il n'y avait pas d'argent dans
les coffres du roi ; les poudres et les autres munitions
dont il était impossible de se passer faisaient défaut ;
on manquait du plus essentiel.

En quittant Mons-en-Hainaut, le cardinal-infant
publia un manifeste daté du 5 juillet qu'il fit répandre
dans les villes de Picardie ; pour ne pas le reproduire
en entier, nous en donnerons l'analyse suivante :

L'auteur disait que depuis quelques années Louis XIII avait, contre toutes les règles de la justice et du droit des gens, porté la guerre dans l'Empire et dans les pays héréditaires du roi d'Espagne : — secouru d'hommes et d'argent les sujets rebelles de Ferdinand et de Philippe ; — aidé le roi de Suède à envahir l'Allemagne ; — acheté des Suédois plusieurs villes usurpées dans l'Alsace et occupé d'autres villes à force ouverte ; — qu'encore que l'Empereur et le roi d'Espagne eussent un droit légitime de déclarer la guerre à Louis XIII après tant d'hostilités commises de sa part, la considération du sang innocent qui se devait répandre dans une querelle dont la décision serait difficile et lente, les avait longtemps retenus; — que, nonobstant une si grande modération, le roi de France ayant depuis peu attaqué les Pays-Bas espagnols, le Milanais et le comté de Bourgogne, tous les bons catholiques devaient demeurer convaincus qu'une plus longue patience ne servirait qu'à rendre Louis et ses alliés plus audacieux et plus entreprenants ; — que leurs Majestés impériale et catholique avaient ainsi résolu d'envoyer leurs troupes en France, non pour usurper le bien d'autrui, mais afin de réduire leur ennemi commun à la nécessité de rappeler ses troupes de l'Italie et de l'Allemagne ; — de rendre des provinces et des villes injustement prises, et d'accepter les conditions de paix raisonnables qu'elles offraient ; — que, pour témoigner les égards qu'ils avaient aux instantes prières de la reine-mère du roi très chrétien, Ferdinand et Philippe promettaient de recevoir sous leur protection tous les Français et toutes les vil-

les qui voudraient ne point s'opposer, et contribuer
même à l'exécution d'un si juste dessein ; — que
l'Empereur et le roi d'Espagne s'engageaient à ne conclure aucun traité avec Louis, à moins qu'il ne satisfît
aux demandes raisonnables de Marie de Médicis ; —
que les princes et les grands seigneurs, dépouillés de
leurs biens, n'y fussent entièrement rétablis, et que
le traité conclu à Ratisbonne ne fût solennellement
confirmé et exécuté ; — enfin que s'il plaisait à Dieu
de bénir les intentions et les efforts de Ferdinand et de
Philippe, ils n'en tireraient aucun autre avantage que
la sûreté de la religion catholique et l'établissement
d'une paix solide et durable dans l'Europe.

Ce manifeste, qui était la contre-partie de celui
qu'avait publié Louis XIII, produisit l'effet qu'en attendait le cardinal-infant : les habitants de la Picardie, mécontents des impôts nouveaux dont ils venaient
d'être chargés, étaient presque tout disposés à accepter la domination étrangère qui s'offrait sous des dehors aussi bienveillants, mais que les faits n'allaient
pas tarder à démentir.

A Amiens, il circulait à chaque instant des bruits
séditieux ; dès le 1er avril avait éclaté une émeute des
sayetiers à propos de l'établissement d'un nouvel impôt ; pour s'en rendre maître, le duc de Chaulnes,
assailli à coups de pierres par les séditieux, fut con-
traint de la charger à la tête de sa cavalerie.

Quelques mois plus tard, à l'approche des ennemis,
le gouverneur diminua la garnison d'Amiens en enle-
vant des soldats de la citadelle, des armes et des mu-

nitions qu'il envoya à Chaulnes pour sauvegarder son
château : nouveau mécontentement qui ne tarda pas à
se manifester dans Amiens par des bruits séditieux ;
les plus mutins « criaient que si on ne voulait pas
avoir plus de soin de leur conservation, ils cherche-
raient quelqu'un qui les traitât mieux », car ils
étaient réduits à la dernière misère et ne pouvaient
craindre d'être plus malheureux sous un autre
maître.

Ces bruits prenaient une telle consistance que Richelieu dut s'en préoccuper. Il fit écrire par des
Noyers au maréchal de Chaulnes la lettre suivante,
qui est assez dure : « Nous recevons tous les jours
de nouveaux avis de la peste des corps, disait-il, mais
encore plus de celle des esprits dans Amiens. En vérité, Monsieur, il y faudroit pourvoir autrement. Cela
vous regarde si fort que vous ne devez rien négliger ni
épargner afin de prévenir le mal. Je voudrois envoier
pour trois mois cinq cens hommes dans la citadelle
et y mettre toutes les autres choses nécessaires pour
la défendre et contre l'ennemi et contre la canaille de
la ville qui est mal affectionnée. Vous me permettrez,
Monsieur, de vous dire que vous faites beaucoup
d'autres dépenses qui ne sont pas si nécessaires. Trois
jours de votre table éloigneroient mille petits incon-
véniens qu'on plaint sans y remédier. »

Sur ces entrefaites, le cardinal-infant réunit toutes
les forces dont il pouvait disposer et prit le commandement général d'une armée que quelques auteurs mo-
dernes évaluent à 40,000 hommes, mais que les au-

teurs du temps ne font monter qu'à 30,000, dont deux tiers en infanterie et le reste en cavalerie ; cette armée disposait de 40 pièces de canon. — Le cardinal-infant avait sous ses ordres trois fameux capitaines, le prince Thomas de Savoie (1), Jean de Werth (2) et Piccolomini (3).

On apprend bientôt en France que l'armée espagnole se dirige sur la Picardie, puis on est prévenu

(1) Thomas-François de Savoie, prince de Carignan, était le cinquième fils du duc Charles-Emmanuel de Savoie ; il avait voulu se fixer en France, mais, à la suite de dégoûts qu'il éprouva, il alla offrir ses services à Philippe III, roi d'Espagne ; il se réconcilia plus tard avec Louis XIII et devint grand-maître de France et généralissime des armées françaises en Italie. Il avait épousé Marie de Bourbon-Soissons, et fut l'aïeul du prince Eugène qui devait, comme lui, porter les armes contre la France. Le prince Thomas mourut à Turin le 22 janvier 1656.

(2) Jean de Werth, né dans le village de ce nom, au pays de Gueldres, en 1594, était d'origine obscure ; d'abord simple soldat, il devint ensuite chef de partisans, et sut rendre de grands services en qualité de commandant des troupes de l'Union catholique en Allemagne ; il fut fait prisonnier en 1638 et demeura quatre ans à Paris ; les Parisiens ne manquèrent point d'aller voir

> Le redoutable Jean de Vert
> Qui lors les avait pris sans vert.
> SCARRON. — *Gigantomachie.*

Nous trouvons le portrait suivant de Jean de Werth dans le *Mémorial* d'un bourgeois de Domart : « Ledit Jean de Vert est un gros homme de moienne grandeur, de bonne aparence et de bon jugement, avec le nez camus, âgé de 60 ans environ », — il n'en avait que 42. Il mourut en Bohême en 1652.

(3) Octave Piccolomini, né en 1599, mort à Vienne en 1656, fut un des officiers les plus distingués de la guerre de Trente Ans ; il commandait les Impériaux à la bataille de Nordlingen, et il contribua pour une large part à la défaite du duc de Weymar.

qu'elle doit attaquer la Capelle ; c'est ce que Richelieu
avait prévu, comme on le voit par une lettre du
22 juin qu'il écrivait au roi et dans laquelle il lui faisait
connaître que le duc de Chaulnes avait été chargé de
rassembler ses troupes entre Guise et la Fère pour
couvrir la Capelle.

Le 3 juillet, l'armée ennemie, qui avait passé la
veille à Estrées, se présentait devant la Capelle, et commençait le siège de cette petite place, qui n'était composée que de quatre bastions et défendue par 400
hommes.

Le lendemain, Richelieu écrivait au duc de Chaulnes
qu'il fallait mettre dans Guise des gens « qui aient
cœur et tête » ; et, à ce sujet, il lui désignait le sieur
de Guébriant; mais, pour que le gouverneur de cette
place ne s'en formalisât point, le cardinal conseillait
au maréchal de Chaulnes de laisser le commandement
du château de Guise au gouverneur et de donner le
commandement de la ville à Guébriant, et il ajoutait :
« Il faut jeter avec lui force braves gens comme le
sieur de Quincé, que j'envoie expressément pour y
servir comme volontaire. » Dans cette lettre, le premier
ministre annonçait aussi que le maréchal de Brézé,
son beau-frère, devait partir le lendemain pour se
joindre à l'armée de Picardie ; il lui faisait encore connaître que le comte de Soissons se tenait prêt à se
rendre en Picardie lorsque le gouverneur de cette province le jugerait nécessaire, et qu'il lui en assignerait
le lieu, qui pourrait être la Fère ; enfin Richelieu terminait sa lettre en promettant au duc de Chaulnes
qu'il serait secouru en tant que possible.

Le 5 juillet, le cardinal écrivait à des Noyers pour l'engager à faire faire la levée de la noblesse de l'Ile-de-France et celle de la Picardie ; pour cette dernière province, il l'engageait à se servir de M. de Saisseval; enfin il ajoutait qu'il était très nécessaire « d'envoyer un ou deux ingénieurs dans Guise, et des outils pour travailler ; de cette place deppend le salut de la Picardie. »

Aussitôt que Louis XIII eut connaissance du siège de la Capelle, il fit prendre des mesures pour secourir cette place ; il s'empressa d'expédier un courrier en Hollande pour informer ses alliés que les ennemis étaient entrés en France, « et les convier de se servir de cette occasion pour mettre promptement en campagne, et faire une si puissante diversion dans la Flandre, qu'ils pussent emporter de grands avantages sur lesdits Espagnols, comme il leur étoit fort aisé s'ils vouloient agir de bon pied, particulièrement étant puissamment assistés d'argent par Sa Majesté comme ils étoient. » (*Mém. de Richelieu*).

L'armée française envoyée en Hollande pour opérer avec celle du prince d'Orange ne s'embarqua à Rotterdam pour être rapatriée que le 31 mai ; Richelieu se plaint dans ses *Mémoires* des mauvais traitements qu'elle eut à subir pendant la traversée ; il se plaint aussi de ce qu'on lui fit payer « deux fois davantage que l'on n'avait accoutumé, et qu'il fallut trouver des marchands dans le pays qui répondissent du paiement, ce qu'il fut difficile de faire sans beaucoup de perte. »

Louis XIII laissa à ses alliés des Pays-Bas les régiments de Meulart et de Wurdenbourg ; il leur délivra en outre 1,500,000 livres pour l'entretien d'une armée de 12,000 hommes destinée à opérer sur les frontières de la Belgique et de la Hollande dans un délai de deux mois, — ce qui n'eut point lieu.

Le 4 juillet, le roi fit donner l'ordre au maréchal de Brézé de rallier les troupes revenues de Hollande, d'en prendre le commandement et de les conduire en Picardie pour se joindre au duc de Chaulnes ; ces troupes se composaient de 8,000 fantassins et de 2,600 cavaliers.

Deux jours avant l'investissement de la Capelle, le gouverneur de cette place, le baron du Bec-Crespin, disait que si les ennemis se présentaient pour en faire le siège, il tiendrait au moins pendant six semaines, quelques efforts qu'ils fissent. Malgré cette assurance, la Capelle fut battue si rudement par les ennemis que le gouverneur capitula le 10 juillet, après sept jours de siège. Si l'on en croit Richelieu, les fossés de cette place étaient encore pleins d'eau, les officiers et les habitants ne demandaient qu'à faire leur devoir, mais le gouverneur eut recours à la force pour leur faire signer la capitulation, les menaçant de les livrer sans quartier aux ennemis s'ils ne la signaient point.

En cette circonstance, le cardinal nous paraît sinon manquer d'impartialité du moins faire preuve d'une grande sévérité à l'égard du gouverneur de la Capelle. Voici ce qui s'était passé, ainsi que le rapporte un historien écrivant dix ans plus tard.

Le baron du Bec, après avoir fait incendier le bourg,
se retira dans le château avec la garnison, mais l'é-
glise, restée debout, servit d'abri aux ennemis, qui se
retranchèrent aussi derrière les ruines formées par l'incendie. Une ancienne brèche faite aux fortifications du
château avait été depuis mal réparée ; les ennemis, s'en
étant aperçus, dirigèrent leurs efforts de ce côté.
Quelques habitants quittèrent la place et poussèrent
la lâcheté et la trahison jusqu'à indiquer au prince
Thomas la tour où se trouvaient les poudres ; il la fit
alors attaquer et elle ne tarda point à être abattue.
Les deux pointes des bastions ayant ensuite été prises,
les assiégés se retranchèrent dans les gorges et se défendirent courageusement, mais les habitants, craignant d'être massacrés si leur ville était emportée
d'assaut, supplièrent le gouverneur de se rendre ; celui-ci ne voulut point les écouter; quelques bourgeois et
même des soldats essayèrent de provoquer une émeute
qui fut aussitôt réprimée, mais le lendemain 8 juillet
le baron du Bec, s'attendant à un assaut général, ne
crut pas pouvoir s'opposer plus longtemps à des forces
si imposantes, étant donnée surtout la peur qui s'é-
tait emparée de la garnison ; il fit sortir un tambour
chargé de demander à parlementer et la capitulation
ne tarda pas à être signée ; — les principaux articles
étaient ceux-ci : Le gouverneur sortirait avec son train
et ses meubles ; — il emporterait quatre canons et
deux barils de poudre ; — ses soldats emporteraient
leurs armes et leurs bagages ; — les habitants pourraient rentrer dans la ville en toute sûreté et prête-
raient dans ce cas serment de fidélité au roi d'Espagne,

mais un délai de deux mois serait accordé à ceux qui voudraient se retirer. — Quant aux soldats composant la garnison, ils se retirèrent à Saint-Quentin.

La capitulation était honorable ; le reproche sérieux que l'on fut en droit de faire au gouverneur de la Capelle c'était de s'être rendu sans en avoir donné avis au comte de Soissons, et sans lui avoir fait demander s'il pouvait le secourir.

L'abbé Antoine Arnauld raconte dans ses *Mémoires* que lorsque le cousin-germain de son père, Isaac Arnauld, mestre-de-camp des carabins de France, fut envoyé en Picardie pour reconnaître l'état des places qui pouvaient être attaquées, le gouverneur de la Capelle, « homme d'esprit et de qualité, mais qui n'avait jamais vu de guerre », le reçut agréablement; il « lui fit faire le tour de la place en dedans et en dehors, lui en fit remarquer le fort et le faible, discourant avec tant de lumière et de bon sens de ce que pouvoient entreprendre les ennemis s'ils l'assiégoient, et de ce qu'il leur opposeroit pour sa défense, que César lui-même, à ce que disoit M. Arnauld, n'auroit pas pu en parler plus pertinemment. Cependant, cet homme, si habile et si brave dans son cabinet, perdit l'esprit et le cœur à la vue des ennemis. »

Le lendemain, Richelieu informait le roi de la reddition de la Capelle et l'engageait à ne point s'en affliger outre mesure, mais à mettre sa confiance « en la bonté divine. » Dans une seconde lettre, écrite le même jour à son maître, le premier ministre lui faisait observer que la prise de la Capelle changeait les dispo-

sitions qui avaient été prises ; il lui proposait de faire
envoyer le comte d'Alais à Abbeville et M. de Vignoles
à Péronne.

Dès le 12 juillet, le roi faisait placer Montbazon à
Soissons, le vicomte de Brigueil et son fils à Compiègne, le marquis de la Force à Laon, de Belzunce à
Reims et de Venves à Noyon, « pour, par leur exemple,
exciter tout le monde à faire son devoir si on était
attaqué. » En même temps, le comte de Soissons
recevait l'ordre de quitter la Champagne pour aller
prendre le commandement des troupes de la Picardie;
les maréchaux de Brézé et de Chaulnes, qui devaient
servir sous le commandement du comte en qualité de
lieutenants-généraux, reçurent également l'invitation
de se joindre à l'armée de ce dernier.

Précédemment, par une commission datée du 6
juillet, le comte de Guébriant avait été envoyé à Guise
avec 6,000 hommes, formés des seize compagnies des
gardes du régiment de Champagne et des régiments
de Saint-Luc, de Vervins et de Langeron.

Les moyens de défense de Guise se trouvaient dans
le plus pitoyable état : ses murailles étaient ouvertes en
plusieurs endroits, les citernes rompues et les canons
démontés; le gouverneur, M. de l'Eschelle, était malade
et n'avait qu'une très petite garnison, aussi les habitants de Guise se préparaient à s'enfuir de leur ville.
Le comte de Guébriant, dit son biographe, commence
par les rassurer, les anime par des exhortations véhé-
mentes et les accompagne de protestations si vives de
mourir pour leur défense, qu'il leur inspire une réso-

lution toute lacédémonienne, de faire de la poitrine partie de la muraille. Après avoir ainsi fortifié le dedans, il emploie ses soins aux réparations du dehors, ordonne de grands retranchements, et, sans qu'il en coûte rien au roi, met Guise en état d'attendre sans crainte l'attaque des ennemis.

Guébriant fit davantage encore ; en arrivant dans Guise, il se mit à travailler aux fortifications avec ses soldats. Entraînés par son exemple, les habitants se mirent également à l'œuvre, de sorte qu'en quelques jours la place fut en état de pouvoir résister aux ennemis, d'autant plus que le gouverneur pouvait en outre compter sur la bravoure de la garnison et sur la bonne volonté des habitants.

Il paraît que ce qui redoubla l'ardeur de Guébriant fut une lettre de cachet par laquelle le roi, craignant de perdre un aussi vaillant officier et d'aussi bonnes troupes, l'aurait autorisé à brûler la ville s'il croyait ne pouvoir la défendre.

Le 13 juillet, les ennemis parurent aux environs de Guise pour reconnaître la place ; deux jours furent employés à cette reconnaissance. « Leurs corps avancés n'approchèrent que de loin, et, ayant été battus et repoussés dans leurs escarmouches, ils ne purent que faire un rapport avantageux de la brave résolution du comte de Guébriant. »

Le 16, l'armée ennemie s'approcha de Guise avec vingt-cinq pièces d'artillerie ; le prince Thomas envoya un trompette au comte de Guébriant pour le sommer de se rendre à composition. « Je ferai abattre trente

brasses de muraille si M. le prince Thomas croit abré-
ger le dessein de son siège par un assaut », répondit le
gouverneur de Guise. Cette bravade produisit sur les
ennemis un effet auquel ne s'attendait peut-être pas
Guébriant : les Espagnols délogèrent aussitôt pour aller
camper entre Origny-Sainte-Benoîte et Ribemont ;
cette dernière ville fut occupée militairement par un
corps d'armée de deux à trois mille chevaux, commandé par le colonel Quélin, qui resta plusieurs jours à
Ribemont ; il y serait arrivé le 14 juillet et en serait
reparti le 18, si l'on en croit M. Gomart. (*Histoire de
Ribemont*). — Quoi qu'il en soit, pendant leur séjour,
dit le même auteur, François Blondel, maïeur de la
ville, fit d'actives démarches auprès de Jean de
Werth, et il obtint de ce général la liberté d'un
grand nombre de prisonniers. A force d'instances, il
eut la faveur de conserver les clefs de la ville, dans
laquelle il donna secours et assistance à plus de 1,800
hommes, femmes et filles qui s'y étaient réfugiés.
Après le départ de Jean de Werth, une maladie pesti-
lentielle se répandit dans le pays, produite sans doute
par le grand nombre de bestiaux tués et abandonnés
sur le sol par l'ennemi.

En se retirant, les Espagnols ruinèrent les villages
de Villers-le-Sec, de la Ferté-sur-Perron, de Chevre-
sis-le-Meldeux et autres localités qui se trouvaient sur
leur passage ; ils s'étaient emparé de Vervins le 7,
parce que cette ville n'avait opposé aucune résistance ;
le 9, ils avaient pris et brûlé le château de Surfon-
taine.

Le 21 juillet, le comte de Soissons recevait une lettre de Richelieu lui annonçant que le roi fortifierait son armée et que les fonds nécessaires allaient être envoyés pour payer la montre ; il lui faisait aussi connaître que la noblesse de Normandie, qui devait se mettre en marche le lendemain sous la conduite du duc de Longueville, beau-frère du comte, formerait un corps considérable ; il ajoutait qu'aussitôt après la prise de Dôle, vers la fin du mois, on enverrait 1,500 cavaliers à l'armée de Picardie ; enfin il terminait sa lettre au comte en l'engageant à laisser Guise suffisamment garnie de gens de guerre et à en faire autant pour Corbie et pour Doullens.

Le même jour, Richelieu écrivait dans des termes à peu près semblables à son beau-frère, le duc de Brézé ; il lui faisait remarquer que Corbie était la plus mauvaise place sur la Somme, et que les Espagnols pourraient se diriger vers cette ville s'ils parvenaient à prendre le Catelet.

Après avoir quitté les environs de Guise, les ennemis remontèrent vers le Nord et s'emparèrent en passant de Fonsommes et de Fervacques ; ils s'arrêtèrent ensuite au château de Bohain, défendu par quatre compagnies du régiment de Langeron ; le château ne tarda pas à être forcé et la garnison faite prisonnière.

Le comte de Soissons était campé à la Fère avec 10,000 fantassins et 3,000 cavaliers. Cette petite armée se composait des troupes ralliées en Champagne et en Picardie, mais tous les jours il lui arrivait de nouvelles forces. Aussitôt qu'il fut prévenu que les Espagnols se dirigeaient sur Fonsommes, il tint conseil afin de prendre une décision sur les moyens à employer pour faire tête à l'ennemi et défendre le passage de la Somme. La majorité, croyant les Espagnols du côté de Ham, fut d'avis de se porter sur cette ville ; d'autres émirent l'idée de se mettre en marche dès le lendemain ; d'autres encore estimèrent qu'il était préférable d'attendre afin de connaître plus sûrement la marche qu'allaient prendre les ennemis. Le comte de Soissons prit alors la parole et déclara que son intention était de se porter sur Guise ; mais le maréchal de Brézé fit valoir les raisons qui devaient faire repousser ce projet : le pays où allait s'établir l'armée française venait d'être ruiné par les ennemis ; — il n'y avait plus assez de moulins pour moudre le blé nécessaire à la subsistance des habitants, et, à plus forte raison, pour celle de l'armée ; — en marchant vers Guise, c'était suivre l'ennemi au lieu de lui faire tête, et, s'il entrait dans le pays situé entre la Somme et l'Oise, la communication de l'armée française avec la France se trouverait coupée, de sorte que, pour ravitailler les troupes, il faudrait les faire passer dans la Champagne, laissant ainsi à la discrétion de l'ennemi tout le pays situé entre les deux rivières, car nombre de villes n'avaient qu'une garnison insuffisante ou en étaient dépourvues ; — enfin le maréchal de Brézé exposa qu'en prévision de la marche des ennemis sur le Catelet, il était de toute nécessité de garder la Somme et de couvrir la Picar-

5

die, mais s'ils retournaient vers la Capelle, les troupes
françaises se posteraient de nouveau à la Fère, « et
s'ils couloient plus à notre main droite, — ajoutait-il
— qu'il falloit le long de la rivière d'Aisne, faire tête
au poste de Rethel, et en un mot être toujours à leur
tête dans des lieux avantageux, et jamais à leur queue ;
et qu'il croyoit qu'avec des rivières devant nous, des
pics, des pales, de la patience et des vivres, il se falloit opposer à eux tandis qu'ils étoient les plus forts,
et que c'étoit dans notre pays. » (*Mém. de Richelieu*).

Malgré la sagesse et la valeur des raisons invoquées
par le duc de Brézé, elles ne furent point agréées par
le comte de Soissons, qui commanda immédiatement
de se préparer pour partir à Guise ; Brézé dit alors
« qu'il ne croyait pas que l'intention du roi fût que les
opinions de ceux qui étaient au conseil de guerre fussent comptées pour rien. » Le comte répliqua assez
sèchement, et, s'échauffant dans la discussion, Brézé
se retira, « comme firent tous les autres après. »

L'un des confidents du comte de Soissons — Saint-
Ibald, dont il sera question plus loin — représenta à
son maître qu'il avait peut-être eu tort de froisser le
duc de Brézé, ce qui pouvait occasionner les conséquences les plus fâcheuses ; Soissons reconnut son tort
et autorisa Saint-Ibald à présenter ses excuses au duc
de Brézé ; celui-ci répondit qu'elles étaient « superflues
parce qu'il étoit serviteur de M. le Comte, mais qu'il
le supplioit très humblement d'avoir agréable de lui
faire savoir que s'il prétendoit faire les choses de son
autorité privée, qu'en ce cas il trouvât bon qu'il en-

voyât au roi pour supplier Sa Majesté de lui permettre
de servir près de sa personne, pendant que les ennemis seroient en présence, comme volontaire, d'autant
qu'il ne vouloit pas avoir part dans l'événement des
choses, n'en ayant point dans la résolution. » — A
partir de ce jour, le comte de Soissons se montra
moins autoritaire, « et pesa davantage les opinions des
uns et des autres. »

Richelieu ne tarda sans doute point à être informé
de ce conflit, si l'on en juge par une lettre qu'il adressa
au comte de Soissons le 27 juillet, — lettre dont nous
aurons l'occasion de parler.

Le 23 juillet, Chavigny écrivait au cardinal de la
Valette que l'armée de Picardie comptait 18,000 fantassins et de 4 à 5 mille cavaliers ; qu'elle allait être
renforcée à bref délai de 1,500 soldats de la noblesse
de Normandie et de 1,000 ou 1,200 autres venant du
Bourbonnais et d'ailleurs. Mais cette armée s'affaiblis-
sait tous les jours, attendu qu'il était urgent de garnir
les places fortes toujours en émoi; ainsi le comte de
Soissons détacha le régiment de Lusignan qu'il envoya
à Doullens ; le régiment de Calonge reçut l'ordre de se
rendre à Calais, parce que le gouverneur craignait de
se voir assiéger ; quelque temps après, Doullens recevait un nouveau renfort de troupes, et le total de sa
garnison s'élevait à 1,500 hommes.

On apprit bientôt que les ennemis se disposaient à
attaquer le Catelet, petite place pourvue de quatre bastions revêtus à fossé sec ; elle avait pour gouverneur
le sieur de Saint-Léger; on avait à la cour et à l'armée

une fort mauvaise opinion de cet officier, bien que son neveu, le duc de Saint-Simon, eût affirmé que son oncle ne capitulerait point. Le roi et le comte de Soissons pensèrent chacun de leur côté à envoyer à Guise un officier consommé qui s'opposerait à toute capitulation dans le cas où le gouverneur voudrait rendre la place.

Soissons avait jeté les yeux sur Pontis, revenu de l'armée de Hollande depuis quelques mois ; à cet effet, il fit chercher de tous côtés après ce brave officier. Voici ce qu'on trouve dans les *Mémoires* de Pontis sur ce point : « M. le maréchal de Brézé, qui savoit bien où j'étois, me ménagea avec beaucoup de bonté en cette occasion, et, jugeant bien que ce seroit m'exposer visiblement de m'envoyer dans une place qui ne pouvoit pas tenir contre une si puissante armée, il ne voulut jamais témoigner qu'il sût où j'étois. Aussi il est sans difficulté que j'y aurois péri, puisque n'étant pas d'humeur à me rendre sans me bien battre, j'aurois peut-être exposé la place à être emportée d'assaut. Après donc que l'on m'eût cherché sans me trouver, on y envoya un autre au lieu de moi. » Cette circonstance devait contribuer pour l'avenir à disculper le gouverneur du Catelet. Ce fut un autre officier, nommé Nargonne, capitaine du régiment de Champagne, « estimé homme de cœur », que Louis XIII envoya au Catelet afin d'encourager les assiégés à se défendre et de leur assurer que le roi ne tarderait pas à les secourir. « Le roi — raconte Puységur — envoya une dépêche à Nargonne d'aller trouver M. le Comte pour lui donner escorte, et lui faciliter l'entrée du Castelet. Son ordre portait que, s'il voyait que le gouverneur se voulût rendre, sans y être forcé par les ennemis, il le fît arrêter, et le tuât, se servant des troupes qui étaient dans la place, qui n'étaient point de la morte paie, pour y tenir bon. Il fut assez heureux pour y entrer, et le lendemain assez infortuné pour servir d'otage, dans la capitulation qui fut faite du gouverneur avec les enne·mis. La place étant rendue, il revint à l'armée, et fut mis entre les mains du chevalier du guet, qui le fit conduire en prison, où il demeura l'espace de quatre ou cinq ans. »

En arrivant au Catelet, les ennemis lancèrent une grande quantité de bombes dans la place; le feu prit à plusieurs maisons, ce qui effraya tellement la garnison que le gouverneur demanda à capituler ; Nargonne lui-même, si l'on en croit Fontenay-Mareuil, serait sorti de la place pour proposer la reddition ; aussi, lorsqu'il se rendit auprès de Richelieu, n'en fut-il point écouté ; « il fut mis en prison, continue Fontenay-Mareuil, où il demeura fort longtemps, et peu s'en fallust qu'il n'eust la teste coupée. »

Dès que le comte de Soissons eut appris que les Espagnols assiégeaient le Catelet, il se porta sur Saint-Quentin pour défendre la Somme dans le cas où les ennemis voudraient la traverser s'ils venaient à s'emparer du Catelet. Cette rivière est très facile à défendre un peu au-dessous de sa source, car il y a sur les deux rives de si profonds et larges marais qu'il n'est possible de les traverser qu'à l'aide de chaussées établies de vieille date ; or, comme ces chaussées étaient fort étroites, il fallait peu de monde pour les défendre.

Quoiqu'il n'y eût aucune brèche de faite au Catelet, le gouverneur ne rendit pas moins cette place le 25 juillet, ce qui fit dire à des Noyers dans une de ses lettres : « Tout le monde trouve cette subite reddition fort étrange. Si les places tiennent si peu, il n'en faut plus avoir en France. On fera mieux d'en laisser l'usage aux Allemands ; ils se sont défendus deux mois dans Saverne, sans bastions ni remparts. »

Dans une lettre écrite au comte de Soissons le 27 juillet, Richelieu ne peut s'empêcher de laisser percer sa mauvaise humeur : « Ce n'est pas assez à mon avis de suivre les ennemis, — lui disait-il — mais il est du tout nécessaire de prévenir leurs desseins, quand on les peut prévoir ; car, si vous leur laissés investir une place avec leur cavalerie, il servira peu après d'y aller, n'estant pas en estat de donner bataille » ; le cardinal ajoutait qu'il était nécessaire de garnir suffisamment bien les places fortes pour retarder la marche des ennemis et ruiner leur armée. Il approuvait fort le projet dont lui avait fait part le comte de Soissons d'établir son camp « proche des ennemis quand ils seront attachez à quelques places, mais il faut donner moyen à la dicte place de tenir, les pourvoyant de sy bonne heure de gens de guerre qu'elles ne soient pas surprises. En ces occasions, les momens valent des années; je vous supplie de vous en souvenir. »

Dans cette lettre, le cardinal employa adroitement

toutes les formes pour ne pas froisser l'amour-propre
du comte de Soissons ; il avait d'autres avertissements
à lui donner, mais il crut prudent de ne point les formuler dans la lettre qu'il lui faisait parvenir. Ces
avertissements, il les exprimait dans une instruction
datée du même jour, remise à l'un des capitaines de
ses gardes ; on voit par son contenu que Richelieu
était déjà informé de la mésintelligence qui avait éclaté
entre Soissons et Brézé ; « Houdinière dira franchement à M. le comte — écrivait le premier ministre —
que le bruict est venu icy qu'il s'est mis en colère
contre M. de Chaunes, et l'a traitté assez rudement...
De plus, qu'on dict qu'il est un peu lent à se résoudre.
De plus, qu'on dict aussy qu'il affecte de se conduire
par ses propres sentimens, de peur qu'on pense que
personne ayt pouvoir sur luy.... »

Les nombreux ennemis du cardinal ne manquèrent
pas d'exploiter contre lui la reddition de la Capelle et
celle du Catelet en répandant le bruit qu'il avait laissé
sans défense et dans un mauvais état les places frontières de la Picardie Ce fut sans doute pour étouffer
ce bruit qu'il persuada au roi de faire faire le procès
des deux gouverneurs. A cet effet, un assez long mémoire fut rédigé, qui concluait à leur mise en accusation.

Le 30 juillet, Richelieu écrivait aux ducs de Chaul-
nès et de Brézé pour les prévenir que le roi était bien
étonné d'apprendre que le baron du Bec n'eût pu être
arrêté avant sa fuite à l'étranger malgré l'ordre qu'ils
en avaient reçu ; il s'étonnait également que Saint-
Léger ne fût pas encore pris.

Voici à ce sujet ce que pensait un historien, qui n'est pas toujours impartial, — Michel le Vassor — mais qui pourrait bien ici avoir raison. Les gouverneurs « trouvèrent moyen de s'échapper, — dit-il — soit que ce fût un bon office de leurs amis, soit que le cardinal favorisât lui-même sous main leur évasion et voulût seulement les faire condamner par contumace, de peur qu'en les mettant dans la nécessité de parler à leurs juges et de se justifier, ils ne montrassent que la perte de leurs places lui devoit être uniquement imputée. Richelieu et ses créatures faisoient grand bruit à la cour. On tachoit de prévenir et d'irriter le roi contre la prétendue lâcheté de deux gentilshommes qui ne manquoient pas de courage. « N'épargnez ni gouverneurs, « ni lieutenans, ni capitaines, ni officiers, ni soldats », disoit de Noyers à Bellejamme et à Choisy, nommez commissaires pour l'instruction du procès. Le cardinal et ses gens étoient d'autant plus animez que les soldats des deux garnisons de la Capelle et du Catelet, mécontens de ce qu'ils n'avoient rien reçu de leur solde depuis longtemps, dirent sans façon, au rapport du savant Grotius, qu'ils ne vouloient pas donner leur vie pour soutenir une querelle où le roi n'avoit aucune part, et qu'il étoit seulement question de maintenir la fortune du premier ministre. »

Aussitôt que le comte de Soissons apprit la reddition du Catelet, il envoya le marquis de Fontenay avec 600 cavaliers pour défendre le passage de la Somme au-dessous de Ham ; il le chargea également de se faire aider dans cette besogne par les paysans qui

avaient reçu l'ordre de s'y trouver ; enfin le comte de
Soissons l'assura que, si toute l'armée ennemie essayait
de passer la rivière, il se porterait à son secours avec
toutes ses troupes dès qu'il en serait prévenu. Le comte
envoya ensuite 400 mousquetaires à Corbie sous le
commandement de la Neuville, et 600 soldats à Rue et
à Montreuil ; enfin il pressa son beau-frère, le duc de
Longueville, de lui amener au plus tôt la noblesse de
Normandie.

Déjà, le 25 juillet, Louis XIII avait écrit au duc qu'il
voulait se rendre en personne à son armée de Picardie et qu'il comptait sur sa noblesse de Normandie pour la renforcer. « J'ay faict donner un arrest
en mon Conseil par lequel — ajoutait-il — j'ai confirmé la dicte noblesse de Normandie en son ancien
privilège et liberté de vendre le vin et cidre de ses
terres sans payer le droit de quatriesme » ; le roi disait au duc de Longueville en terminant que, quand il
aurait réuni les troupes de Normandie, il le chargerait
d'en prendre le commandement pour se rendre dans
le Boulonnais.

Pendant que le comte de Soissons prenait ses dispositions pour défendre le passage de la Somme, Richelieu donnait l'ordre à M. de Vaubecourt, le 30 juillet, de faire porter des blés dans Verdun et d'organiser
la défense de Clermont.

Le même jour, Soissons apprenait que les ennemis
se dirigeaient sur Péronne ; aussitôt il se porta sur
Frise, où il établit son camp afin de pouvoir les surveiller de près, car il craignait pour les villes de Doul-

lens, de Corbie ou de Bray ; aussi, le même jour, il envoya 500 mousquetaires dans cette dernière ville, où se trouvait déjà le marquis de Fontenay envoyé quelques jours auparavant pour la garde de la Somme. Le duc de Brézé « l'alla visiter et le trouva difficile de soi, mais aisé à gagner à cause qu'il est fort commandé. » (*Richelieu*).

Durant leur séjour aux environs de Péronne, les Espagnols s'emparèrent de quelques châteaux, et, le 31 juillet, le prince Thomas de Savoie, qui avait trouvé la Somme trop bien gardée à Saint-Christ et à Brie, se dirigea sur Bray avec toute son armée ; il croyait surprendre le commandant de cette place et profiter de cette surprise pour traverser la Somme, mais le marquis de Fontenay, qui avait prévu ce dessein, s'était mis sur ses gardes.

Déjà le prince Thomas avait envoyé quelques petits corps en différents endroits pour trouver un passage sur la Somme, mais cette rivière était gardée partout.

La petite ville de Bray-sur-Somme avait été démantelée l'année précédente par l'intendant de Picardie, qui s'était conformé à un ordre émané du cardinal de Richelieu et du duc de Chaulnes, parce que cette place n'était plus en état de résister aux ennemis, mais pouvait au contraire devenir un poste dangereux entre leurs mains.

Le prince Thomas, jugeant que l'endroit le plus convenable pour opérer le passage était Bray-sur-Somme, fit alors établir ses troupes sur les hauteurs de Suzanne. Cette position était très favorable, car elle lui permettait de bombarder la ville, qui se trouvait dans la vallée, au pied du plateau de Suzanne ; enfin il comptait envoyer dans Bray ses mousquetaires, qui, aidés par l'artillerie du plateau, repousseraient les Français postés sur la rive gauche de la Somme. Ce plan, quoique bien combiné, ne réussit point entièrement.

A huit heures du matin, les ennemis entraient dans Bray, bien que l'ordre eût été donné à des paysans de brûler la ville avant sa prise ; le duc de Brézé paya quelques soldats qui allèrent l'incendier, pour que les Espagnols ne pussent y tenir. Enfin le marquis de Fontenay plaça tous ses fantassins dans les maisons qui se trouvaient le plus près de la rivière, — maisons qu'il n'avait pas fait incendier.

De son côté, le comte de Soissons, apprenant ce qui se passait à Bray, envoya un certain nombre de soldats pour renforcer les troupes de Fontenay, pendant qu'il établissait son camp sur le plateau dominant Bray à gauche de la Somme. Des retranchements furent pratiqués dans ce camp et on éleva des forts « des deux costés de la chaussée et une ligne de communication à la vue des ennemis et nonobstant une batterie de douze canons que ces derniers mirent sur leurs montagnes, qui tira trois jours durant comme par salves, et (ce qui est estonnant) qui ne tua pas vingt soldats. » (*Fontenay-Mareuil*).

Parmi les officiers, il n'y eut de tué que le comte de Matha, capitaine dans le régiment des gardes ; le marquis de Menneville y fut blessé.

Un moulin à l'eau, situé sur la rive droite de la Somme, était occupé par trente mousquetaires du régiment de la Marine ; les ennemis tirèrent plus de cinq cents coups de canon sans pouvoir les en déloger. Ils descendirent en grand nombre de leur montagne pour établir leurs batteries à cent pas de ce moulin, mais, pendant leurs préparatifs, le chevalier de Montéclair sortit avec ses trente mousquetaires, fondit sur les ennemis qui prirent la fuite, « et tua presque tout ce qu'il y avait à la garde du canon, où à peine en resta-t-il suffisamment pour les retirer au milieu de la montagne. » (*Pagès*).

Le maréchal de Brézé s'était logé « en un poste fort avantageux, et qui étoit en cavalier sur la rivière en ce lieu, afin que s'ils gagnoient le passage, comme il étoit difficile de le défendre à la longue, ils pussent avec leur petit nombre recevoir les ennemis et les combattre s'ils venoient à eux. » (*Richelieu*).

Le lendemain 1ᵉʳ août, les ennemis recommencèrent leur attaque contre le moulin qu'ils avaient essayé de prendre la veille, et, pendant cinq heures, le foudroyèrent du feu de douze canons. Montéclair n'abandonna ce moulin qu'après qu'il eut été presque rasé ; il rejoignit alors avec ses trente braves le gros de l'armée du comte de Soissons campée sur l'autre rive. Les ennemis avaient tiré dix-huit cents coups de canon sur cette cabane, ce qui fit dire à Pagès qu'ils consumèrent autant de munitions qu'il en eût fallu pour prendre une bonne ville.

Vers le soir, le duc de Brézé observait qu'au lieu de

redoubler leurs efforts, les ennemis, au contraire, semblaient se ralentir. Il conçut alors le secret pressentiment que la plus grande partie des leurs avait dû quitter Bray pour chercher un passage plus facile ; il fit part de ses craintes au comte de Soissons, qui expédia aussitôt dans Corbie un renfort de 500 mousquetaires en prévenant la Neuville, envoyé dans cette place quelques jours auparavant, de faire garder le passage de Daours et les petits passages qui se trouvaient entre ce village et Corbie. Il envoya également des éclaireurs pour battre la campagne, et 200 cavaliers commandés par Moulinet afin de connaître la marche des ennemis pour prévenir leurs desseins.

Le duc de Brézé avait effectivement prévu la nouvelle tentative qu'allaient entreprendre les ennemis pour essayer de trouver un autre passage. Voici ce qu'ils avaient résolu. Après avoir quitté Bray pendant la nuit, ils tentèrent le lendemain matin, 2 août, une attaque à Mont-Moulin, situé au N.-E. de Chipilly, en face de Méricourt-sur-Somme, « où on ne les attendoit point, n'y ayant ny pont ny chaussée » ; mais cette tentative avait surtout été provoquée parce que bon nombre de soldats ennemis, exaspérés d'être retenus aussi longtemps au passage de la rivière et ennuyés « de ne pouvoir courir à la proie espérée », avaient menacé leurs officiers de retourner sur leurs pas afin de se livrer au pillage qu'ils s'entendaient si bien à pratiquer.

Le duc de Brézé, en apprenant l'attaque de Mont-Moulin, se porta aussitôt en cet endroit avec 400 cava-

liers et les régiments de Vaubecourt et de Saintonge ;
les Espagnols s'étaient déjà emparé d'un moulin qui
leur était d'une grande utilité ; Brézé donna l'ordre
de le reprendre et de le brûler, ce qui fut exécuté sans
qu'il perdît un seul soldat. Une fausse attaque était
tentée simultanément à Sailly-Lorette, mais ce passage fut vigoureusement défendu pendant toute la journée par le comte de Tonnerre.

Richelieu et Fontenay-Mareuil donnent dans leurs
Mémoires les détails les plus circonstanciés sur le passage de la Somme par les Espagnols, mais Puységur,
qui y joua un grand rôle, est bien plus explicite, aussi
nous ne croyons pouvoir mieux faire que d'analyser
ce qu'il en dit.

Le comte de Soissons envoya chercher Puységur
à la pointe du jour et lui donna l'ordre de conduire le
régiment de Piémont à Cerisy-Gailly. En attendant
les officiers, celui-ci fit quatre détachements de ce
régiment.

L'armée ennemie, forte de 27,000 hommes de pied,
s'était concentrée à Cerisy, où elle comptait traverser
la Somme. Le régiment de Piémont avait reçu pour
mission d'opposer le plus d'obstacles possibles à la
construction du pont qu'établissaient les Espagnols.

Malgré la terrible fusillade des seize ou dix-huit
mille mousquetaires ennemis qui tiraient sans cesse
sur les troupes françaises, une partie du régiment de
Piémont s'avança assez près du pont, s'abrita dans un
fossé et fit un feu continuel contre ceux qui faisaient
le pont ; lorsque l'un de ces braves tombait mort, il

était placé sur le bord du fossé par ses camarades, qui se servaient ainsi de son cadavre pour se couvrir.

Le régiment de Piémont occupa ce poste d'honneur depuis huit heures du matin jusqu'à huit heures du soir. A plusieurs reprises, le comte de Soissons demanda de ses nouvelles. Quand il fit donner l'ordre à ce régiment de battre en retraite, il restait à peine cent hommes, et peu d'officiers avaient été épargnés.

A propos du régiment de Piémont, nous voudrions bien pouvoir passer sous silence un fait qui, s'il est vrai,— ce que nous ne croyons point — donnerait une triste opinion de l'un des officiers.

D'après un annaliste péronnais, Louis Quentin, les Espagnols auraient massacré à Laneuville deux cents hommes détachés du régiment de Piémont, trahis par un officier qui leur aurait fait distribuer des balles trop grosses pour leurs arquebuses.

Aucun autre chroniqueur du temps, ni Puységur, ni Fontenay-Mareuil, qui donnent sur cette affaire à laquelle ils ont assisté les détails les plus circonstanciés, n'a soufflé mot de cette soi-disant trahison.

Quelle confiance ajouter à un chroniqueur qui n'avait aucune idée de la stratégie ? En effet, M. H. Josse fait remarquer dans son excellente *Histoire de Bray* que Louis Quentin, racontant l'attaque infructueuse des Espagnols à Bray à la fin de juillet, puis le sac de cette ville le 4 août, Quentin, dit-il, « entremêle ces deux faits et les rend inintelligibles. Comment admettre, en effet, que les Espagnols aient pu, comme il l'affirme, ravager Laneuville, village situé sur la rive gauche, en arrière de Bray, pour se venger de n'avoir pu prendre la ville ni traverser la rivière ? »

Le récit de Puységur, très mouvementé et très intéressant, ne retrace qu'une partie de l'action engagée pour la défense de la Somme. Mais nous devons donner quelques détails sur l'ensemble de cette action.

Pendant la nuit, le prince Thomas avait fait traverser la rivière par 1,000 ou 1,200 hommes qui s'étaient servis de bateaux ; dès qu'ils furent descendus sur la rive gauche, ils établirent un retranchement à l'aide de gabions qu'ils portaient avec eux afin de pouvoir mettre l'armée à couvert au fur et à mesure qu'elle passerait : c'était un coup habile qui devait réussir.

Des éclaireurs avertirent le comte de Soissons que les ennemis préparaient des ponts pour passer la Somme entre Chipilly et Sailly, avons-nous déjà vu ; aussitôt le comte envoya Brézé avec 400 cavaliers du régiment de Piémont pour charger les soldats qui avaient traversé la rivière pendant la nuit ; mais bientôt les cavaliers français trouvèrent un obstacle auquel ils ne s'attendaient pas : un large marais leur barrait le chemin ; leurs chevaux s'embourbaient, de sorte que ces malheureux soldats durent se borner à regarder de loin les ennemis traverser la rivière.

Cependant le maréchal de Brézé, apercevant un petit bois à quelque distance, s'y porta avec ses hommes afin de commencer l'attaque en attendant l'arrivée du comte de Soissons, mais ses troupes furent foudroyées par l'artillerie espagnole ; 300 soldats périrent, 27 officiers furent tués ou blessés ; on

eut à regretter la mort de Sabost, de Menneville, du
lieutenant-colonel de Monsolens ; — Grange, Puységur, Pradel, le frère de Monsolens et d'autres furent
blessés.

Le comte de Soissons arriva pour constater la défaite
de ce brave régiment ; il amenait avec lui six pièces de
campagne dont on avait voulu se servir à Bray, « mais,
comme elles ne portoient pas assez loin pour arrriver
jusqu'aux ennemis, on en fit de tels cris et tant de
bruit que de honte on les retira, sans les oser plus
montrer. »

L'armée ennemie était entièrement passée quand le
comte de Soissons arriva avec toutes ses troupes ; il
fit alors « venir les gardes françaises et suisses,
Champagne, la Marine, Saintonge, Rochegiffard et
toute la cavalerie, le reste étant aux postes que nous
gardions, et tous les officiers de l'armée, à la réserve
des sieurs de Charost et de Bellefons, qui étoient aux
postes de Bray. »

Si, après avoir traversé la Somme, le prince Thomas avait attaqué l'armée française, il en aurait eu facilement raison, car, qu'auraient pu faire 12,000
hommes à peine contre 30,000 ? Mais, chose bien plus
grave, et qui se produisit très souvent en France, à
toutes les époques, la poudre allait manquer aux soldats du comte de Soissons !... Pour la ménager, on
n'en donnait qu'à ceux qui étaient de garde !...

Fontenay-Mareuil, en rapportant ce fait, en accuse
la Meilleraye, grand-maître de l'artillerie, qui avait fait
accorder au partisan Sabatier le monopole de la vente

6

de la poudre, « comme il est assez ordinaire en France d'oster la liberté au public pour donner de l'avantage à quelque particulier qui a du crédit, dont tout le monde souffre beaucoup. » Pour réparer cette faute impardonnable, Sabatier fit acheter de la poudre en Hollande, au moment où les troupes en manquaient, de sorte que, si un retard s'était produit dans l'envoi, il y aurait eu manque absolu.

L'armée du comte de Soissons n'était point assez forte pour tenir tête à l'armée espagnole ; ce général réunit alors les principaux officiers en conseil de guerre afin de s'entendre sur le parti à prendre.

Les uns étaient d'avis de rester auprès de la Somme et de ne prendre de décision qu'après que l'on connaîtrait le dessein des Espagnols, ou bien « aller en quelque autre part qu'allassent les ennemis, pour s'opposer à eux, et périr plustost que de lascher le pied et les laisser passer, protestant qu'autrement ce seroit une honte dont on ne se laveroit jamais » ; d'autres étaient d'avis de s'enfermer dans Corbie afin de sauver cette place qui était faible, et d'empêcher ainsi la prise d'Amiens ; mais d'autres officiers firent observer avec beaucoup de raison que puisque l'on n'avait pas pu s'opposer au passage des ennemis, ce serait compromettre l'armée que de la faire rester aux environs de Bray ; — que les Espagnols en profiteraient pour continuer leur marche sur l'Ile-de-France, où ils s'empareraient des places situées sur leur passage, et qu'ils pourraient inquiéter Paris même et forcer le roi de quitter la capitale ; — qu'ils laisseraient des soldats dans les villes conquises et qu'ils pourraient revenir l'année suivante, « et y establir le siège de la guerre, comme on sçavoit que c'estoit leur dessein » ; — qu'en défendant Corbie ce serait sauver cette place et Amiens, « mais qu'à l'esgard de l'Isle de France, de Paris et du roy, ce seroit quasy la mesme chose, puisque les ennemis estant au devant, on ne pourroit pas les secourir sans prendre un si grand tour qu'ils auroient du temps de reste pour faire tout ce qui leur plairoit ; et sy ce ne seroit peut-estre pas sans pouvoir à la fin assiéger Corbie, et avec plus d'avantage qu'alors, estant couverte des places qu'ils auroient prises. » L'avis de ces derniers officiers était assurément le plus sage, aussi fut-il adopté.

Comme le duc de Chaulnes s'était plaint de ce que la garnison d'Amiens était insuffisante, on lui envoya le régiment de Saintonge. Les régiments de Chambret et de Vernincourt et dix compagnies de Biron furent envoyés à Corbie, pendant que l'on plaçait à Péronne quatre compagnies d'Aubeterre, deux de Saucourt et deux du Vigan.

Le comte de Soissons attendit que la nuit fût venue pour battre en retraite sur Noyon ; il fit faire halte à ses troupes auprès de Nesle, à Rouy-le-Grand et Rouy-le-Petit (1). Puységur raconte assez longuement une

(1) Puységur, dans ses *Mémoires*, appelle ce village Drouy, et son dernier éditeur, M. Tamizey de Larroque, dit en note : « Chef-lieu de canton du département de l'Oise, arrondissement de Compiègne. Je ne retrouve aux environs de Noyon aucune localité du nom de Drouy » ; c'est Rouy qu'il faut lire. Puységur a estropié plusieurs

grande dispute qui éclata en cet endroit entre les capitaines des chevau-légers des anciennes compagnies d'ordonnance et Philippe de Beaufort-Canillac, commandant un régiment de cavalerie ; ce dernier voulut les commander pendant qu'ils étaient à Rouy ; les capitaines refusèrent d'obéir et mirent l'épée à la main, quoique à la tête des troupes, ce qui affecta profondément le comte de Soissons ; mais il n'y pouvait rien.

L'armé française, qui devait se rafraîchir à Nesle, n'y resta point longtemps ; voici pourquoi. Pontis ayant été avisé qu'un large marais se trouvait au-dessus de ce bourg en informa aussitôt le comte de Soissons, et lui fit observer que si les ennemis poursuivaient l'armée française elle pourrait bien subir un échec en traversant ce marais. Quoique les préparatifs du campement eussent été faits, le comte de Soissons, suivant l'avis de Pontis, leva aussitôt son camp pour l'établir au-dessus du marais, à Rouy. A peine y était-il installé qu'on vint lui dire « tout d'un coup que les ennemis s'étoient beaucoup avancés, que notre premier corps-de-garde avoit déjà été poussé, et que les Enfants-Perdus couroient risque d'être taillés en pièces. C'é-toient environ 2,000 chevaux qui, s'étant détachés de leur armée, se hâtoient de venir donner en queue sur la nôtre. Alors chacun montant à cheval avec précipitation courut au lieu de l'attaque, mais on trouva que nos gens avoient déjà été rompus. Ainsi nous fûmes contraints de battre en retraite et de chercher la sûre-

noms, que M. de Larroque n'a pas souvent pu rétablir, comme nous l'avons plusieurs fois constaté.

té de notre armée dans la ville de Noyon. Tant d'heureux succès donnoient grand cœur aux ennemis, et
causoient une étrange consternation parmi les nôtres,
qui sembloient n'avoir plus de force que pour s'enfuir. »
(*Mémoires de Pontis.*)

Pendant la retraite de l'armée, des soldats avaient
pour mission de pénétrer dans les moulins qui se trouvaient sur la route, et de les incendier après en avoir
enlevé les fers.

Les ennemis, s'étant aperçus de la fuite de l'armée
française, avaient envoyé Jean de Werth avec 4,000
cavaliers pour l'inquiéter dans sa retraite. Le marquis
de Fontenay, nous apprend Richelieu dans ses *Mémoires*, était demeuré près de Noyon avec les derniers
escadrons de l'arrière-garde pendant que l'armée filait
le long des murailles de la ville ; il était bientôt informé
qu'un aide-de-camp, resté derrière pour empêcher les
soldats de s'écarter, se trouvait attaqué dans Magny par
quelques coureurs. Fontenay envoya aussitôt cent
mousquetaires du régiment de Champagne pour lui
porter secours. « M. de Beaufort, étant près d'entrer
dans la ville, et voyant ces mousquetaires commandés,
les suit ; et comme ledit sieur de Fontenay marcha, il
trouva 600 chevaux de l'ennemi, et plus loin 2,000 ; ils
chargèrent les premiers, et la plupart des chevau-légers
ayant lâché le pied, M. de Beaufort donna avec les
officiers et quelques volontaires, et lui le premier se
mêla et tua un officier au milieu de tous ; ils firent plusieurs charges, jusques à ce qu'enfin Ozonville, arrivant
avec son escadron, donna, et le sieur de Fontenay

aussi, et poussèrent les ennemis ; il y en eut plus de quarante tués sur la place. » (*Richelieu*.)

Nous devons ajouter que le marquis de Fosseuse se distingua également en cette occasion ; quant au duc de Beaufort (1), il ne tarda pas à être récompensé du roi, qui « lui envoya la commission pour commander la cavalerie. Il fit mettre dans les lettres que, quoique à son âge il n'eût pu espérer ce commandement, néanmoins il lui en envoyoit la commission à cause des preuves qu'il avoit données de sa bonne conduite et de sa générosité dans le combat fait à la retraite de l'armée allant à Noyon. » (*Puységur.*) — Après cette affaire, Jean de Werth se retira avec ses troupes, « et despuis ne se monstra plus. »

Arrivé à Noyon, le comte de Soissons s'occupa des moyens de couvrir Paris ; pour ce qui était de Corbie, il jugea qu'il valait mieux risquer cette ville, et qu'au surplus, si elle se rendait, on pourrait bien la reprendre dans l'année même soit par force, soit en en faisant le blocus ; quant à Amiens, la place était trop importante pour que les ennemis pussent la prendre. Le comte fit donc augmenter les garnisons de la Fère, de Guise et de Soissons ; sur l'avis qui lui en fut donné par Fontenay-Mareuil, il envoya à Beauvais MM. de Boufflers, de Thoix et de Lignières avec leurs compagnies de cavalerie. Le roi envoya l'ordre au comte de Soissons de se retirer à Compiègne, dont la position stratégique était des plus favorables en ce qu'elle permet-

(1) François de Vendôme, duc de Beaufort. (1616-1669.)

tait surtout de secourir toutes les places des environs.

En quittant Noyon, le comte de Soissons fit garder tous les gués de l'Oise et enrôler les paysans qui voulurent prendre les armes pour défendre cette rivière ; il envoya le régiment de Bellefonds à Chauny, celui de la Rochegiffard à Ham et laissa le sien avec les soldats irlandais dans Noyon ; en arrivant à Compiègne, il fit abattre le faubourg qui se trouvait sur la rive droite de l'Oise.

Fontenay-Mareuil rapporte que « ce fust à Noyon où on commença à descouvrir les mauvaises intentions de M. le comte pour le service du roy » ; il ne voulait laisser dans cette ville que les Irlandais, dont le nombre était insuffisant pour former la garnison, et que l'on suspectait en outre d'être plutôt portés pour les Espagnols. Le maréchal de Brézé ne manqua pas de s'opposer à ce dessein, en représentant au comte que l'importance de Noyon exigeait une garnison nombreuse et fidèle ; après bien des discussions, le comte laissa son régiment avec les Irlandais ; mais le duc de Brézé, en arrivant à Compiègne, alla trouver le roi et refusa de servir sous le comte de Soissons. « M. le comte, ajoute Fontenay-Mareuil, y vouloit laisser les Irlandois tant parce qu'il auroit esté bien aise que les choses eussent mal esté partout où il n'estoit pas, que pour y faire périr M. de Vennes, que le roy y avoit envoyé pour y commander en l'absence de M. de Montbazon, qui en estoit gouverneur, et auquel il vouloit mal, parce qu'il avoit eu le gouvernement de Vâlence lorsqu'on l'osta à M. du Passage, qui s'estoit

montré estre de ses amis quand il sortist mescontent
de la cour. »

Richelieu et ses créatures ne manquent point, dans
leurs *Mémoires*, de faire retomber sur le comte de
Soissons une grande part des responsabilités ; mais
un littérateur, que l'on ne s'attendrait guère à rencontrer ici en qualité d'historien, fait, au contraire, l'éloge
de Louis de Bourbon, il est vrai qu'il s'adressait à
la sœur de ce dernier, à la duchesse de Longueville ;
voici ce que Chapelain lui écrivait de Paris le 26 août,
à propos des malheurs qui accablaient la France :

«...Monseigneur le conte seul, au milieu du principal
danger, sans hommes, sans munitions, pressé d'un
nombre infini d'ennemis dans une province contraire
à elle mesme, n'a point désespéré du salut commun, et
par sa constance et sa conduitte a fait que nous sommes
encore en estat de nous remettre, si nous ne voulons
pas nous abandonner entièrement.

« Vous avés sceu, sans doute, Madame, le détail de
ce que je vous marque icy en gros, et je n'ay garde de
penser estre des premiers à vous annoncer la gloire de
Monseigneur vostre frère. Aussi ne prétens-je que
d'adjouster mon foible tesmoignage à la vérité que l'on
vous a rapporté et vous asseurer, sur la foy de qua-
rente personnes de qualité de mes amis et de la voix
publique, que ce qu'il a si bien commencé continue
tousjours et augmente mesme ; qu'il est toujours le
père de son armée et les délices de la noblesse qui
court à luy de toutes parts, qu'il est prince par l'authorité et particulier par la courtoisie, qu'il fait tout en-

semble le général, le mareschal de camp, le capitaine et le soldat, qu'il est à tout, qu'il veille à tout, enfin que par ses soins, sa bonté, sa libéralité, il est le lien de ses petites trouppes, lesquelles sans luy ne seroient plus, chacun ayant remarqué en cette occasion que ce n'est pas la considération du salut de la France qui les fait subsister, mais seulement l'extrême amour qu'il a sceu leur donner pour sa vertu.

« Et, certes, quelque grande victoire qu'il obtienne sur l'Espagnol, lorsque les forces qu'on luy prépare l'auront joint, je ne l'estimeray jamais plus dans sa prospérité que je fais dans cette rencontre malheureuse, où il a montré ce qu'il estoit et ce qu'en tout temps on en devoit attendre. M. de Trassy, qui l'a suivy en toute cette affaire, et qui ne fait que le quitter pour aller servir Monseigneur, vous informera particulièrement de toutes choses et vous obligera à l'escouter longtemps... »

Après qu'ils eurent traversé la Somme, rien ne s'opposait plus aux courses des ennemis, puisque le comte de Soissons avait battu en retraite pour couvrir Paris. C'est alors que les Espagnols se livrèrent avec frénésie aux plus horribles cruautés. Les paysans, qui souffraient le plus de ces affreux désordres, se réunissaient par petites troupes, s'armaient le moins mal qu'ils pouvaient, et, secondés par quelques soldats des villes voisines, tentaient de s'opposer aux pillages des Croates et des Polaques, qui étaient passés maîtres dans cette manière de faire la guerre. Ces braves paysans remportèrent bien plus d'un succès contre les

pillards, mais il n'y paraissait guère ; que pouvaient-
ils en effet contre une armée si puissante ? Le seul résultat qu'ils en obtenaient était un redoublement de
pillage et de dévastation...

CHAPITRE III.

Louis XIII demande des secours d'hommes et d'argent. — Jean de Werth prend Roye. — Piccolomini se présente devant Montdidier. — Prise de Corbie. — Consternation générale. — Défense des Montdidériens.

A la nouvelle de la perte de la Capelle et de celle du Catelet, le roi et son premier ministre éprouvèrent un instant de frayeur ; ils craignirent également pour le sort de plus fortes places ; voyant que l'armée du comte de Soissons n'augmentait que très lentement et qu'elle était insuffisante pour tenir la campagne, ils se rendirent à Paris, où Louis XIII assembla au Louvre les sept corps des métiers pour obtenir des secours. Ils « lui promirent au nom de la ville de faire un grand effort pour le secourir, dit Montglat ; ils y travaillèrent à l'heure même : tous les bourgeois se cotisèrent et toutes les portes cochères s'obligèrent de fournir un cavalier, et les petites un fantassin » ; cette levée fut appelée la *cavalerie des portes cochères.*

Quand l'on apprit dans la capitale que les Hispano-Impériaux avaient traversé la Somme, « tout y fuyoit, continue Montglat, et on ne voyoit que carrosses, coches et chevaux sur les chemins d'Orléans et de Chartres, qui sortoient de cette grande ville pour se mettre en sûreté, comme si déjà Paris eût été mis au pillage », et les bourgeois « ouvrirent leurs bourses et donnèrent tout ce qu'on vouloit, tant ils avoient peur. »

Antoine Arnauld, connu plus tard sous le nom d'abbé Arnauld, alors âgé de vingt ans, entré en qualité de volontaire dans le corps des carabins de France, sous son cousin Isaac Arnauld, dit dans ses *Mémoires :* « On ne connut jamais si bien les ressources de la France et la force du génie de M. le cardinal de Richelieu qu'en cette occasion. Il parut toujours intrépide dans Paris, lorsqu'il sembloit avoir tout à craindre dans la consternation où étoit le peuple. On ne se croyoit pas en sûreté dans cette capitale du royaume ; on en fortifioit les avenues... »

Le 4 août, Louis XIII fit convoquer le Parlement, la Chambre des Comptes, la Cour des Aides, le Grand Conseil, les Trésoriers de France et les sept corps des marchands et artisans de Paris pour leur demander de l'aider dans la défense de l'État.

Lorsque tous les membres du Parlement furent arrivés au Louvre, vers deux heures de l'après-midi, le roi leur exposa la triste situation dans laquelle se trouvait son royaume ; il leur dit qu'il avait un pressant besoin et d'hommes et d'argent ; — que la ville de Paris lui donnait 2,000 soldats ; — que Messieurs du Conseil lui en donnaient autant ; — il ajouta qu'il espérait bien que le Parlement ne se montrerait pas moins généreux. En effet, le lendemain, cette assemblée accordait au roi un secours de 2,000 hommes.

Dans le cours de cette séance du 4 août, Mathieu Molé, procureur général, avait demandé à la Cour de

rendre un arrêt par lequel tout gentilhomme ou autre
de quelque qualité ou condition qu'il fût, faisant profession des armes, fût tenu d'aller, dans la huitaine,
servir le roi en son armée de Picardie. Le Parlement
approuva cette proposition, et il y eut arrêt conforme.

Renaudot dit dans sa *Gazette* qu'en se rendant au
Louvre le 5 août, tous les corps des métiers saluèrent
le roi ; « ils se présentèrent à genoux aux pieds de
Sa Majesté, qui leur fit à tous l'honneur de les saluer
et leur témoigner combien elle avoit agréable leur
bonne volonté, dont ils donnèrent toutes les preuves
imaginables, plusieurs d'eux baisant la terre et em-
brassant les pieds de Sa Majesté. » On raconte que le
syndic des savetiers fit preuve d'un tel zèle que le roi
l'embrassa.

On trouve dans les *Mémoires* de Richelieu, comme
aussi dans ceux de Montglat, tous les ordres extraordinaires, politiques et militaires donnés par le roi depuis le 4 août jusqu'au 12 dans le but de se procurer
de l'argent et des hommes, et pour mettre la capitale
en état de défense, ce qui fit croire que l'on redoutait
un siège prochain ; aussi le peuple murmurait-il contre le cardinal qu'il accusait d'être l'auteur de tous ces
maux.

Pendant que Louis XIII faisait prendre ces mesures,
auxquelles nous ne nous arrêterons point plus longuement, pour rester dans notre sujet, les ennemis
poursuivaient le cours de leurs conquêtes et surtout
de leurs dévastations. Ils avaient à peine traversé la
Somme qu'une partie de leur armée se dirigeait sur

Roye. Dès que la nouvelle en arriva dans cette ville, quelques seigneurs des environs se jetèrent dans la place, notamment les seigneurs de Tilloloy, de Bus, de Damery, d'Amy, etc. Le gouverneur, Albert Woislausky, prit ses dernières dispositions pour défendre vigoureusement la place, mais il eut à peine le temps de prendre toutes ses mesures de défense : le 6 août, l'ennemi se présentait devant Roye ; il commençait par brûler les faubourgs et par détruire le vignoble de la porte Saint-Pierre.

« Pendant deux jours, les Royens résistèrent aux efforts des assiégeants ; le 8, entre huit et neuf heures du matin, il y avait un enterrement; il fallait sortir pour conduire le convoi au cimetière. Charles de Broyes, écuyer, seigneur de Haut-Avesnes, alors lieutenant-général (civil et criminel), et Antoine Vasset, prévôt royal, livrent ce secret aux Espagnols; ceux-ci se précipitent sur le convoi, tuent le procureur Raye, qui accompagnait Claude Bucquet, curé de la paroisse de Saint-Pierre, pénètrent dans la ville, courent sur la place du marché en criant : *Ville gagnée !* et se répandent dans toutes les directions. Les ennemis se livrent au pillage ; les papiers de l'Échevinage, les registres du Bailliage, les minutes des notaires sont brûlés, jetés dans les rues ou emportés, et ils mettent les habitants à rançon. » (*É. Coët.*)

Parmi les principaux assiégés qui furent tués, l'historien de Roye cite le curé de Carrépuits, le chirurgien Chocquet, le doyen rural de Nesle, le sergent royal, le contrôleur, etc.; le sieur de Bussy du Plessier y perdit aussi la vie en défendant la tranchée ouverte par les assaillants devant la chapelle du cimetière.

Durant leur séjour à Roye, les ennemis ruinèrent les villages environnants ; ils prirent et brisèrent les cloches des églises de Beuvraignes, de Biarre, de Balâtre, d'Omancourt, d'Herly, de Rethonvillers, de Marché-Allouarde, de Gruny, de Champien, etc.; ils incendièrent Wailly, le Montel, Cressy-Omancourt, Verpillières, Damery, Billancourt, Solente, Saint-Mard, etc.

A la reddition de Roye, on ne manqua pas de crier encore à la trahison. Richelieu, vexé de la marche triomphante des ennemis, qui refoulaient l'armée française sur Paris, ne se fit pas faute de se plaindre des Royens. « Quelques troupes de cavalerie, dit-il, se présentèrent devant la ville de Roye sans dessein de l'attaquer, n'ayant aucune infanterie ; mais ceux qui étoient dans la ville leur ouvrirent les portes, par lâcheté, intelligence ou autrement, bien que la place eût pu aisément se défendre contre toute l'armée dix ou douze jours, s'il y eût eu des gens courageux. » — Il y a dans ce passage des *Mémoires* de Richelieu plus de passion que d'exactitude.

On trouve dans les Mss. du bourgeois Scellier, de Montdidier, et dans ceux du P. Daire, un récit aussi partial de la reddition de Roye ; Scellier surtout injurie les Royens et se complaît à donner l'explication du surnom d'*Espagnols* accordé aux habitants de Roye. Son récit, auquel nous ne nous arrêterons point, fait bien voir que l'esprit de rivalité qui existait entre les Royens et les Montdidériens ne désarma jamais.

Mais un historien plus sérieux, dom Grenier, s'est exprimé à ce sujet en des termes moins passionnés : « Les Espagnols, écrit-il, s'emparent de Roye, qui n'était pourvue *ni de garnison ni de munitions ;* cet état, joint à la mésintelligence qui existait entre le gouverneur et les habitants, mésintelligence que les ennemis y avaient pratiquée par promesses d'argent faites à des plus autorisés de la place, fut cause de cette reddition. »

M. Coët s'est attaché à démontrer que ses compatriotes ne devaient point être accusés de lâcheté, et il a eu raison de les réhabiliter. La capitulation de cette ville ne peut être attribuée qu'à la trahison des capitaines chargés de la défendre ; d'un autre côté, il leur était bien difficile de résister dans une place qui n'avait *ni garnison ni munitions* à opposer à une armée victorieuse devant laquelle s'ouvraient toutes les villes.

Le 30 septembre 1636, Louis XIII se trouvant à Roye signait des lettres de commission en faveur de Gilles Charmolue, écuyer, lieutenant-général de Noyon, par lesquelles ce dernier était nommé pour exercer la même charge à Roye et celle de prévôt en la prévôté royale de cette ville en remplacement de Charles de Broyes, lieutenant-général civil et criminel, et de M⁰ Antoine de Vasset, prévôt, accusés d'avoir remis la ville aux ennemis de l'État *par haulte trahison et perfidie,* ayant ainsi mérité *d'être punis et châtiés suivant la rigueur des ordonnances.* Nous ignorons si l'on appliqua à ces deux officiers le châtiment qu'ils avaient encouru, mais, ce que nous savons, c'est que, « le lundi

27 octobre, un notaire de Roye fut condamné à être rompu vif pour avoir d'intelligence avec l'ennemi *favorisé la prise de la ville*. Cette sentence reçut son exécution le même jour, sur la place d'Amiens, à Roye; le condamné avait sur le dos un écriteau portant ces mots : « Traître au roi et à son pays. » Il avait été nommé maïeur de la ville par les Espagnols. » (*M. É. Coët.*)

De tout ce que nous venons de voir, il faut conclure que les Royens ne doivent pas être accusés de lâcheté; la trahison seule ouvrit les portes de leur ville, qui n'était point au surplus en état d'opposer une longue résistance.

Les ennemis perdirent un temps précieux au pillage et à la dévastation de la Picardie; cependant ils voulurent continuer leur marche sur Paris, et s'arrêtèrent à Montdidier.

En effet, le jour où Jean de Werth s'emparait de Roye, Piccolomini s'avança vers Montdidier; il se saisit en passant de Moreuil et de son château: la garnison, qui n'avait point de vivres, se rendit à la première sommation. Les châteaux de Piennes, de Mortemer, de Maignelay, de Plainville, de Bouillancourt, comme ceux de plusieurs autres villages voisins, se rendirent également à Piccolomini; il y plaça de fortes garnisons.

Deux trompettes envoyés par ce général arrivaient à Montdidier le même jour, c'est-à-dire le 8 août, entre sept et huit heures du soir; ils sommèrent les habitants de rendre leur ville dans les vingt-quatre heu-

7

res s'ils ne voulaient point qu'elle fût livrée au pillage et à l'incendie. Les Montdidériens répondirent « qu'é-tant nés François, ils devoient au roi une fidélité tout entière ; qu'ils ne pouvoient se rendre sans violer le serment que les sujets doivent à leur prince souverain. » Dans leur réponse, ils demandaient aux ennemis un délai de huit jours afin de pouvoir en informer le roi ; mais ce délai n'avait été sollicité que pour gagner du temps, car les moyens de défense étaient insuffisants et la garnison peu nombreuse : elle se composait d'un régiment allemand commandé par le colonel de Rantzau.

Les habitants de Montdidier envoyèrent aussitôt deux copies de la sommation faite par les Espagnols, l'une au maréchal de Châtillon, qui se trouvait à Com-piègne, et l'autre au comte de Soissons, à Noyon ; enfin, pendant la nuit, des exprès partaient pour Saint-Ger-main afin de prévenir le roi.

Le lendemain, les Montdidériens, qui s'attendaient bien à ce que le délai qu'ils avaient demandé ne leur fût point accordé, s'occupèrent des moyens de défendre leur ville. Des fossés furent creusés et de fortes barri-cades élevées aux endroits les plus faibles des fortifica-tions ; trente hommes, envoyés dans chacun des cinq moulins de la vallée, formaient une avant-garde de cent cinquante hommes, chargée de défendre les ap-proches de la place.

Après qu'elle eût traversé la Somme, la cavalerie ennemie pilla tout le pays compris entre cette rivière et l'Oise ; c'était surtout celle que commandait Jean de

Werth qui s'aventurait le plus loin. Montglat raconte que tous les gentilshommes qui avaient des propriétés au delà de l'Oise avaient obtenu des sauve-gardes et même des gardes des généraux espagnols pour préserver leurs maisons de pillage.

Un jour, le roi chassant à Compiègne, sur le bord de l'Oise, vit sur l'autre rive un homme avec une casaque de livrée. La curiosité lui fit demander qui il était ; « mais sur ce qu'on lui répondit que c'était un garde du cardinal-infant qui était là en garde dans quelque château, il se tut, et n'en parla pas davantage, honteux de voir devant ses yeux ses sujets être contraints de recourir à la protection de ses ennemis. »

Dans ses *Historiettes*, Tallemant des Réaux rapporte à peu près le même fait : « Le roi alla à Chantilly, et envoya le maréchal de Châtillon pour faire rompre les ponts de l'Oise. Montatère, gentilhomme d'auprès de Liancourt, rencontre le maréchal et lui dit :

— « Que ferons-nous donc, nous autres de delà la « rivière ? Il semble que vous nous abandonniez au « pillage.

— « Envoyez, dit le maréchal, demander des gardes « à M. de Piccolomini ; je vous donnerai des lettres, « il est de mes amis ; nous en usâmes ainsi en Flandre « après la bataille d'Avein. »

« M. de Liancourt et M. d'Humières ayant appris cela, se joignirent à Montatère. Le maréchal écrit. Piccolomini envoie trois gardes, et mande au maréchal que si c'eût été le maréchal de Brézé, il ne les auroit pas eus... M. de Saint-Simon, chevalier de l'ordre et capi-

taine de Chantilly, pour faire le bon valet, alla dire
au roi qu'il y avoit un garde à Montatère, que c'é-
toit un lieu fort haut, que de là on pouvoit découvrir quand le roi ne seroit pas bien accompagné,
et le venir enlever avec 500 chevaux, car il y avoit,
disoit-il, des gués à la rivière. Voilà la frayeur
qui saisit le roi ; il se met à pester contre Montatère,
et dit qu'il vouloit que dans trois jours il eût la tête
coupée, et que c'étoit lui qui avoit donné ce bel exemple aux autres. »

Le 5 août, Richelieu avait écrit au roi pour l'engager à faire garder le passage de l'Oise, et à faire rompre les ponts à Creil, à Beaumont et à l'Isle-Adam ; il
l'avait engagé également à envoyer quelqu'un au duc
d'Orléans pour qu'il levât deux ou trois régiments en
Touraine.

Le surlendemain, le cardinal expédiait l'ordre au
comte de Soissons d'employer quelques troupes de carabins et de chevau-légers pour détruire les moulins et
les fours situés dans tout le pays compris entre la
Somme et l'Oise ; il lui donnait en même temps l'ordre
de se servir des paysans pour grossir ses troupes, en
leur faisant donner du pain « et en promettant la solde
à ceux qui sont vrayment soldats » ; enfin Richelieu
informait le comte qu'il lui faisait expédier le jour
même six pièces de canon avec de la poudre, des
mèches et du plomb, et que 6,000 hommes devaient
partir le lendemain pour Senlis, où se trouvait le maréchal de Châtillon.

Les ennemis, qui voulaient s'assurer un bon poste

sur la Somme, pensèrent à prendre Corbie. Pour reconnaître cette place, le prince Thomas employa un
stratagème que nous connaissons par les *Mémoires* de
Puységur.

Un capitaine du régiment de Piémont, blessé au
passage de la Somme, n'avait pu être transporté
par les soldats français. Le 6 août, Thomas de Savoie
le fit placer dans un carrosse pour le faire conduire
à Corbie. Deux ingénieurs, déguisés, l'un en cocher,
l'autre en postillon, partirent de grand matin pour
arriver avant l'ouverture des portes de la ville; ils
eurent le loisir d'examiner la place par les dehors, et,
dès que la porte fut ouverte, ils entrèrent, ayant bien
soin d'examiner l'intérieur. Le lendemain 7 août, la
place était investie.

Le même jour, des soldats ennemis brûlaient Longueau ; le 8, ils incendiaient Saleux et Salouël, et
tuaient cinq personnes à Saint-Jean et à Saint-Roch.

Les Amiénois montrèrent la plus grande inquiétude
lorsqu'ils surent les ennemis si près d'eux. Dès le 6
août, l'échevinage s'assemblait à l'Hôtel de ville, où
se trouvait le duc de Chaulnes ; ce dernier prit la parole pour faire connaître que les ennemis avaient traversé la Somme et qu'il avait fait venir le régiment
de Saintonge en garnison à Amiens en prévision d'une
entreprise possible sur cette ville. Le gouverneur fit
observer que la défense des portes de Noyon et de
Paris étant insuffisante, il avait donné l'ordre d'y établir des demi-lunes ; que déjà les habitants avaient
commencé les travaux, mais qu'il était nécessaire d'y

employer le plus de personnes possible pour en
hâter l'achèvement. Il fut alors décidé par l'échevinage
« que deux compagnies de bourgeois seront commandées pour chacun jour d'aller travailler aux fortifications et se garniront de piques, pelles ferrées et hostes,
en sorte que contre un pique, il y ait deux pelles et
quatre hostes; — que les gens d'église et femmes veuf-
ves y commettront chacun un homme ; — qu'il sera
demandé aux paisans réfugiez en ceste ville d'y aller
pareillement ; — et au regard de la subsistance des
soldats, il a esté pareillement résolu qu'il sera levé sur
les habitants cinq années de leur taxe ordinaire au bu-
reau des pauvres. »

Dans une séance de l'échevinage tenue le l'0 août,
le corps municipal accepta l'offre que lui faisait l'abbé
de Clairfay d'entretenir trois cavaliers à ses frais pour
la défense d'Amiens et pour celle de la Picardie.

Le 13 août, le maire et les échevins, craignant pour
leur ville, nommèrent trois députés, Charles le Caron,
avocat, Jean de Ribeaucourt et Jean Leroux, qui furent
chargés d'aller informer le roi du péril qui menaçait
Amiens, et le supplier de leur envoyer du secours. Six
jours après, ces trois députés venaient rendre compte
de leur mission, qui avait été couronnée d'un plein
succès.

Pendant que les ennemis assiégeaient Corbie, les
Amiénois travaillaient activement aux fortifications de
leur ville, ayant toujours leurs armes à leur portée. Ils
avaient enrôlé un corps de cavalerie composé de 200
paysans, qui firent des prises importantes sur les enne-

mis et leur tuèrent beaucoup de monde. Ils firent aussi des prisonniers, « et même des femmes de soldats
ennemis chargées d'allumettes et d'étoupes, dont se
servaient ces incendiaires pour brûler les bourgs et les
villages de notre pauvre Picardie. » (*Pagès*). — Mais
cette petite troupe, qui rendit cependant de grands
services, ne put empêcher les coureurs de Jean de
Werth d'enlever les cloches de Boves et d'incendier
Villers-Bretonneux le 13 août, ainsi que plusieurs autres villages, « dont la perte fut très considérable. »

En apprenant que Corbie allait être investi, Maxi-
milien de Belleforière, comte de Soyécourt, plus
connu sous le nom de Saucourt, lieutenant général du roi en Picardie, se jeta dans cette place pour
la défendre conjointement avec le marquis de Mailly,
qui en était gouverneur. Richelieu avait toujours eu
la plus grande confiance dans la bravoure et dans la
fidélité du premier. Le 28 mai 1635, il lui adressait
ses félicitations sur le soin qu'il avait pris de faire ar-
mer les villages de Picardie ; dans la même lettre, il le
félicitait également des réparations qu'il avait fait exécuter aux fortifications de Corbie, que Sublet des
Noyers, sous-secrétaire d'État, n'allait point tarder à
visiter, ainsi que quelques autres places de la frontière.

Quand, dans les premiers jours du mois d'août 1636,
le cardinal apprit que les Espagnols allaient assiéger
Corbie, il écrivit aussitôt au comte de Soyécourt pour
lui faire part de la joie qu'il en éprouvait, car, au moins
il était certain que cet officier n'imiterait point la lâcheté des gouverneurs de la Capelle et du Catelet.
« Vous entendrez parler dans peu de jours de leur

chastiment, disait-il ; S. M. est très disposée à re-
congnoistre et récompenser ceux qui feront leur devoir
en ces occurrences. » Mais, comme on ne tardera
point à le voir, les compliments et les promesses de
Richelieu furent faits en pure perte.

La garnison de Corbie se composait de 1600 hommes, mais, soit que le roi n'eût point confiance en
Soyécourt, soit que des bruits de capitulation fussent
arrivés jusqu'à lui, il manifesta l'intention d'envoyer
quelqu'un dans la place assurer les assiégés qu'ils seraient secourus. Saint-Preuil, assez mal en cour alors,
crut pouvoir se réhabiliter en s'offrant pour porter les
ordres du roi à Corbie ; il fut accepté et partit aussitôt ; il traversa la Somme à la nage et entra dans la
place, non sans avoir plusieurs fois risqué sa vie.
Après qu'il eut fait connaître le but de sa mission,
Soyécourt lui remit le commandement de la ville.
« Saint-Preuil voulut la visiter pour juger si elle estoit
tenable ; plusieurs de la garnison et des habitans
voyant qu'il parloit de rompre la capitulation luy coururent sus, et l'eussent tué si ledit Sr de Soyécourt qui
par bonheur se trouva assez proche de luy n'y fût
accouru l'épée à la main. Saint-Preuil, ayant ainsy
évité le danger, déclara tout haut que la place n'étoit
pas tenable ; sur quoy, il fut résolu que la capitulation
seroit effectuée. » *(Pagès)*.

Pendant le siège de Corbie, les Espagnols faisaient
venir d'Arras les canons, la poudre, les gabions, les
munitions de guerre et de bouche dont ils avaient besoin ; ils dressèrent leurs batteries à une assez grande

distance des murs, qu'ils commencèrent à battre le
11 août, mais comme les assiégeants étaient assez
éloignés de la contrescarpe, les murailles ne furent jamais endommagées, et il n'y eut pendant ce siège que
deux soldats de tués et quatre ou cinq blessés parmi
les assiégés.

Cette ville, bien approvisionnée et pourvue d'une
forte garnison, pouvait soutenir un long siège. L'auteur du *Mercure* ne se gêna point pour avancer « que
les ennemis corrompirent ceux qui avoient le commandement sur la garnison de la ville par promesses
d'argent, et de récompenses à leur ordinaire, comme ils
avoient fait les autres, de sorte que le gouverneur et
les assiégés résistèrent fort peu de temps, et ce qu'ils
en firent fut pour n'être point soupçonnés de trahison
et d'infidélité, qui ne fut néanmoins que trop recon-
nue. » (*Pagès*)

Corbie se rendit le vendredi 15 août. Par la capitulation, il fut convenu que les troupes composant la
garnison seraient menées à Amiens, ce qui fit bien
voir que les Espagnols ne comptaient point mettre le
siège devant cette ville.

Le 16 août, lit-on dans le *Mémorial d'un bourgeois de Domart*, « l'ennemy entra dans la ville de
Corbie à dix heures du matin avec composition que
les bourgeois sortiroient si bon leur sembloit avec
leurs bagues sauves, ce qu'aucuns firent, et que les
gens de guerre de la garnison sortiroient le mesme
jour, ce qui fut fait: l'ennemi leur bailla sauf-conduit
d'aller où bon leur sembloit ; ils s'en allèrent tous à

Amiens avec ledit sauf-conduit en bon ordre, et l'ennemi fut maistre absolu de la dite ville de Corbie. »

Le même annaliste rapporte que dès que les Espagnols entrèrent en possession de cette place, ils la firent « fortifier de terrasses, de sorte que les courtines des murailles estoient comblées de terrasses. » Ils firent travailler toutes sortes de personnes, et, en peu de jours, les travaux étaient achevés. Ils firent conduire en toute hâte, dans cette ville, par nombre de chars et de chariots, les cloches, le blé, l'avoine, les gerbées et le fourrage volés par eux dans les villages du Santerre, du Vermandois et des environs de Corbie.

Le lendemain de la capitulation de cette ville, le comte de Soyécourt arrivait à Amiens vers cinq heures du soir.

La consternation était si grande dans cette ville que bon nombre de bourgeois s'enfuirent à Rouen, à Dieppe ou ailleurs. L'effroi fut encore bien plus grand à Paris. La Cour entretenait ces alarmes afin d'obtenir promptement des secours, mais il est certain que si les Espagnols s'étaient portés sur la capitale après la prise de Corbie, comme le voulait Jean de Werth, ils y seraient aisément entrés, car la panique qui avait gagné tous les Parisiens eût paralysé leurs efforts, et les ennemis auraient pu s'emparer de Paris. Au lieu de prendre cette marche, ils se bornèrent à ravager la Picardie et donnèrent aux nôtres le temps de se remettre.

Le cardinal, craignant pour le roi s'il restait dans sa capitale, eut un instant la pensée de le conduire avec la Cour à Blois ou à Orléans.

Mais Louis XIII et son ministre profitèrent habilement des fautes de leurs ennemis. « Des négociations secrètes étaient d'ailleurs entamées avec Piccolomini, auquel le cardinal faisait les offres les plus brillantes pour le séduire et l'enlever à l'Espagne. Cette tentative devait engager le général autrichien à agir avec plus de lenteur et de circonspection. »

Dès le 8 août, Louis XIII avait écrit au prince de Condé, toujours retenu devant Dôle, d'en lever le siège, afin de venir renforcer l'armée de Picardie ; le jour même de la capitulation de Corbie, Condé quittait Dôle.

Le 16 août, Richelieu écrivait au roi pour le prier d'envoyer deux ou trois braves officiers à Amiens et de faire brûler les blés qui se trouvaient à Abbeville ; cette dernière mission fut confiée au comte d'Alais, et Saint-Preuil reçut l'ordre de se jeter dans Amiens. Le même jour, Richelieu priait le roi de faire arrêter Soyécourt et Mailly ; ce dernier seul fut pris et enfermé à la citadelle d'Amiens. Pour favoriser l'évasion du premier, ses amis firent courir le bruit qu'il se rendait à Calais.

Le cardinal donna l'ordre au duc de Longueville de jeter dans Abbeville cinq ou six cents hommes avec de bons officiers ; il fit aussi augmenter la garnison d'Amiens, où il aurait voulu placer les deux Brézé, qui se trouvaient à Compiègne ; il désirait également y jeter le duc de Chaulnes et Charost avec un bon régiment.

La nouvelle de la prise de Corbie ne fut connue à

Paris que le dimanche 17 août ; cette nouvelle produisit une impression profonde dans la capitale. La perte
de Corbie « augmenta la peur des Parisiens, et par conséquent leur zèle pour la chose publique. C'est pourquoi ils contribuèrent encore de meilleur courage, et
tout le jeune bourgeois, à toute force, vouloit aller à
la guerre. » (*Montglat*).

Le 19 août, Louis XIII écrivait de Chantilly au maire et aux échevins d'Amiens pour les engager à résister aux ennemis, comme ils en avaient formé le dessein, dans le cas où leur ville serait attaquée. « Chers
et bien amez, disait le roi, le bon ordre que nous
établissons en nostre ville d'Amiens et les soins
continuels que nous apportons pour la mestre en estat
de se garentir, en cas que les ennemis la vinssent attaquer, vous font assez cognoistre combien nous ché-
rissons votre conservation. Nous croyons aussi que
vous y correspondrés, et c'est à quoy nous vous ex-
hortons de toute nostre affection, persévérant en la
résolution généreuse que vous avez prise de vous défendre avec la constance à laquelle vostre honneur,
vostre conscience et vostre propre salut vous obligent,
ce que si ceux de Corbie se fussent représenté comme
ils debvoient, ils ne seroient pas tombés au malheur,
en se rendant laschement, d'estre non-seulement le
mespris et la proye, ainsy qu'ils sont à présent, de
leurs ennemis, mais encores odieux et en horreur à
tous les gens de bien. Nous nous assurons que vous
et vos subjects profiterés de cet exemple, et que vous
aymerez bien mieux conserver par vostre courage et
fidélité vos biens, vostre honneur et vos vies que d'at-

tirer sur vous par aucune lascheté une infamie perpé-
tuele et vostre propre ruine. »

Richelieu, si nous en croyons quelques historiens,
éprouva un moment de découragement en présence
de la consternation générale Il s'enferma dans son
palais, qu'il fit défendre par une triple rangée de gardes, et manifesta l'intention d'abandonner les affaires;
il s'apercevait que le roi était effrayé lui-même et qu'il
semblait douter de la capacité de son premier ministre.

L'effroi avait gagné tous les cœurs ; la terreur était
partout. L'épouvante ne fut pas plus grande à Rome,
raconte le biographe de Guébriant, lorsque César passa
le Rubicon et prit les villes de Rimini et de Corfinium.
On faisait courir dans Paris les mêmes faux bruits de
plusieurs autres places conquises.

Le P. Joseph et le nonce du pape, Mazarin, firent
tous leurs efforts auprès de Richelieu pour qu'il gardât
le soin des affaires. Voici comment s'y prit le P. Joseph; il alla trouver le surintendant Bullion pour le
prier « de marcher par les rues de Paris, d'écouter
tranquillement les injures de la canaille, de saluer
tout le monde avec un air assuré, et de dire aux Parisiens que s'ils vouloient secourir promptement le roi
d'hommes et d'argent, Sa Majesté chasseroit les Espagnols, entreroit dans les Pays-Bas et y mettroit tout
à feu et à sang. Bullion ne balança point là-dessus.
Sans envisager le danger auquel il s'expose, il monte
à cheval, et marche par toute la ville, ayant seulement
deux laquais à ses côtés. D'abord il n'entendit que des
injures et des imprécations contre lui et contre le car-

dinal. On s'y étoit bien attendu. Mais les civilités que
le surintendant rendoit à ceux-là mêmes qui l'appe-
loient en face voleur et bourreau calmèrent si bien les
esprits et les rendirent si souples que les menaces et les
malédictions retombèrent sur les Espagnols et sur les
Allemands. Le cardinal en fait autant le lendemain. Il
se promène partout en carrosse, sans gardes et sans es-
tafiers, s'arrête dans toutes les places et dans les endroits où il voit accourir le peuple. Aucun n'eut l'au-
dace de lui perdre le respect... « Hé bien ! » dit le P.
Joseph, quand le cardinal fut de retour, « ne vous l'a-
« vois-je pas bien dit que vous n'êtes qu'une poule
« mouillée, qu'avec un peu de courage vous rassure-
« riez le peuple de Paris, et que vous rétabliriez les
« affaires ? Il n'y a pas de temps à perdre. Profitez
« des offres que les Parisiens vous font. »

Tallemant des Réaux parle aussi de la promenade
que Richelieu fit dans les rues de la capitale : « En ce
temps-là, il alla par Paris sans gardes, mais il y avoit
du fer à l'épreuve dans les mantelets et dans les cuirs
du devant et du derrière de son carrosse, et toujours
quelqu'un en la place des laquais. Il menoit toujours
le maréchal de la Force (1) avec lui, parce que le peuple
l'aimoit. »

Pendant que Louis XIII s'occupait de former une

---

(1) Le maréchal de la Force était ce jeune Caumont, cet enfant
sauvé miraculeusement du massacre de la St-Barthélemy dont
parle Voltaire dans sa *Henriade*, ch. ii :

> « De Caumont, jeune enfant, l'étonnante aventure,
> Ira, de bouche en bouche, à la race future. »

puissante armée entre l'Oise et la Seine, les ennemis continuaient leurs ravages en Picardie, et le nom de Jean de Werth faisait trembler toutes les populations de l'Ile-de-France.

Dans la nuit du 18 au 19 août, des soldats de la garnison de Corbie s'avancèrent jusqu'à Amiens, incendiant Camon, le hameau de Creuse et son château, qui ne fut jamais relevé depuis ; ils se dirigèrent ensuite à Rivery, où bon nombre de paysans s'étaient réfugiés avec leurs bestiaux, croyant être plus en sûreté auprès d'Amiens. Les ennemis firent main basse sur les troupeaux qui s'y trouvaient et enlevèrent quatre cents vaches et deux mille cinq cents moutons, puis ils incendièrent le village ; l'église fut totalement consumée ; à la suite de cet exploit, ils livrèrent aux flammes le faubourg Saint-Pierre.

Le surlendemain, dans la nuit du 21 au 22, 1,200 Espagnols allaient faire des réquisitions à Saveuse, à Guignemicourt, à Fourdrinoy, à Riencourt, à Oissy, à Bouchon et dans plusieurs autres villages des alentours d'Amiens ; leur butin put être évalué à plus de cent mille écus.

Bientôt, Richelieu apprend qu'un désaccord s'est élevé entre du Buisson, gouverneur de Ham, et le capitaine de la Rochegiffard ; le 21 août, il écrit à Chavigny pour l'informer que le roi doit écrire à du Buisson qu'il sera secouru si les ennemis attaquent Ham ; il ajoute qu'il compte sur sa bravoure. Le cardinal informe enfin Chavigny que le roi doit écrire une seconde lettre aux officiers de la garnison dans laquelle il leur dira avoir confiance en eux, qu'il est persuadé qu'ils ne capituleront point, mais que si l'un d'eux manquait à son devoir, les autres seraient autorisés à le tuer.

Le même jour, Richelieu écrivait à la Rochegiffard à propos de la mésintelligence qui existait entre lui et le gouverneur de Ham, et l'engageait à faire son devoir.

Les conquêtes des Espagnols, mais non leurs dévastations, cessèrent avec la prise de Corbie, néanmoins ils cernaient toujours Montdidier. On trouve dans les journaux du temps le récit des prouesses exécutées par la garnison de cette ville. Le lundi 18 août, le gouverneur, Jacques de Maurepas, aide-de-camp des armées du roi, fut informé que trente-cinq ou quarante Croates se trouvaient à Framicourt, et s'étaient emparés du moulin ; il sortit à la tête de vingt cavaliers et de trente mousquetaires ; un combat s'engagea ; seize ennemis furent tués et treize autres faits prisonniers et emmenés avec leurs chevaux et leurs bagages ; les autres s'enfuirent dans les marais.

Le surlendemain, Jacques de Maurepas apprit que des coureurs rôdaient aux environs de Montdidier, où ils s'étaient saisis des moulins pour moudre leurs grains ; le gouverneur envoya aussitôt son lieutenant, Florent de Braquemont, seigneur de Damery, qui partit à la tête de vingt-deux habitants ; il rencontra trente cavaliers ennemis à Roquencourt ; il les chargea si brusquement qu'il en tua quelques-uns et fit prisonniers le lieutenant et sept ou huit autres soldats qu'il emmena à Montdidier avec vingt chevaux, car ceux qui les montaient les abandonnèrent pour prendre la fuite à pied dans les jardins du village. Les Esgnols, par représailles, mirent le feu à Damery, dont la seigneurie appartenait au lieutenant du gouverneur de Montdidier.

Le 24 août, cinquante cavaliers et cinquante fantassins ennemis sortirent de Roye avec des chariots et des charrettes pour enlever les grains et les meubles qui se trouvaient dans le château de Maignelay et aux environs. Florent de Braquemont fit une nouvelle sortie, tua dix Espagnols et en emmena douze comme prisonniers avec leurs chariots et une partie de leur équipage. Ils étaient à peine rentrés dans la ville qu'une nouvelle alarme faisait sonner le boute-selle ; ils sortirent de nouveau, accompagnés de troupes fraîches que commandait le gouverneur. Les ennemis, au bruit de la mousquetade qu'ils venaient d'entendre, étaient accourus jusque dans un des faubourgs de Montdidier pour prêter main-forte aux leurs ; mais les soldats que commandaient le gouverneur et son lieutenant se coulèrent le long des haies et des vignes pour surprendre les ennemis « auxquels ils tuèrent d'abord leur chef, qui estoit un cornette, dont la perte leur fut si sensible qu'au lieu de continuer leur dessein ils rebroussèrent tout court à Roye, fort tristes et désolés, envoyans ensuite un tambour pour redemander son corps, lequel a dit que les ennemis voudroient avoir racheté sa vie de 30 mil écus. »

Le 26 août, Florent de Braquemont faisait une nouvelle sortie, lorsqu'il rencontra, près de Bouillancourt,

8

un parti espagnol ; huit ennemis furent tués et douze faits prisonniers ; ils perdirent en outre sept chevaux et deux chariots.

Le lendemain, le lieutenant du gouverneur, que ces succès enhardissaient, sortit de Montdidier avec 20 cavaliers ; il était accompagné de Jean Bosquillon, sieur de Sainte-Hélène, qui commandait à 40 fantassins ; ils se mirent tous en embuscade dans le bois Colart, à Pérennes, et ils apprirent bientôt que 50 cavaliers ennemis et 100 fantassins conduisant des meubles et des vivres volés dans les châteaux voisins n'allaient point tarder à passer.

Le sieur de Braquemont envoya demander du renfort au gouverneur, qui fit partir aussitôt une partie des carabins du baron de Plancy ; mais, avant leur arrivée, le seigneur de Damery, voyant que les ennemis se dirigeaient sur le bois du Cardonnois, quitta le bois Colart, leur coupa le chemin et engagea une escarmouche. Les carabins de Plancy, entendant plus de trois cents coups de mousquet et de pistolet, se dirigèrent du côté d'où partaient ces coups ; ils se joignirent aux soldats du sieur de Braquemont et un combat sanglant s'engagea ; 43 ennemis restèrent sur le champ de bataille, 45 furent faits prisonniers, et les autres, presque tous blessés, s'enfuirent dans le bois, laissant sur la place vingt-huit chariots et la plupart de leurs chevaux.

Mais, pour se venger, les Espagnols allèrent mettre le feu au village du maïeur de Montdidier ; « ils envoyèrent sur le soir du mesme jour un trompette pour

réclamer plusieurs prisonniers, auquel les nostres
ayant fait bonne chère il leur confessa, entre deux
vins, qu'ils avoient en leurs sorties et parties faites,
plus tué de gens aux ennemis qu'ils n'en avoient perdu devant la Capelle, le Catelet et Corbie. »

Lorsque cet aveu fut connu des Montdidériens, leur
amour-propre dut en être bien flatté ; toutefois, leur
résistance eut pour effet d'écarter les ennemis au moins
pour quelques jours, ce qui permit à la plupart des
laboureurs des environs de terminer leur moisson, que
l'arrivée des Espagnols avait interrompue.

M. de Beauvillé rapporte dans son *Histoire de Montdidier* plusieurs faits qui diffèrent de ceux qu'on vient
de lire ; néanmoins, il complète ceux-ci en ajoutant
des détails nouveaux ; nous lui ferons quelques emprunts à cet égard.

Il y avait chaque jour des escarmouches entre les
assaillants et les assiégés ; ces derniers ayant fait une
sortie de nuit ramenèrent 15 prisonniers, vingt chevaux
et des bagages. Une troupe d'élite, composée de 200
à 300 hommes déterminés et d'un nombre égal de
paysans réfugiés dans la ville, fut formée pour battre
la campagne et harceler les Espagnols. A peine orga-
nisée, elle sortait de la ville, où elle ne rentrait que
trois jours plus tard, amenant avec elle trente prisonniers, des chevaux et des bagages ; voici ce qui s'était
passé.

En sortant de Montdidier, cette petite troupe avait
rencontré un parti de soldats espagnols entre Canti-
gny et le Cardonnois ; un combat s'engagea, qui fut

assez meurtrier ; 150 ennemis restèrent sur le champ de bataille et les autres prirent la fuite.

Ce succès fit accueillir les vainqueurs, lors de leur rentrée, avec le plus grand enthousiasme ; il eut pour résultat d'aider à la prompte formation de deux compagnies de cavalerie de 100 hommes chacune, qui furent entièrement équipées en quatre jours ; le commandement en fut donné à Jean Milon de la Morlière, ancien officier. Les chevaux que montaient ces deux compagnies appartenaient aux bourgeois ou aux paysans réfugiés dans la ville.

Informées que les Espagnols, au nombre de douze cents, occupaient les villages de Pérennes, Harissart, Plainville, Broyes, le Cardonnois, et que le bois de la Longuehaie, situé sur cette dernière commune, leur servait de retraite, infanterie et cavalerie battent l'estrade, et marchent à l'ennemi qu'elles joignent près du bois. La mêlée fut rude. Nos troupes chargèrent avec vigueur ; les Espagnols se défendirent opiniâtrement ; il fallut les déloger successivement de toutes les positions qu'ils occupaient.

Les habitants des villages voisins, opérant une heureuse diversion, vinrent prendre l'ennemi à dos et l'attaquèrent à propos au passage du bois ; deux cents Espagnols demeurèrent sur la place, et le reste chercha son salut dans la fuite : la cavalerie s'élança à leur poursuite, et fit un grand nombre de prisonniers ; presque tout le bagage et quantité de chevaux tombèrent en notre pouvoir. (*Hist. de Montdidier.*)

Irrité du mauvais résultat de son entreprise, l'enne-

mi envoya sommer une seconde fois Montdidier de se
rendre, accompagnant cette injonction de ses menaces
ordinaires. La décision de l'échevinage ne se fit pas
longtemps attendre, et ce fut par de nouveaux succès
qu'il répondit à cette insolente proposition.

Furieux de voir cette ville lui opposer une résistance à laquelle il ne s'attendait nullement, alors que
tant d'autres places plus importantes et mieux fortifiées n'avaient pu tenir devant lui, Jean de Werth s'a-
vança en personne devant Montdidier.

Il s'établit avec cinq à six mille hommes entre cette
ville et la ferme de Defoy. Le baron de Neuvillette
ayant voulu introduire soixante chevau-légers dans la
place, tomba dans une embuscade, et ne put s'échapper qu'avec quatorze des siens, blessés pour la plupart.
Jean de Werth attaqua ensuite Montdidier ; la garnison se défendit courageusement, et son artillerie lui
fut très favorable ; « un canon, en batterie sur la
plate-forme du moulin à vent, creva à force de tirer. »
Les Espagnols n'étaient point habitués, depuis leur
entrée en Picardie, à rencontrer autant de résistance ;
aussi, après avoir perdu trois capitaines, deux cornettes et un grand nombre de cavaliers, Jean de Werth
battit prudemment en retraite, aussi bien y aurait-il
eu pour lui quelque danger à s'opiniâtrer davantage.

Les Montdidériens furent surtout secondés dans
leur résistance par la noblesse des environs de Roye,
qui, après la reddition de cette ville, s'était retirée à
Montdidier ; ce qu'elle n'avait pu faire à Roye parce
que la ville n'était pas tenable, elle le fit à Montdi-

dier ; « cette noblesse, dit D. Grenier, jointe aux secours que Richelieu envoya, força l'ennemi à lever le
siège. »

Ce siège avait duré trente-quatre jours ; les assaillants perdirent de six à sept cents hommes et un plus
grand nombre de prisonniers ; les assiégés ne comp-
tèrent que quatre-vingts morts et autant de blessés.
« Ainsi une armée nombreuse, aguerrie, commandée
par des généraux habiles, avait échoué devant une
ville qui ne paraissait guère susceptible d'une longue
défense ; mais le courage supplée au nombre, et l'a-
mour de la patrie surmonta tous les obstacles. »
(*V. de Beauvillé.*)

Il faut envisager que si l'armée ennemie n'avait
remporté jusqu'alors que des succès, elle n'en diminuait pas moins tous les jours ; la discipline s'était
fort relâchée ; des soldats désertaient aussitôt qu'ils
avaient fait quelque butin un peu considérable pour
en aller dépenser la valeur dans la débauche ; les excès
de toutes sortes qu'ils commettaient aigrirent les populations et les soldats français : c'était obliger ces
derniers à se montrer braves.

Les soldats de Jean de Werth ne quittèrent Montdidier qu'en apprenant l'arrivée de Gaston d'Orléans en
Picardie ; ils manifestèrent leur dépit en arrachant les
vignes, en détruisant les moissons et en brûlant plus
de soixante-dix bourgs ou villages qui se trouvaient
sur leur passage.

CHAPITRE IV.

La frayeur qui s'était emparée des esprits à Paris,
dans l'Ile-de-France, en Picardie et ailleurs commençait à se calmer. Le cardinal écrivit alors à
Louis XIII que les Parisiens étaient tout à fait raffer-
mis. Le 27 août, on cessa de faire la garde aux portes
de la capitale.

On lit dans une lettre de Chapelain à Balzac,
datée de Paris du 7 septembre, à propos de la
marche des ennemis : « Le malheur qui a esté sur le
point d'arriver ou est passé ou du moins différé. La
division des ennemis, le bonheur du Roy, la prudence
de M. le Cardinal et la contribution volontaire des villes
et du plat païs, mais plus que tout cela la Providence
divine ont empesché pour cette heure le coup horrible qui
dans la ruine de Paris attiroit ensuite celle de l'État. »

Balzac avait offert, en termes fort gracieux, un asile
à l'auteur de *la Pucelle* dans le cas où il ne se croirait
pas en sûreté à Paris ; Chapelain ajoutait dans la lettre
que nous venons de citer : « Quant à ma sortie de Paris, je ne suis pas bien résolu de le faire, et le cas mesme arrivant qu'il me fallut prendre ce parti, je ne say

si la despendance que j'ay des Princes que vous savés
ne m'obligeroit point à chercher l'abry sous eux et dedans les places où ils sont les maistres. Mais, quoyque
cela se fasse, je me souviendray toute ma vie, et d'un
souvenir reconnaissant, que vous m'avés offert un azile
assés délicieux pour estre aisément accepté par un
misérable. »

Le roi ayant appris que le gouverneur de Saint-
Quentin était malade, avait envoyé Fontenay-Mareuil
dans cette ville, afin de la défendre, si elle venait à
être attaquée. Mais, au bout de huit jours, le gouverneur étant en état de servir, le marquis de Fontenay
reçut l'ordre de se rendre à Beauvais, « qui estoit fort
menacé et qu'on craignoit extrêmement, parce que la
place est très mauvaise, et qu'il y avoit de quoy faire
subsister l'armée ennemie durant tout l'hiver. »

A Saint-Quentin, Fontenay-Mareuil avait trouvé les
fortifications en très mauvais état ; il fit remarquer
aux habitants « le péril où cela les mettoit s'ils n'y
remédioient : ils y travaillèrent dès l'heure même avec
grande affection. »

Ainsi, du côté de ces deux villes, il n'y avait aucune
crainte. Quant à Abbeville, qui pouvait être menacée,
le roi y avait envoyé Pontis avec le régiment de Brézé
après la prise de Corbie. Mais la cité *toujours fidèle*
n'avait pas attendu l'arrivée de ce brave officier dans
ses murs pour prendre les mesures nécessaires à l'effet de parer à toute éventualité de la part des ennemis.
La guerre était à peine déclarée que, pour obéir aux
ordres du roi, l'échevinage avait fait dresser la liste de

tous les gentilshommes demeurant dans le Ponthieu ;
tous les ponts qui se trouvaient sur la Somme en dehors de la ville furent rompus ; la municipalité fit plus :
elle préposa six compagnies bourgeoises à la garde
des portes et des remparts pendant le jour, tandis que
la nuit des postes avancés et des patrouilles surveil-
laient les dehors de la place. Deux compagnies de
Suisses envoyées en garnison à Abbeville furent employées à la garde des remparts, tandis que trois
autres compagnies étaient cantonnées au faubourg
Rouvroy.

Dans une lettre écrite au maïeur et aux échevins
d'Abbeville le 19 novembre 1635, le coadjuteur de
Paris les avertit que les ennemis ont quelque « mauvais dessein » sur leur ville, et qu'on l'a prévenu
« qu'ils ont fait provision de fortes machines de guerre
qui font assez voir leur mauvaise intention : j'espère
qu'elle sera fort inutile, et que vous en empescherez
l'effect par une vigilance que je vous prie de rendre
esgale à l'attention que vous avez au service du Roy,
que je sçais vous estre cher au dernier point. »

On trouve dans les *Mémoires* de Pontis, à propos
de son séjour à Abbeville, des renseignements qui ne
seront point déplacés ici. C'était après la reddition de
Corbie ; le roi ayant fait venir Pontis en présence de
Richelieu et de Chavigny, lui fit cacher par un valet
de chambre seize cents pistoles dans une chemisette ;
cet argent devait servir à payer la solde des Suisses.
Pontis alla aussitôt rejoindre le régiment de Brézé
pour s'enfermer avec lui dans Abbeville ; il était deux

heures du matin quand ils entrèrent. Les habitants et
la garnison, qui s'attendaient chaque jour à une attaque et qui craignaient d'être obligés de se rendre, ou
que la place ne fût emportée d'assaut, accueillirent les
nouveaux arrivants avec le plus grand enthousiasme.
« Aussi nous trouvâmes toute la ville comme en feu,
raconte Pontis, à cause de la multitude des chandelles et des flambeaux que l'on avoit mis à toutes les
fenêtres : et chacun se réjouissant, on n'entendoit
qu'un seul cri d'une infinité de voix d'hommes, de femmes et d'enfans, qui tous ensemble faisoient retentir
Vive le Roi! Ils avoient sans doute sujet de se réjouir;
car, la garnison étant de beaucoup trop foible pour la
défense de la ville, si nous fussions seulement arrivés
une demi-journée plus tard, il n'y avoit guères d'espérance de sauver la place. »

Pontis savait tellement bien que les Abbevillois attendaient du secours avec la dernière impatience que
dès qu'il eut reçu l'ordre de se rendre à Abbeville, il
ne perdit pas un moment, faisant marcher ses gens
aussi bien de nuit que de jour, car, comme il le dit lui-
même, il était temps. En effet, le lendemain de son
arrivée, cinquante-sept escadrons de soldats espagnols se présentaient auprès d'Abbeville vers dix
heures du matin. Aussitôt le gouverneur, qui était le
comte d'Alais, sortit à la tête d'un petit escadron ;
Pontis le suivit avec son régiment pendant que le reste
de la garnison se portait sur les remparts avec les
bourgeois.

En sortant de la ville, Pontis divisa ses soldats en

plusieurs bataillons. Quelques volées de canon et des coups de mousquet furent tirés des remparts dans le but de « faire voir aux ennemis qu'on avoit de quoi les servir », et « dix ou douze trompettes de M. le comte d'Alais firent quantité de fanfares pour témoigner qu'on étoit en belle humeur de les recevoir s'ils s'avançoient. » En présence de cette attitude, les ennemis s'arrêtèrent; pendant deux heures, ils parurent délibérer sur ce qu'ils avaient à faire. Mais leur délibération eût été de plus courte durée s'ils eussent pu voir qu'à l'intérieur les soldats de la garnison, les milices, les bourgeois, tous les habitants enfin étaient à leur poste, résolus à se bien défendre.

Enfin les ennemis « jugeant qu'ils pourroient être arrêtés dans leurs conquêtes s'ils entreprenoient l'attaque d'une ville soutenue par une si forte garnison, s'en retournèrent porter ailleurs leurs armes victorieuses. »

Pontis resta pendant environ un an à Abbeville avec le régiment de Brézé, parce que l'on craignait toujours quelque entreprise de la part des Espagnols, qui tenaient garnison dans plusieurs villes des environs ; il raconte dans ses *Mémoires* que, s'étant un jour rendu à Paris auprès du roi pour l'entretenir de la garnison d'Abbeville, il put être témoin oculaire d'un mauvais service que voulait lui rendre le duc d'Angoulême, père du comte d'Alais ; il entendit le duc se plaindre au Roi des désordres que causait la garnison d'Abbeville.

« Alors le Roi, faisant l'étonné de ce qu'il disoit,

et voulant le faire donner de bonne foi dans le panneau, lui dit :

« Mais quoi ! Pontis n'est-il pas à Abbeville, et « n'empêche-t-il pas ces désordres ?

— « Sire, lui répondit M. d'Angoulême, il y est, « mais il fait comme les autres ; on dit néanmoins « qu'il y tient un peu la main.

— « Prenez garde, lui dit le Roi, comme vous par-« lez, il y a un homme ici qui vous écoute. »

Pontis, que Louis XIII avait vu entrer et à qui il avait fait signe de se cacher, se montra alors et dit en riant au duc d'Angoulême :

« Vraiment, Monsieur, je vous suis bien obligé du bon office que vous me rendez auprès de Sa Majesté. »

Le duc, surpris de voir là Pontis, voulut se rétracter :

« Ah ! Monsieur, Monsieur de Pontis, on m'avait bien dit cela de vous, mais je ne l'ai jamais cru. »

A cette réponse, le Roi et ses courtisans se mirent à rire ; Pontis répondit au duc avec infiniment d'esprit et d'à-propos :

« Vraiment, Monsieur, je vous en suis encore plus obligé, de ce que ne l'ayant pas cru vous l'avez voulu faire croire au Roi. » (1)

Pontis profita de son voyage à Paris pour se plaindre à son maître de ce qu'il ne recevait point

(1) Le duc d'Angoulême avait à se plaindre de Pontis parce que les officiers de la gabelle l'avaient informé que les soldats d'Abbeville faisaient le commerce de faux-sauniers ; le duc soutenait les officiers de la gabelle pour « quelque considération particulière. »

d'argent pour la paye de ses soldats. Le roi lui demanda de quelle manière il pourvoyait à leur subsistance : « Sire, lui dit-il, ils vont acheter du sel à bon marché, et en tirent quelque argent, en attendant que Votre Majesté puisse avoir pourvu à leur paiement. »

Le roi ne se fâcha point de cette réponse ; il en rit, au contraire, et répliqua à son fidèle serviteur : « Écoute, je ne les empêcherai pas d'être faux-sauniers ; mais s'ils sont pris par la justice, je ne les empêcherai pas aussi d'être pendus. »

« Comme je n'avois pas de quoi satisfaire et payer le régiment, ajoute Pontis, je les laissois agir, ne voyant pas grand mal à cela, et y trouvant même l'intérêt du Roi, qui trouvoit ainsi moyen de faire subsister les troupes sans rien débourser et sans charger ses sujets. Je ne leur commandois pas néanmoins de le faire, mais je souffrois qu'ils le fissent sans m'y opposer. » .

A son retour à Abbeville, Pontis put s'apercevoir que le trafic que faisaient ses soldats prenait une plus grande extension. Un jour, soixante à quatre-vingts soldats bien armés allèrent à Saint-Valery pour acheter du sel. Les officiers de la gabelle en ayant été informés mirent sur pied un nombre égal d'archers, leur donnant l'ordre de charger les soldats et de les amener pieds et poings liés. Un combat meurtrier s'engagea à la rencontre de ces deux troupes ; plusieurs archers furent tués et quelques soldats furent blessés.

Les officiers de la gabelle portèrent leurs plaintes à

Pontis, qui leur promit tout son concours pour découvrir les coupables, et leur assura qu'il en ferait justice
sur le champ. Mais les officiers de la gabelle, croyant
à la feinte colère du capitaine et ennuyés, du reste,
des luttes qu'ils avaient à soutenir contre les soldats
faux-sauniers, proposèrent à Pontis de les laisser
aller acheter du sel à Saint-Valery, et qu'au lieu de le
vendre aux habitants d'Abbeville, ils le porteraient au
grenier du Roi ; Pontis trouva cette offre avantageuse
et l'accepta pour ses soldats.

Au mois de mai 1637, cet officier reçut l'ordre d'aller rejoindre les troupes du cardinal de la Valette qui
se disposait à entrer dans les Pays-Bas ; son départ fut
vivement regretté des Abbevillois, parmi lesquels il
avait su se faire de nombreux amis.

Après la prise de Corbie, les Hispano-Impériaux
semblaient n'avoir été occupés qu'à conserver soigneusement cette ville et à porter dans toute la Picardie le
fer et la torche ; ils n'avaient pu s'emparer d'aucune
autre place et semblaient être énervés par leurs succès.

Quant à l'armée que Louis XIII mettait sur pied,
elle grossissait à vue d'œil. Partout, les levées se faisaient avec rapidité, mais, comme le fait justement
remarquer Sismondi, « les régiments que les magis-
trats et les bourgeois de Paris avaient promis de lever, et les laquais qu'ils faisaient monter sur leurs
chevaux de carrosse auraient probablement mal tenu
tête aux vieilles bandes espagnoles ou aux carabiniers
de Jean de Werth. »

Mais l'armée que faisait lever le roi de France, devait compter des soldats bien plus aguerris que ceux dont parle Sismondi.

De son côté, le duc de Longueville assemblait une armée en Normandie ; le 26 août, Chapelain lui écrivait : « Tant de places prises, tant de païs occupé, non par la valeur des ennemis, mais par la lascheté des nostres, estoient des choses qui ne vous pouvoient qu'affliger extrêmement, et que j'aymois mieulx que vous apprissiés d'un autre. Maintenant, quoiqu'il semble que l'effort des Espagnols s'allentisse et que nous nous mettions tous les jours de plus en plus en estat de leur résister, je ne vous escris pourtant, Monseigneur, pour vous resjouir de nos bons succès, puisque la levée du siège de Dôle et la prise de Verdun-sur-Saône ne sont pas des avantures fort heureuses pour nous, non plus que celles de Picardie, mais, pour vous dire que vous estes regardé par tous les gens de bien affligés de nos désordres comme le secours le plus puissant que le royaume attende en cette occasion. On n'espère qu'aux trouppes que doit fournir la Normandie et la nécessité que l'on en a ouvre les yeux à tout le monde et fait connoistre combien la France est heureuse d'y avoir pour gouverneur un prince comme vous si intéressé au bien de l'Estat, si affectionné au service du Roy et si adoré dans cette province... »

L'armée du prince de Condé avait levé le siège de Dôle le jour même où Corbie se rendait aux Espagnols avons-nous dit. Condé avait perdu 3,000 hommes devant cette place dont il ne put se rendre maître. Une partie de son armée revenait sous la conduite de Lambert, lorsque ce dernier apprit que les ennemis s'étaient emparés de Verdun. Condé voulut faire retourner Lambert en Franche-Comté, mais Richelieu, qui en fut aussitôt prévenu, dépêcha un exprès à ce dernier pour l'engager à continuer sa route en toute diligence.

« Le remède à tous nos maux, écrivait le cardinal à Chavigny le 23 août, est d'amasser promptement l'armée de Picardie et aller aux ennemis. » Le 24 août, il écrivait au roi qu'il serait prudent de « faire passer l'armée de Bourgogne le plus loin de Paris qu'on pourra, parce qu'on auroit de la peine à en tirer les officiers, et il faut chaudement employer les forces de Vostre Majesté pour empescher le progrès de ses ennemis. »

Le premier septembre, Louis XIII quittait Paris pour aller rejoindre les troupes qu'il avait fait masser sur l'Oise. Le même jour, il écrivait à Molé l'informant qu'il venait de donner un pouvoir à la reine pour le gouvernement de l'État pendant son absence, et il ajoutait que, comme il voulait qu'elle fût assistée d'un bon Conseil, il l'informait qu'il l'avait désigné pour en faire partie. Le pouvoir donné par Louis XIII à la reine fut vérifié en Parlement le 6 septembre suivant.

Le roi fit donner l'ordre à tous les officiers de ses armées de rejoindre leurs régiments sous peine de la privation de leur charge, et à tous les soldats, sous peine de la vie ; il se rendit à Senlis, où il séjourna pendant quelque temps pour être plus près de son armée ; elle était composée de 30,000 hommes d'infanterie, 12,000 hommes de cavalerie et disposait de trente canons.

Les ennemis ne tardèrent point à connaître les préparatifs que faisait Louis XIII ; ils surent aussi que le 6 septembre un nouveau traité avait été signé entre la France et les Provinces-Unies, et que les Hollandais, sur la prière de Richelieu, se disposaient à pénétrer en Belgique ; aussi le cardinal-infant fit prévenir le prince Thomas de ne pas trop s'avancer sur Paris.

D'un autre côté, les garnisons françaises remportaient chaque jour de petits succès, qui, en se répétant sans cesse, amoindrissaient l'armée ennemie. Dès lors, les Hispano-Impériaux semblèrent n'avoir plus qu'un seul objectif : fortifier Corbie et se retirer en Artois pour y prendre leurs quartiers d'hiver.

Les paysans des environs de Corbie avaient abandonné leurs villages par suite des mauvais traitements qu'ils avaient eus à subir, et croyant aussi échapper à la misère dans laquelle ils se trouvaient réduits après la ruine de leurs maisons et la perte de leurs biens.

Ces désertions ne tardèrent pas à être préjudiciables aux ennemis ; ils s'empressèrent de publier qu'ils prendraient sous leur protection ceux des paysans qui rentreraient dans leurs maisons ; « mais ceux qui s'y fièrent furent traités avec toute sorte de barbarie ; quelques-uns des soldats qui les maltraitoient disant être à Piccolomini si on leur montroit des sauvegardes du

9

prince Thomas, et les autres être au prince Thomas
s'ils avoient des sauvegardes de Piccolomini, ce qui fit
bientôt connoître au peuple qu'ils ne pouvoient non espérer d'eux que ruine et désolation. » (*Richelieu.*)

Les Espagnols prirent alors le parti de faire venir
de Flandre nombre de paysans et les employèrent aux
travaux de fortifications qu'ils faisaient élever autour
de Corbie.

Richelieu, si l'on en croit Le Vassor, aurait bien voulu avoir le commandement de l'armée ; dans ce cas, le
roi serait resté à Paris et le duc d'Orléans n'aurait
point eu d'emploi, bien qu'il eût demandé au cardinal
avant le 23 août à avoir le commandement si son frère
restait dans la capitale, ou être nommé lieutenant
général si le roi allait à l'armée.

Quand on fit connaître au comte de Soissons que le
cardinal serait nommé généralissime, il s'écria : « J'aime
mieux avoir M. le cardinal pour ennemi que de me
rendre son esclave. »

Cette combinaison n'ayant pu réussir, Richelieu ne
crut pouvoir mieux froisser le comte de Soissons que
de faire accorder la lieutenance générale de l'armée au
duc d'Orléans, afin de reléguer le comte au second
rang. Le cardinal croyait aussi que ces deux princes
étant mal ensemble, n'arriveraient point à s'entendre
pour le desservir. « Mais il en arriva tout autrement,
dit Fontenay-Mareuil, car ils ne furent pas longtemps
sans se raccommoder, Monsieur estant toujours près
de s'unir avec ceux qui se monstroient mal satisfaits
du roy, et M. le comte aussy. »

Quoi qu'il en soit, si cette armée était nombreuse, elle
n'avait point de général. Richelieu avait cru y suppléer
en donnant aux deux princes pour officiers généraux
des hommes éprouvés et fidèles. Les maréchaux de la
Force et de Châtillon en étaient lieutenants-généraux;
du Hallier, le marquis de la Force, Fontenay-Mareuil,
Lambert et de Bellefonds servaient en qualité de maréchaux de camp.

Gaston d'Orléans avait fait preuve de bonne volonté
en venant de Blois à Paris, dès le 19 août, avec huit
cents maîtres de la noblesse qu'il avait convoqués par
l'ordre du roi dans l'étendue de son apanage. L'armée qu'il allait commander traversait l'Oise le 13 septembre. Le lendemain, le comte de Soissons quittait
Compiègne avec ses troupes, et le 15, Gaston prenait
congé de son frère à Senlis pour aller commander
l'armée en Picardie. Louis XIII en lui en confiant la
lieutenance générale lui avait dit en présence du maréchal de la Force: « Je vous baille le commandement
de mon armée, et le maréchal de la Force pour être
auprès de vous, que je tiens le plus expérimenté et le
plus capable de mon royaume, et le marquis de la
Force, son fils, aussi. Ils m'ont toujours très bien
servi. Je désire que vous croyiez à ses conseils et le
laissiez conduire. »

Louis XIII avait recommandé à son frère de s'avancer d'abord sur Roye, qui se rendrait immédiatement
à la vue d'une pareille armée, puis de marcher sur les
ennemis avant qu'ils eussent repassé la Somme. Il
comptait bien que les Hispano-Impériaux ne résiste-

raient point au choc, car ils ne devaient guère être plus
de 18,000 combattants, infanterie et cavalerie. Enfin
le roi recommanda à son frère que si les ennemis
« avoient déjà repassé la Somme, il la falloit aussi faire
passer à notre armée en diligence, et aller prendre un
campement le plus proche des ennemis qu'il se pourroit, avec les avantages que les raisons de guerre devoient faire considérer en pareille occasion, étant certain que par ce moyen il seroit difficile qu'on n'empor-
tât quelque notable avantage sur les ennemis, parce
qu'ayant les vivres plus commodément qu'eux, ils seroient contraints de décamper les premiers, et qu'il
leur seroit impossible de le faire devant une grande
armée sans laisser de leurs plumes, si les ailes n'y de-
meuroient entièrement. Les ennemis étant, ou défaits
ou retirés, ou chassés dans leur pays, ce qui apparemment devoit arriver à la fin de septembre, Monsieur
les devoit pousser le plus avant qu'il pourroit dans leur
pays, et venir prendre ses quartiers d'hiver, en sorte
que Corbie en fût investi, laquelle place le roi vouloit
faire tous les efforts imaginables pour la reprendre
cette année. (*Richelieu*).

Ce plan était bien conçu et aurait donné le résultat
qu'on en attendait s'il eût été suivi ; mais, hélas ! le
mouvement se fit avec lenteur et n'aboutit point.

Le maréchal de la Force étant arrivé à Arson, où le
rendez-vous avait été donné aux troupes, apprit par
l'un de ses espions que Jean de Werth se trouvait encore sur la rive gauche de la Somme avec un grand
nombre de chariots et les femmes de ses soldats, et

qu'il lui faudrait plus de deux jours pour repasser la rivière. La Force proposa au duc d'Orléans et au comte de Soissons de se porter sans délai sur l'armée de Jean de Werth, qui ne pourrait traverser la Somme assez vivement sans laisser une partie de ses bagages ; si cette proposition était acceptée et menée à bonne fin, elle aurait pour effet, suivant cet officier, de jeter l'effroi parmi les ennemis et de donner quelque gloire à l'armée française, qui en avait tant besoin.

Un conseil fut assemblé : le duc de la Force représenta que Roye, place peu importante, avait une garnison trop faible pour pouvoir résister à l'armée française lorsque celle-ci viendrait l'attaquer à la suite du coup de main qu'il avait d'abord proposé de tenter ; il ajouta qu'après que Jean de Werth se serait retiré sur la rive droite de la Somme, la garnison espagnole de Roye, se voyant isolée et dans l'impossibilité de recevoir aucun secours, ne tarderait pas à se rendre.

A ces raisons, pleines de sagesse, on objecta mille difficultés, et l'on décida qu'il serait préférable de reprendre Roye, sauf à se porter ensuite sur l'armée ennemie. C'était une faute que l'on ne devait point tarder à reconnaître sans qu'il fût possible de la réparer.

L'armée du duc d'Orléans aurait pu assiéger Roye et attaquer simultanément les ennemis, comme le voulait la Force. Il suffisait de détacher sept ou huit mille fantassins pour cerner Roye, et de passer outre avec le reste des troupes en envoyant quatre ou cinq mille cavaliers sur les derrières des Hispano-Impériaux au moment où ils repasseraient la Somme.

Mais on s'arrêta au parti qui devait être le moins avantageux. Richelieu explique ainsi le motif de cette funeste résolution : « La jalousie entre les chefs et l'ambition qui domine la jeunesse, empêchèrent le fruit que l'on pouvait tirer de cette occasion si on l'eût ménagée, car aussitôt qu'on proposait de faire un parti, M. le comte le vouloit commander, et Monsieur, ne voulant pas qu'il eût l'honneur de chasser les ennemis, y vouloit aller ; et, par conséquent, il falloit mener toute la cavalerie et quatre mille mousquetaires, qui eût été proprement ne rien faire du tout et harasser extrêmement les troupes. »

On put s'apercevoir alors des dangers que présentaient les commandements accordés à deux princes jaloux l'un de l'autre, bien que parfaitement d'accord entre eux par leur mauvaise volonté contre le gouvernement.

Le 18 septembre, l'armée royale arrivait dans les plaines de Roye, entre Amy et Verpillières. A la vue de ces troupes, la garnison espagnole de Roye commença par brûler les faubourgs de la ville pour qu'ils ne pussent servir aux assaillants ; mais ces derniers disposèrent leurs batteries et foudroyèrent sans relâche, de douze pièces de canon, les murailles de la place jusqu'à ce qu'une grande brèche y fût ouverte. Déjà quatre cents soldats français, sous les ordres de Roger Rabutin, se disposaient à franchir le fossé pour monter à l'assaut, quand les ennemis, qui n'étaient que 50 cavaliers et 300 fantassins, demandèrent à capituler, ce qui leur fut accordé aux conditions suivantes, telles que les rapporte Pagès :

« 1° Que le sieur Weslau, gouverneur, sortiroit avec sa garnison, la vie sauve, avec leurs armes et bagages qu'ils avoient lorsqu'ils entrèrent dans la ville, et qu'ils y laisseroient tout ce qui appartenoit aux habitants ;

« 2° Qu'il leur seroit donné une escorte suffisante pour être conduits seurement jusqu'à leur armée ;

« 3° Que le sieur Weslau, gouverneur, rendra la ville le lendemain à huit heures du matin à ceux que Son Altesse choisira pour la recevoir et pour la garder ;

« 4° Que, pour plus grande assurance de sa parole, il livrera dès aujourd'huy, une porte de la ville qui sera occupée par les gens de guerre que Son Altesse y envoyera, jusqu'à ce que la garnison en soit sortie.

« Donné au camp de Roye le 18° septembre 1636. Signé : Gaston. Et plus bas : Goulas. »

Les habitants de Roye accueillirent avec joie les soldats français lorsqu'ils entrèrent dans la ville. A ce sujet, l'abbé Arnauld parle de la rodomontade d'un Espagnol qui le fit bien rire : « Comme la garnison sortoit de la place, dit-il, nos soldats ayant vu ce misérable, qui n'était apparemment qu'un valet, grimpé sur le haut d'une charrette de bagage dans une posture aussi fière que s'il eût été sur un char de triomphe, s'écrièrent assez haut : « Ah ! voilà un « Espagnol ! » Alors cet homme, sans s'étonner, avec un branlement de tête, leur dit d'un ton grave et un peu moqueur : *Senores, yo era solo,* comme voulant dire : S'il y en avoit eu beaucoup comme moi, vous ne seriez pas encore dans la place. »

Le 20 septembre, le maïeur nommé à Roye par les Espagnols fut pendu, et l'on arrêta plusieurs habitants accusés d'intelligence avec les ennemis.

On voulut alors exécuter le projet qu'avait eu le maréchal de la Force quand l'armée se trouvait à Arson, mais il était trop tard : les ennemis avaient repassé la Somme dès qu'ils eurent entendu le canon dans la direction de Roye, car on apprit plus tard par des prisonniers que Jean de Werth se trouvait alors avec toute sa cavalerie et celle de Piccolomini à Guillaucourt, « d'où ils partirent avec grand effroi et désordre au bruit du canon qu'ils entendirent. »

Louis XIII ne tarda pas à manifester son mécontement à propos des articles de la capitulation qu'il ne trouva point assez sévères. Richelieu écrivait en effet de l'abbaye de la Victoire à Chavigny, le 20 septembre : « Le roy eust bien désiré que ceux qui estoient dans Roye eussent reçu un moins favorable traitement, ce qui sembloit nécessaire pour l'exemple, mais cependant il ne condamne pas les raisons que Monsieur a eues. »

Après la prise de Roye, le duc d'Orléans eut l'intention de se diriger sur Péronne afin de couper la retraite aux ennemis s'il en était temps encore. Le roi approuva ce dessein et envoya l'ordre à son frère, dès qu'il serait arrivé à Péronne, de se saisir du passage de Bray et de faire rompre celui de Cerisy ; il ajoutait « que si les ennemis avoient entièrement passé l'eau,

comme on disoit, peu de gens se saisiroient des dits
passages par deçà, et, rompant le dernier, se mettroient
sans difficulté en état de ne pouvoir être forcés en cette
saison ; si aussi les ennemis n'avoient pas encore
passé la Somme, et qu'il y en eût encore de deçà, la
meilleure entreprise que Monsieur pût faire, seroit
d'envoyer un corps puissant pour se saisir desdits passages, après quoi il seroit aisé de faire périr la cavalerie ennemie qui demeureroit deçà », et « qu'il eût
soin d'envoyer des gens entendus de Péronne rompre
les gués qui seroient sur la rivière, jusques à Bray et
Cerisy, quand ils seroient maîtres des deux passages. »

Mais les ordres du roi ne furent point exécutés :
l'armée mit trois jours pour aller à Péronne ; il est
vrai que la distance est trop grande pour qu'elle ait pu
faire le trajet en une traite ; en outre, les chemins
étaient détrempés par suite de pluies abondantes et
continuelles ; l'artillerie et les bagages tenaient à eux
seuls trois lieues de terrain.

Fontenay-Mareuil rapporte que l'armée fut près de
trois jours pour passer dans Péronne, « tant il y avoit
de gens et de bagages, desquels en demeurant à toute
heure quelqu'un,...il estoit aussytost pris par les ennemis, ceux qui commandoient les troupes laissées derrière pour leur seureté n'ayant pas voulu attendre que
tout fust passé ; et il est certain que s'ils eussent eu
plus de cavalerie dans Cambray, ils auroient fait un
fort grand butin, tant l'ordre y estoit mauvais. »

Afin d'être mieux obéi, Louis XIII quittait Senlis le

22 septembre et arrivait à Roye le 24, pour être plus
près du théâtre des opérations qu'il allait désormais
diriger lui-même. Il n'y fut pas plutôt arrivé qu'il
reçut la visite du maréchal de Châtillon ; il apprit par
ce dernier que l'armée était restée jour et demi sans
pain, et que, pour ce prétexte, elle demeurait à Péronne depuis quatre jours sans oser rien entreprendre.

Châtillon dit à Louis XIII qu'il avait été envoyé vers
lui par le duc d'Orléans et par le comte de Soissons ;
ces deux princes demandaient à être autorisés à faire
revenir l'armée sur ses pas et à la diriger sur Amiens,
attendu que la cavalerie manquerait de fourrages si l'on
suivait les ennemis. « Sa Majesté et son Conseil estimèrent cette proposition si préjudiciable à ses affaires
et à la réputation de ses armes, qu'elle commanda de
passer outre, nonobstant toutes les incommodités qui
furent représentées. Cet ordre donné par le roi fut
trouvé fort mauvais ; M. le comte y fit beaucoup de
difficultés, et dit à Monsieur qu'il ne devoit hasarder
sa réputation, et qu'il devoit avoir auparavant un état
signé de l'artillerie et des munitions qu'on disoit qui y
étoient, comme s'il l'eût révoqué en doute ; cependant
le grand maître ne fit point de difficulté d'en donner
un signé de lui, qui portoit trente canons et cinquante
milliers de poudre, dix mille outils et tout le reste à
proportion. »

Cet ordre reçu, l'armée demeura encore deux jours
à Péronne ; le roi en ayant été informé, envoyait un
exprès à son frère le 27 septembre pour le prier de se
diriger au plus tôt sur Corbie.

Mais avant de parler du siège de cette ville, il est in-
dispensable de revenir quelque peu en arrière. Nous
nous occuperons surtout des petits combats livrés durant le mois de septembre et des courses faites par les
Espagnols pendant le même temps aux alentours
d'Amiens.

Les Hispano-Impériaux n'osèrent jamais essayer
d'attaquer la capitale de la Picardie, mais ils s'enhardissaient tellement tous les jours qu'ils allaient faire
des réquisitions jusqu'aux portes de cette ville.

Le 1er septembre, des soldats ennemis venaient four-
rager au-dessus de Longueau. Le lendemain, ils se
présentaient près de Rivery, dans le milieu du jour, et
faisaient des réquisitions ; ils avaient amené une forte
cavalerie et de nombreux chariots. Le 4, ils s'avançaient jusqu'à la Fosse-Ferneuse, au faubourg Noyon ;
la garnison d'Amiens, en ayant eu connaissance, fit
sortir une partie de l'infanterie et cent cavaliers, pendant que les bourgeois se mettaient sous les armes
dans la ville ; les soldats de la garnison se dirigèrent
sur la Neuville et se postèrent au pont de Longueau
pour couper la retraite aux ennemis ; en effet, ceux-ci
venant pour repasser sur le pont durent livrer combat;
dix des leurs furent tués et trois faits prisonniers ;
mais comme ils étaient plus forts en nombre, ils purent repasser la Somme. Toutefois, ils ne s'aventu-
rèrent plus aussi près d'Amiens à la suite de cette
affaire.

Le même jour, le capitaine Pagès avait fait prisonnier le gouverneur d'Auxi-le-Château, qu'il conduisit
aussitôt à Amiens.

Pendant huit jours, les ennemis évitèrent dè se montrer aux alentours de cette ville; le **12** septembre, vingt-six Polacres, attirés par les raisins de Boves, arrivaient dans ce village qu'ils voulurent piller, mais les habitants s'étant armés à la hâte les massacrèrent tous.

Deux ou trois jours plus tard, quelques cavaliers de la garnison de Doullens firent une sortie et attaquèrent un parti ennemi qu'ils mirent en déroute et prirent les chiens de chasse, les oiseaux de proie, les épagneuls et le fauconnier du prince Thomas ; après ce succès,les vainqueurs allèrent vendre à Amiens soixante-quinze chevaux pris dans cette course.

On trouve dans le *Mercure* un épisode assez intéressant que rapporte aussi Pagès, mais d'une manière un peu différente. Deux moulins à l'eau situés en dehors de Corbie servaient à moudre le blé nécessaire à la subsistance de la garnison et à celle des habitants renfermés dans cette ville. L'un de ces moulins, situé à la porte de Fouilloy, dite de l'*Image*, fut brûlé par des Français ; l'autre, établi à quelque distance sur un des canaux formés par la Somme, contenait une grande quantité de blé et de farine ; enfin il se trouvait un troisième moulin à l'intérieur de la ville, qu'il était très facile d'empêcher de fonctionner en détournant les eaux de la Somme, comme on le fit ensuite.

Après l'incendie du moulin de la porte de Fouilloy, les Espagnols, redoutant le même sort pour le second moulin, entreprirent un ouvrage à cornes pour le protéger. Des habitants de Corbie, servant dans l'armée

française, allèrent trouver le sieur de Beaufort, alors
à Amiens, pour lui faire connaître qu'il était possible
de détruire l'ouvrage à cornes que venait de construire
la garnison de Corbie, et qu'il serait ensuite facile de
brûler le moulin qu'il protégeait. M. de Beaufort
approuva ce dessein, et fut chargé de l'exécuter ; il
prit avec lui quelques-uns de ses amis et cent soixante
soldats de la garnison d'Amiens. Ayant fait disposer
six bateaux, il y fit monter ses hommes et prit place
lui-même sur l'un des bateaux;

Cette petite troupe quittait Amiens le 16 septembre
à neuf heures du soir et arrivait à Daours vers minuit,
guidée par trois paysans qui connaissaient bien les
lieux.

L'entreprise que conduisait M. de Beaufort était très
périlleuse, car les deux rives de la Somme se trouvaient
occupées par les Espagnols : cinq cents cavaliers étaient
logés à Aubigny et un plus grand nombre de fantassins occupait la Neuville. Toutefois, M. de Beaufort put
arriver sans encombre auprès de l'ouvrage à cornes
qui lui avait été signalé ; il donna l'ordre aussitôt à
ses hommes de quitter leurs bateaux ; ils se précipitèrent sur la rive de la Somme, mirent en pièces les
soldats qui gardaient l'ouvrage à cornes et se portèrent ensuite sur le moulin, qu'ils incendièrent après
avoir massacré les soixante soldats qui s'y trouvaient ;
« après quoy, criant et faisant beaucoup de bruit,
dit Pagès, d'après le *Mercure*, ils insultèrent les
ennemis avec des injures pour les obliger d'en venir
aux mains avec eux, les attendant avec fermeté et

avec une bonne résolution de les battre, mais aucun des ennemis n'osa paroître. C'est pourquoy nos troupes se retirèrent contentes d'avoir brûlé ce moulin, perte très grande et irréparable pour les ennemis. »

Cette action ne tarda point à recevoir sa récompense au moins pour deux paysans qui y avaient contribué pour une assez grande part. En effet, par lettres-patentes de Louis XIII données au camp de Démuin au mois d'octobre 1636, les nommés Philippe Carette et Michel Patou, d'Albert, pour s'être « employés aux entreprises de brûlement du moulin de Corbie, prez de la porte de l'*Image* de la dite ville », et pour être « allés sous la conduite du sieur de Beaufort et autres,... aux dittes entreprises, et s'y étant portés de leurs personnes vaillamment et industrieusement, et aiant d'ailleurs égard aux pertes qu'ils ont souffertes, tant par le feu mis dans leurs maisons et la dépouille de leurs terres faite par les ennemis à la campagne, que par la prise de leurs grains et autres biens meubles dans ladite ville de Corbie », furent exemptés par le roi, eux et leurs postérités « de touttes tailles, taillons, crues, impositions et autres levées quelconques », en quelque lieu du royaume qu'ils pussent se trouver.

La copie de ces lettres-patentes, publiée dans la *Picardie*, année 1859, pp. 475 et suiv., mérite d'être éclaircie sur un point, l'éditeur ne l'ayant point fait. Philippe Carette et Michel Patou sont désignés par ces lettres comme étant d'Ancre (Albert), et plus loin, on lit qu'ils ont perdu leurs grains et leurs meubles « dans laditte ville de Corbie. » Ils habitaient donc cette ville lors de son investissement, ce qui serait d'accord avec un passage des *Manuscrits* de Pagès, où l'on voit que des habitants de Corbie proposèrent au sieur de Beaufort d'entreprendre l'expédition du 16 septembre. Il est très probable que ces deux braves Français s'étant échappés de Corbie après que cette ville eut été prise, allèrent se réfugier à Albert.

Richelieu rapporte que « le roi donna exemption de tailles à jamais à six paysans qui servirent » dans l'entreprise dont nous venons de parler. Les quatre autres paysans étaient de Thennes, de Hailles et de Castel, suivant le bourgeois Scellier de Montdidier, qui ajoute qu'en 1756 il restait encore à Amiens deux frères descendant de l'un de ces quatre paysans, Charles et Pierre Pie. Selon Dusevel, Jean Pie « qui se conduisit vaillamment » lors de l'incendie du moulin de Corbie, était Amiénois ; c'est une erreur. Quoiqu'il en soit, les descendants de ces six patriotes jouirent jusqu'à la Révolution des privilèges accordés à leurs ancêtres, en prenant la précaution toutefois de faire confirmer les lettres-patentes de Louis XIII par chaque intendant de Picardie. (1)

Le jeudi 18 septembre, le brave Saint-Preuil, parti d'Amiens à la tête de 1,500 hommes de la garnison de cette ville s'emparait du château de Moreuil, qui servait de retraite aux ennemis. De cet endroit, ils

(1) V. Registre aux délibérations de la ville d'Amiens. 1751, fol. 15.

ravageaient tout le pays situé entre Moreuil et Clermont et arrêtaient les convois qui devaient les approvisionner.

Saint-Preuil fit appliquer un pétard à la porte du château de Moreuil ; la garnison, composée de 150 hommes, se rendit aussitôt ; le capitaine fut fait prisonnier et emmené à Amiens ; 25 de ses soldats perdirent la vie et les autres s'enfuirent, d'après ce qu'en rapporte Pagès ; mais Richelieu, qui devait être mieux renseigné à cet égard, dit que 50 soldats ennemis furent passés au fil de l'épée et qu'on en fit 70 autres prisonniers, « nonobstant que les ennemis ne fissent point de quartier avec nous. »

On se rappelle que Saint-Preuil s'était jeté à la nage pour entrer dans Corbie afin d'exciter la garnison à se défendre, mais que ses efforts n'avaient pu aboutir. La prise du château de Moreuil le mit de nouveau en relief. Aussi Richelieu écrivait le 20 septembre à Chavigny que le roi avait résolu de pardonner à Saint-Preuil, coupable d'avoir tué en duel le fils du sieur de Fléchelles ; mais ce pardon n'empêcha point le courageux officier de périr sur l'échafaud quelques années plus tard.

La garnison espagnole d'Auxi-le-Château, dit M. Louandre, causait tant de désastres dans le Ponthieu, qu'on ne trouvait aucune terre labourée ni ensemencée à une ou deux lieues de Saint-Riquier. Le gouverneur de Doullens, Jean de Rambures, fils du *brave Rambures*, qui avait hérité du courage de son père, alla surprendre Auxi-le-Château le 20 septembre ; il tailla en pièces les soldats qui s'y trouvaient et emporta quatre pièces de canon. Le surlendemain, il recevait de Richelieu une lettré ainsi conçue : « Le roy est très satisfait de vostre vigilance... Une des principales visées que vous devés avoir est de faire l'impossible pour traverser et empescher les raffraischissemens qu'ils voudront envoyer à Corbie... Faites voir en cette occasion que vous estes Rambures... » Et le même jour, le cardinal écrit à Louis XIII qu'il vient d'aviser Rambures « pour qu'il n'oublie rien de ce qu'il pourra pour traverser les convois qu'on voudroit faire à Corbie. »

Le prince Thomas et Jean de Werth, sachant que l'armée française approchait, laissèrent une forte garnison dans Corbie et levèrent leurs camps le 21 septembre pour se retirer vers l'Artois, car Jean de Werth surtout ne voulut point hasarder une bataille en Picardie ; il se contenta d'enlever un immense butin pris dans cette province.

On trouve dans le *Mémorial d'un Bourgeois de Domart* les détails les plus circonstanciés sur la retraite en Artois de l'armée ennemie ; nous y renverrons le lecteur.

Jean Pagès rapporte que les troupes de Thomas de Savoie, étant campées à Miraumont, furent passées en revue par ce général, qui reconnut avoir perdu 3,000 fantassins sur 10 à 12,000 qu'il avait avant le siège de Corbie, et que sa cavalerie, composée de 13,000 hommes, était réduite à 8,000. Le même auteur ajoute que cette armée, après avoir quitté Miraumont, se dirigea sur Doullens et n'osa point en approcher à une distance moindre que la portée du canon.

Le 22 septembre, le prince Thomas alla coucher à Naours, et Jean de Werth, à Wargnies. Le 24, les ennemis attaquèrent Flesselles, où ils perdirent beaucoup de monde, tandis qu'il n'y eut que trois ou quatre paysans tués, mais ils brûlèrent une femme avec une botte de paille. Le 25, les Espagnols mettaient le feu à Vignacourt et à l'église ; le 26, ils quittèrent ce village pour se retirer à Bernaville.

Nous complèterons le récit de Pagès en rapportant celui d'un témoin oculaire : « Comme l'ennemi estoit campé à Zincourt (Gézaincourt), Baigneux et autres lieux proches de Doullens, où il étoit arrivé le jour S. Mathieu, 21 de septembre audit an 1636, il eut avis que l'armée du roy avançoit ; aussitôt il abandonna chariots, bagages et attirail dans les champs et s'en vint camper à Fienvillers, Bonneville, Monstrelet, Fieffes, Berneuil et Gorges, où étant vint fondre sur Domart quantité de cavalerie et d'infanterie le vendredi 26 (1) septembre et brûlèrent quarante-quatre maisons, entre autres la maison de monsieur le maréchal de Créquy, qui étoit dans le chasteau ». (*Mémorial d'un Bourgeois de Domart*).

Le lendemain, les soldats de Jean de Werth, en passant à Vauchelles-lès-Quesnoy, mirent le feu à ce village. Le P. Ignace raconte à ce sujet, avec les plus

(1) Il y a erreur ; c'était le mercredi 24 ou le vendredi 26 septembre ; le quantième a été ajouté postérieurement.

grands détails, que l'on trouva dans une maison qui avait été entièrement consumée un crucifix en bois au milieu du brasier. Il fut procédé à une information judiciaire, et ce crucifix miraculeux, que la flamme avait respecté, fut déposé dans l'église S. André d'Abbeville, où il opéra de nombreuses guérisons, au dire du P. Ignace.

CHAPITRE V.

Louis XIII, avons-nous vu, quittait Senlis le 22 septembre pour se diriger sur Roye ; il passa par Maignelay et logea au château du maréchal de Schomberg. A ce propos, M. de Beauvillé mentionne un fait assez piquant.

Le maïeur de Montdidier, les échevins et plus de deux cents habitants de cette ville, ayant appris que le roi était si près, « profitèrent de l'occasion pour aller lui offrir leurs hommages, rendre compte de leur conduite et présenter les clefs de la ville. Ils étaient revêtus des habits qu'ils portaient pendant le siège, couverts de poussière, souillés de sang et de fumée. Lorsqu'on annonça le maïeur et les habitants de Montdidier, le roi, qui était à table, se leva aussitôt, alla au-devant d'eux et les reçut avec toutes les marques d'une tendresse véritable. Il ne voulut pas qu'ils fléchissent le genou pour lui parler, et refusa de la manière la plus flatteuse les clefs de la cité : « Elles « sont bien chez vous, leur dit-il, conservez-les-moi « toujours et vos cœurs avec la même fidélité que vous

« avez témoignée à mon service dans la dernière oc-
« casion où vous avez acquis beaucoup de réputation.
« Voyez ce que vous voulez que je vous donne et ac-
« corde pour les recognoître, qui soit avantageux et
« utile au bien commun de vostre ville et de ses ha-
« bitans, je le ferai volontiers ; songez-y et me le faites
« savoir incessamment. »

Louis XIII arriva à Roye le mercredi 24 septembre,
et non le 27, comme le dit M. É. Coët, qui se trompe
encore lorsqu'il affirme que la reine l'accompagnait,
car on a vu qu'elle avait été chargée des affaires de
l'État pendant l'absence du roi ; nous tenons d'autant
plus à relever cette double erreur qu'elle a été reproduite par un autre historien.

Louis XIII logea à l'*Hôtellerie du Chevalet*, et eut
fort à se louer, paraît-il, de l'hospitalité qu'il y reçut,
puisque, par lettres-patentes données à Saint-Germain
le 27 décembre 1636 et registrées le 9 janvier suivant,
il enjoignait au maïeur et aux échevins d'avoir « à ne
loger et à souffrir ne loger aucun des gens de guerre
en la maison où pendait pour enseigne l'*Hôtellerie du
Chevalet,* appartenant à Ch. Letellier, ni en ses descendants, ni à prendre aucun cens, sans son consentement, et ce, en considération de ce que sa maison
avait servi au logement de Sa Majesté. »

A l'entrée du roi dans la ville, l'échevinage s'était
porté au-devant de lui pour lui offrir les vins de présent, ainsi qu'aux seigneurs de la cour, aux officiers
de la garde et aux capitaines du régiment de Brézé.

Richelieu, qui n'avait pu s'attribuer le commande-

ment de l'armée, et fort mécontent du reste de la façon
dont ses ordres étaient exécutés par le duc d'Orléans
et par le comte de Soissons, n'avait eu d'autre objectif en amenant le roi sur le théâtre de la guerre que
d'avoir sous lui un commandement aussi absolu que
s'il eût été généralissime dans le cas où le roi serait
resté à Paris.

L'entente était loin d'être parfaite entre le premier
ministre et les deux princes. Le cardinal avait envoyé
Chavigny auprès de Gaston pour qu'il lui servît d'espion et pour qu'il entretînt la division entre le frère
du roi et le comte de Soissons ; mais ceux-ci ne furent
point dupes des menées de Richelieu et surent découvrir le rôle que devait jouer Chavigny ; « bien loin de
le chagriner, on tâche de l'amuser en le comblant de
caresses et de lui donner le change, pendant que les
deux princes concertent les moyens de se défaire de
Richelieu. »

Le cardinal, n'écoutant que le désir de pousser activement l'armée française pour chasser les ennemis,
trouva à cet égard une certaine opposition de la part
du roi, qui approuvait les sages conseils du maréchal
de la Force, lequel prétendait qu'il y aurait de l'impru-
dence à lancer aussi vivement des troupes nouvellement levées : « Ce flegme, répondit le cardinal d'un
air dédaigneux, n'est ni de saison ni de mon goût. Il
faut marcher incessamment, et obliger l'ennemi fort
affaibli à reculer. »

Mais il aspirait encore à de plus grands résultats.
Dans un moment de bonne humeur, il disait à Gaston

d'Orléans : « Monsieur, je veux vous servir bientôt d'aumônier à Bruxelles. » — Il écrivait au cardinal de la Valette : « Les ennemis se retirent trop tôt pour nous. Il aurait été à souhaiter que ces Messieurs eussent voulu nous attendre. »

On pourrait prendre ces paroles de Richelieu pour des fanfaronnades, mais il était en droit de compter sur une armée aussi puissante que celle qui venait d'être levée en si peu de temps ; c'est parce qu'il se croyait tellement certain du succès qu'il aurait voulu commander l'armée royale ; aussi il parut vouloir faire entendre au roi que le duc d'Orléans et le comte de Soissons ne désiraient ni battre les Espagnols ni les chasser de Corbie ; son maître le crut et prit le commandement de son armée, ce qui convenait bien au premier ministre, puisqu'il allait ainsi avoir la faculté de commander sous le nom du roi.

On trouve dans la *Succincte Narration* de Richelieu une preuve des griefs qu'il fit valoir au roi en cette occasion contre les deux princes : « Vous mîtes en six semaines une si puissante armée sur pied, écrivait-il, qu'on se pouvoit promettre la défaite entière de vos ennemis, *si ceux à qui vous en commîtes le commandement l'avoient bien employée.* » Et dans une lettre particulière du cardinal, on lit : « Les ennemis se sont retirés trop tôt de la Picardie, ou *ceux qui avoient charge de les poursuivre ont marché trop lentement. La* multitude des généraux n'accommode jamais une affaire. »

Richelieu écrivait de Goussinville à Chavigny le **7**

septembre : « Je vous prie de partir demain de **Paris**
sans faillir, car, outre que vostre exemple donne lieu à
beaucoup de gens d'y demeurer, on a besoin de conférer avec vous pour tout ce qu'il y aura à faire. Faites-en
partir Monsieur mercredy matin au plus tard, et vous
souvenés qu'un jour de délay est capable de ruiner
les affaires. Tous les avis que nous avons font cognoistre que si on va promptement aux ennemis, on y
prendra des avantages qu'on ne sçauroit concevoir ;
si lentement, on leur donnera lieu de se retirer sains
et saufs, et faire périr l'armée du roy à leur veue. Au
nom de Dieu, hastés-vous. »

Le 21 septembre, le cardinal écrivait au même qu'il
était important de se saisir des passages de Bray et de
Cerisy ; il lui disait avoir appris que les ennemis étaient
campés vers Albert ; « si cela est, je ne doute point
que Monsieur ne prenne sa marche droit à eux, au
quel cas ils lascheront asseurément le pied. » Il lui
parlait enfin d'un projet que voulait faire exécuter le roi, projet dont il sera question plus
loin, et il ajoutait que si les ennemis essayaient de revenir à Corbie pour en arrêter l'exécution, « Monsieur
auroit beau lieu, y venant aussy tost avec son armée
par delà la rivière, de leur tailler des croupières ; mais
ils ne feront cela, à mon advis, tant à cause des vivres
qu'ilz n'y pourroient avoir, que de la puissance de vos
forces. Cependant ce sera à vous à y avoir l'œil pour
ne perdre aucune occasion de prendre tous les avantages qu'on pourra sur les ennemis. » A la fin de sa
lettre, il revenait sur le projet dont il lui avait parlé un

peu plus haut : « Je vous manderay au retour de ce porteur, le temps au quel Sa Majesté fera faire son exécution, et le jour qu'il la faudra communiquer, afin que nous ne manquions les uns et les autres à bien prendre nos mesures. »

Dans la même lettre, Richelieu faisait voir qu'il regrettait vivement l'occasion que l'on avait laissée échapper de défaire les ennemis lors de leur passage sur la Somme : « Je vous prie me mander s'il est vray, et faire en sorte que s'il s'en présente quelque autre elle ne se perde pas. »

Dans une lettre que Richelieu écrivait le lendemain de l'abbaye de la Victoire, à Chavigny, on voit que la garnison de Corbie, quoique ayant du blé en abondance, était obligée de le manger en bouillie parce que les moulins des faubourgs avaient été brûlés, et que ceux qui restaient ne pouvaient suffire à moudre le grain nécessaire à la consommation des habitants et des soldats. On donnait un setier de blé pour avoir un boisseau et demi de farine. Un moine, qui était sorti tout récemment de la place, affirmait qu'il n'y avait pas trente pièces de vin dans la ville, et que la peste y faisait de grands ravages.

Dans cette même lettre, Richelieu s'attachait à faire ressortir toute l'importance qu'il y avait à empêcher que les ennemis ne pussent ravitailler Corbie, soit de Bapaume, d'Arras ou de Cambrai ; d'après le cardinal, on y parviendrait facilement puisque l'armée du duc d'Orléans se trouvait sur le chemin que pouvaient suivre les ennemis. « Si cette place n'est point raffraischie, disait-il, elle retombera, avec l'aide de Dieu, entre les mains du Roy plus tost qu'on ne le pense. »

Ayant appris que la garnison de Corbie attendait de Flandre un fort convoi de farine et trois grands moulins à bras, Richelieu suppliait Chavigny de ne point laisser passer ce convoi.

Deux jours avant son arrivée à Roye, Louis XIII dépêcha un courrier au duc d'Orléans, le priant de lui envoyer le surlendemain le marquis de la Force avec seize cornettes de cavalerie. Lorsque celui-ci fut arrivé, le roi lui dit : « Je vous ai envoyé chercher pour vous mettre en main une entreprise que l'on m'a proposée, laquelle je veux que vous exécutiez, m'assurant en votre bonne conduite, et que vous saurez très bien disposer toutes choses. C'est sur les forts que les ennemis ont faits sur les ponts de Corbie ; il y en a trois, mais il y a un gué où l'on peut passer et leur gagner le derrière ; examinez le tout et le faites reconnoître, et ajustez si bien toutes choses que l'exécution s'en ensuive. »

C'était là le dessein dont Richelieu avait parlé à Chavigny dans deux lettres qu'il lui écrivait quelques jours auparavant.

En quittant Louis XIII, le marquis de la Force se rendit à Corbie, et, après avoir reconnu les lieux, il fit préparer un certain nombre de bateaux qui devaient servir à son entreprise.

Le 26 septembre, par une nuit obscure, telle qu'on la pouvait souhaiter, les bateaux étaient chargés sur

des chariots pour être lancés dans la Somme. Des soldats, montés sur ces bateaux, s'approchèrent d'une
demi-lune que les Espagnols avaient construite à cinquante pas des murailles et ils en commencèrent l'attaque. Comme cet ouvrage de fortification se trouvait
entre deux canaux formés par la Somme, il devint facile aux soldats du marquis de la Force placés dans
ces deux canaux d'attaquer la demi-lune des deux
côtés à la fois. « Ils rompirent et brisèrent tout ce
qu'ils trouvèrent de barricades et d'embarras sur les
ponts, chassèrent ou tuèrent tous les ennemis qui
étoient dans l'ouvrage à cornes, à la réserve de deux
soldats que l'on conserva pour apprendre par eux l'estat de ceux qui estoient dans la ville. »

Le marquis de la Force, prévoyant qu'à la première
attaque la garnison ne manquerait pas de se mettre de
la partie, avait fait disposer une galerie en terre pour
mettre ses soldats à couvert. Il avait prévu juste, car,
dès que l'alarme fut donnée, les soldats de la garnison
coururent aux murailles et firent feu sur les troupes
du marquis de la Force, qui n'eurent aucunement à
souffrir ni de leurs coups de canon ni de leurs coups
de mousquet.

Après cette prise, la Force plaça ses soldats dans
les retranchements qu'il avait fait établir aux portes
de Corbie ; la ville se trouvait bloquée, puisqu'il n'y
avait de ponts que du côté où se trouvaient les soldats français. Il aurait dès lors été facile à l'armée
royale de se diriger sur la Flandre pour y poursuivre
les ennemis, sans se préoccuper autrement de Corbie,

si Louis XIII n'avait pas mis son point d'honneur à reprendre cette petite place.

Le 29 septembre, le chancelier Séguier annonçait de Roye, où il se trouvait, cette bonne nouvelle au président Molé : « Je crois que vous aurez eu avis de l'entreprise heureusement exécutée par les armes du roi aux approches de Corbie : la demi-lune appelée de Rome a été prise, en sorte que par cette pièce l'on est proche du fossé, et la sortie de la ville, du côté de France, leur est coupée. L'armée commandée par Monsieur s'approchera de l'autre côté de la Somme et campera aujourd'hui à trois lieues d'Amiens. Les ennemis sont du côté de Montreuil, où ils font leurs désordres accoutumés; ils se retirent en désordre et perdent souvent leur bagage. »

En même temps qu'il apprenait la réussite de cette entreprise, Richelieu était informé par un courrier de Jean de Rambures que les Hispano-Impériaux venaient de battre en retraite avec tant de précipitation que la plupart d'entre eux avaient déjà passé l'Authie, laissant derrière eux plus de six cents chariots.

Le 27 septembre, l'armée française se trouvait encore à Péronne, où elle était retenue par le mauvais temps. Le roi envoya un exprès à son frère portant l'ordre de faire avancer l'armée au plus tôt et d'envoyer le comte de Soissons vers Corbie.

Après cet ordre reçu, les troupes se mirent immédiatement en marche. Le comte de Soissons commandait l'avant-garde, le duc d'Orléans conduisait la ba-

taille, et le maréchal de Châtillon, l'arrière-garde.
Quant au maréchal de la Force, il traversa la Somme,
qu'il suivit sur la rive gauche, ayant avec lui son fils,
le marquis de la Force, et Lambert.

Fontenay-Mareuil raconte qu'au moment de sépa-
rer les quartiers, le comte de Soissons proposa au
duc d'Orléans de faire une course dans les Pays-Bas
pour se venger des désordres commis en France par
les ennemis ; il fit observer au frère du roi que le moment était propice, puisque l'on n'était point encore
pourvu de toutes les choses nécessaires pour entreprendre le siège de Corbie, et qu'au surplus on laisse-
rait une partie des troupes autour de cette place afin
d'arrêter tout ravitaillement. Le duc d'Orléans accepta cette proposition et partit avec du Hallier ; il trouva peu de résistance dans le pays ennemi et put laisser
piller et commettre autant de désordres qu'il fut possible ; mais, au bout de cinq ou six jours, il « receut
un ordre du roy, à qui ce voyage n'avoit pas semblé
fort à propos, de revenir et commencer le siège.»

Pendant cette expédition, Fontenay-Mareuil, dont
l'amitié avec le maréchal de Brézé portait ombrage au
comte de Soissons, fut placé à dessein par ce dernier
en un poste qui n'était pas sans péril. Il eut pour
mission de s'établir près de Corbie avec 2,000 fantassins et 300 cavaliers ; il avait fort peu de munitions
et ne disposait d'aucun retranchement, mais ce brave
officier sut triompher de ces difficultés. Il commença
par envoyer demander de la poudre et des pics à la
Meilleraye ; dès qu'il eut obtenu les outils dont il avait

besoin, il fit exécuter des retranchements par ses soldats et à ses frais. Au bout de quatre jours, il pouvait y loger ses hommes en toute sécurité.

On voit par les *Mémoires* et par les *Lettres* de Richelieu que son intention était bien de faire poursuivre les ennemis avec une partie de l'armée, pendant que l'autre partie serait occupée au siège de Corbie, mais on ne trouve nulle trace de l'expédition dont parle Fontenay-Mareuil ; cependant il n'est pas possible de la révoquer en doute puisque cet officier se trouvait sur les lieux; toutefois, nous devons dire un mot de la version du cardinal.

Louis XIII avait appris que son armée venait de quitter Péronne ; il était sûr que, dans sa marche, elle couvrait Corbie, et que, par conséquent, il n'y avait aucun inconvénient à détacher le comte de Soissons avec un corps assez puissant et à l'envoyer contre les ennemis, car il estimait que 6,000 fantassins et 2,000 cavaliers suffiraient au blocus de Corbie. Il fit donner au comte de Soissons un ordre conforme à son dessein, mais cet ordre ne fut point exécuté. « On y trouva de grandes difficultés dans le conseil de Monsieur, lesquelles, encore qu'elles fussent imaginaires, ne laissèrent pas d'apporter un préjudice réel, nous faisant perdre tous les avantages que Dieu nous mettoit entre les mains ; notre armée seulement s'avança et vint en quatre jours se loger à deux lieues d'Amiens, pour ensuite prendre les postes d'alentour de Corbie. » (*Richelieu*).

Le cardinal était allé rejoindre Louis XIII à Roye ;

le 30 septembre, il écrivait de cette ville à Chavigny que son maître coucherait le soir à deux heures de Corbie : c'était au château de Démuin.

Richelieu quittait Roye le même jour ou le lendemain, et il se trouvait à Amiens le 1er octobre, où un conseil, présidé par le roi, avait été convoqué dans cette ville pour le 2 octobre. Les députés du Chapitre, dit le P. Daire, allèrent en manteaux longs saluer le cardinal à son entrée à Amiens et lui présentèrent le pain et le vin.

Le duc d'Orléans, le comte de Soissons, Richelieu, le duc d'Angoulême, les maréchaux de Châtillon et de la Force, les maréchaux de camp du Hallier et de la Force fils, formant le conseil du roi, étant assemblés à Amiens, reçurent communication d'un mémoire que le cardinal avait envoyé à Louis XIII le 27 ou le 28 septembre ; le roi approuva pleinement ce rapport, qui contient des détails assez curieux relativement au rôle que chacun des généraux et officiers devait jouer pour la reprise de Corbie. L'importance de ce rapport est telle que nous croyons devoir le reproduire en entier :

« On estime que la fin de Sa Majesté doit estre d'attacher Monsieur au blocus puisqu'il le désire ainsy, et d'y employer aussy M. le Comte puisqu'il trouve toujours des difficultez lorsqu'il faut employer l'armée à la campagne. Pour parvenir à cette fin, aussy tost que Sa Majesté sera arrivée et que Monsieur et M. le Comte seront auprès d'elle, elle dira, s'il luy plaist : Tenons promptement conseil pour voir ce qu'il faut

faire, car, à quelque prix que ce soit, je ne veux pas
perdre l'armée que j'ay mise sur pied, et le vray moyen
de la perdre est de perdre temps, et la tenir sans rien
faire. Si les maréchaux de France sont là, elle les fera
oppiner ; puis venant à M. le Comte, s'il dit bien, à la
bonne heure ; s'il ne faict que des difficultez, Sa Majesté le pressera de dire quelque chose de déterminé,
et dira qu'en toute affaire il y a des difficultez, mais
qu'il faut agir en les surmontant. Le cardinal ne dira
autre chose, sinon qu'il estime qu'il faut faire son
principal du blocus de Corbie. Le roy, après avoir ouy
tout le monde et M. d'Angoulesme, dira : Messieurs,
j'ay eu pensée et de reprendre Corbie et d'incommoder
le pays des ennemis. Il est certain qu'en ce pays icy
toutes mes forces ne sçauroient subsister ; partant il
les faut diviser par nécessité, et à cela je trouve que le
bien de mes affaires s'y accomode. Je prétends retenir
8 mil hommes de pied et mil chevaux au blocus de
Corbie de delà ; le reste l'envoyer vers le pays des ennemis. Si M. le Comte faict 'difficulté d'aller au pays
des ennemis avec peu de gens, le roy le prendra au
mot adroitement, disant : Ma pensée est que ce n'est
pas un employ d'un homme de vostre qualité, c'est
celuy d'un mareschal de France. On croit que le mareschal de la Force avec son fils, le Halier et Fontenay, doivent aller vers Montreuil pour par là brusler
tout le pays des ennemis, et le mettre en estat qu'au
printemps ils ne puissent s'en servir pour venir à nous
et prendre des quartiers d'hyver depuis Montreuil jusqu'à Boulogne, tirant vers St-Paul ; s'ils trouvent le

pouvoir faire seûrement. Si M. le Comte veut prendre cette commission on ne lui sçauroit denier.

« POUR LE BLOCUS.

« Le roy fera ce qu'il luy plaira en sa personne. Monsieur a dit à M. de Chavigny qu'il feroit merveille du costé de delà. Je croy qu'il faut mettre avec luy la Melleraie, dans la fonction de sa charge seule, et Bellefonds. Lambert travaillera de l'autre costé par les ordres qui luy seront donnez. Quoy qu'on résolve, il faut résoudre aujourd'huy. »

Dans le conseil du 2 octobre, le roi, trouvant de nouveau qu'il était nécessaire de diviser les forces, désigna son frère pour faire le blocus de Corbie, et donna mission au comte de Soissons de former un corps d'armée de 13,000 fantassins et de 7,000 cavaliers, « avec ordre d'aller trouver les ennemis, et, les poussant devant lui, mettre leur pays en même état qu'ils avoient mis notre frontière, faisant brûler et ruiner tous les bourgs et villages, pour leur ôter le moyen de ne plus user en ce royaume de pareilles inhumanités à celles qu'ils avoient pratiquées cet été, en l'exécution de quoi Sa Majesté désiroit que l'on apportât le meilleur ordre qu'il se pourroit pour faire que les lieux sacrés fussent exceptés, et qu'on s'abstînt de tous violemens et autres pareilles impiétés. Mais depuis, cet ordre fut changé, parce qu'on trouva qu'on n'avoit point assez de force pour empêcher absolument que les ennemis ne vinssent s'opposer au blocus de Corbie, et il fut résolu que toute l'armée y demeureroit jusqu'à ce

que les travaux dudit blocus fussent en bonne défense, et qu'il pût subsister par lui-même. »

La résolution ayant été prise dans le conseil d'investir Corbie sans retard, Fontenay-Mareuil s'établit dès
le soir du 2 octobre sur la rive gauche de la Somme,
dans un bois dont la position, très avantageuse au
point de vue stratégique, le mettait hors de la portée
du canon de la place ; il avait avec lui 10,000 fantassins et 2,000 cavaliers, Le duc d'Orléans et le comte
de Soissons campèrent avec le reste de l'armée sur
l'autre rive de la Somme, entre Bussy et Allonville.

Les vivres nécessaires à la subsistance de l'armée
assiégeante étaient tirés d'Abbeville, où le roi avait
envoyé «Guitonneau, son secrétaire, en qualité de di-
recteur des vivres et fourrages ; les gribannes de cette
ville en portaient journellement à l'armée de si grandes provisions qu'à la fin du siège il s'en trouva assez
pour rafraischir toutes les garnisons de la frontière. » (*Formentin*).

Pendant la nuit du 2 octobre, une alarme assez vive
se produisit dans le camp de l'armée française, où, si
l'on en croit Richelieu, régnait la plus grande confusion.

Le comte d'Egfeld, qui avait amené avec lui une
troupe d'Allemands, s'était plaint à plusieurs reprises
au comte de Soissons et au duc d'Orléans du peu d'ordre qu'il y avait dans les commandements ; c'était
précisément d'Egfeld qui allait avoir à souffrir de ce
défaut d'ordre.

Jean de Werth, logé à environ quatre heures de

marche de l'armée française, prenait tous les jours des fourrageurs dans les courses qu'il faisait ; il put être renseigné par eux sur les positions occupées par l'armée de Louis XIII. Le 2 octobre, à dix heures du soir, il quittait son quartier et' faisait une halte à environ une lieue et demie de Montigny, sur l'Ancre, où campait le régiment de d'Egfeld ; Jean de Werth s'était fait accompagner de 43 cornettes et de 7 enseignes de dragons.

Les batteurs d'estrade aperçurent bientôt les ennemis. A trois reprises, ils en avertirent le lieutenant la Jeunesse, du régiment de Plancy, pour qu'il en informât le quartier, mais il n'en fit rien. Cette coupable négligence devait favoriser le dessein de Jean de Werth, qui pénétra à l'improviste dans le quartier de d'Egfeld, ouvert de tous côtés.

Les Espagnols mirent « le feu en quatre endroits, de sorte, dit Richelieu, qu'il n'y eut presque aucun cavalier qui pût monter à cheval, ni pas un qui pût joindre son officier ou l'étendard d'Aiguefeld, et le prier qu'il se trouvât auprès de lui ; ce qui fit qu'ils se sauvèrent par force l'épée à la main, au travers des ennemis. »

Le cardinal ajoute que cette perte fut insignifiante, mais il n'est point d'accord avec Montglat, qui dit au contraire que tout ce qui se trouvait dans le quartier du comte d'Egfeld « fut pris ou tué et tous les chevaux et bagages pillés. Egfeld, ajoute-t-il, se sauva dans le quartier du colonel Gassion, qui étoit le plus proche, lequel eût été aussi enlevé s'il ne se fût promptement retiré au gros de l'armée ; mais les plus mal

montés, et l'attirail, qui demeura le dernier, tomba
entre les mains de Jean de Verth, dont le nom se rendit si redoutable que, dans Paris, quand on vouloit
faire peur aux petits enfans, on les menaçoit de lui.
L'arrivée du quartier de Gassion donna l'alarme dans
le camp : si bien que toute la cavalerie monta à cheval pour suivre Jean de Verth ; et même le colonel
Silar le poussa jusque près de Bapaume, mais inutilement, car il se retira dans son armée avec tout son
butin ».

Le bourgeois Pagès, rapportant ce fait d'après l'auteur du *Mercure*, semble, comme ce dernier, fixer
cette action vers le 20 septembre, ce qui nous paraît
inexact. Mais nous voyons dans le *Mercure* que le
combat fut sanglant et opiniâtre entre les Allemands
de d'Egfeld et la cavalerie du colonel Gassion d'un
côté, et les Croates et les Hongrois de Jean de Werth,
de l'autre côté ; ces derniers, plus forts en cavalerie,
firent replier les soldats de d'Egfeld, en tuèrent un
certain nombre et en firent d'autres prisonniers, entre autres le duc Roderic de Wirtemberg. Les ennemis emmenèrent enfin une grande quantité de chevaux, mais ce fut l'unique effort tenté par eux contre
l'armée française.

Le roi avait pris son quartier sur la rive gauche de
la Somme, entre cette rivière et la Luce. Ses troupes,
commandées sous lui par le marquis de la Force et
par Lambert, formaient un effectif de 10,000 fantassins et de 1,500 cavaliers ; il aurait bien désiré prendre son quartier plus près de Corbie, mais tous les vil-

lages situés le long de la Somme, tels que Fouilloy,
le Hamel, Aubigny, etc., avaient été brûlés. Quant à
ceux qui se trouvaient sur le plateau séparant la vallée de la Somme de la vallée de la Luce, comme Villers-Bretonneux, Marcelcave, Lamotte, Wiencourt,
etc., il était impossible d'y faire camper les soldats
par suite de la peste qui y sévissait avec une violence
extrême. Ce n'était à chaque pas que cadavres et cha-
rognes laissés sur la terre par les ennemis ; les puits
étaient remplis de chevaux et d'animaux morts, ce qui
avait obligé les habitants de quitter leurs maisons ;
« ils se huttaient dans les champs pour recueillir leurs
blés et labourer leurs terres. »

Ces circonstances avaient forcé le roi à s'éloigner
du champ d'action de son armée ; il choisit Démuin,
distant de huit kilomètres de Corbie, pour y établir
son quartier.

Le duc d'Orléans avait sous ses ordres les maréchaux de la Force et de Châtillon. Campé d'abord auprès d'Albert avec 10,000 fantassins et 1,500 cavaliers,
le frère du roi reçut bientôt l'ordre de s'établir à une
lieue de Corbie. Quant au comte de Soissons, il eut
pour mission « de veiller au dehors sur les desseins
des ennemis, et de tenir la campagne avec 14,000
hommes d'infanterie et 8,000 de cavalerie. »

Dans le conseil tenu le 2 octobre, on avait résolu
de faire ouvrir des tranchées pour la circonvallation
autour de Corbie. Le dimanche 5, le roi se rendait à
Amiens pour s'entendre avec le comte de Soissons et
Châtillon, relativement au reste des travaux à exécu-

ter sur la rivière d'Ancre, vers le quartier de Gaston d'Orléans.

La veille, Louis XIII, ayant visité les passages de Sailly et de Cerisy, traça les forts et les redoutes que l'on devait entreprendre pour s'opposer au retour des ennemis sur la rive gauche de la Somme.

Les travaux ne tardèrent pas à être entrepris. « On traite avec les soldats de l'armée à tant la toise ; chacun des chefs a sa tâche afin de faire plusieurs travaux à la fois ; les ingénieurs ayant tracé tout, chaque corps d'infanterie qui étoient la plupart campés sur les lieux, les quartiers étant donnés, fournissoit les hommes. Monsieur entreprit le premier fort, chacun faisoit à l'envi, il n'est pas croyable le grand ouvrage qui se fit en peu de temps. » (*Mémoires de la Force*).

Le 6 octobre, Richelieu se rendit au camp ; il visita les travaux en compagnie du duc d'Orléans, du comte de Soissons et des maréchaux de la Force et de Châtilllon. Dans un conseil qui fut tenu à cette occasion, on présenta une carte de Corbie et de ses environs ; le cardinal l'examina attentivement, « puis, avec ce coup d'œil de génie qui juge en un instant, il retrancha ce qui lui parut inutile, ajouta ce qui manquait, et ensuite ordonna, prépara tout. »

Le roi fit exécuter sur la rive gauche de la Somme deux forts et deux redoutes, pendant que, sur la rive droite, son frère faisait établir six forts et huit redoutes, « sçavoir : trois forts et quatre redoutes, et les lignes d'entre-deux, entre la rivière de Somme et celle d'Ancre, et quatre redoutes, dont le maréchal de Châtillon et M. du Hallier prennent soin. »

L'évêque de Chartres voulut rester dans le camp, et fit dresser des tentes dans le fort d'Orléans afin de pouvoir tout surveiller, de presser les ouvriers et de leur faire distribuer ce qui leur était nécessaire.

Louis XIII, qui ne passait jamais deux jours sans aller au camp, visitait les travaux le 7 octobre; il y trouva plus de cinq mille hommes occupés aux tranchées. Au moment où il arrivait, les assiégés firent sortir deux cents fantassins et cinquante cavaliers, qui s'avancèrent à une demi-portée du canon de la ville, dans le but d'attirer la cavalerie française, mais on n'envoya sur eux que trente mousquetaires et vingt cavaliers, « qui les menèrent battant jusques tout contre la ville, en tuèrent deux et trouvèrent un sac d'avoine qu'un de ceux qui furent tués avoit en croupe. On ne sçait que juger de ce qu'il en vouloit faire. Il n'y a eu des nôtres qu'un cheval blessé à la fesse d'un coup de mousquet. » (*Journal de Louis XIII.*)

Le roi encouragea les soldats à travailler activement; il parut satisfait de son frère, qui montrait beaucoup de bonne volonté en cette circonstance. Enfin il visita toute la circonvallation et put voir commencer la construction d'un pont sur la Somme, du côté d'Aubigny.

Le 8, d'après le *Journal de Louis XIII*, on fit neuf prisonniers, et l'on apprit par eux que le cardinal-infant était à Arras, que les ennemis avaient placé leurs canons dans cette ville, et que les soldats étaient logés dans les villages environnants. Pagès se trompe lorsqu'en parlant de ce fait, il dit que l'on fit huit prisonniers « par lesquels on apprit que le cardinal étoit à Orgiac, (Orchies?) où les Espagnols faisoient un amas de canons et de soldats tirés des villages circonvoisins. »

Le même jour, les carabins de la garnison de Doullens s'emparèrent de deux cents bêtes à cornes, de vingt chevaux, et firent quelques prisonniers près de Saint-Pol.

Le 9, Louis XIII alla visiter le pays situé entre Corbie et Bapaume. Il s'avança même du côte d'Arras afin de savoir quel chemin pourraient suivre les ennemis s'ils voulaient secourir Corbie. Il était accompagné dans cette reconnaissance du duc d'Orléans, du comte de Soissons, des ducs d'Angoulème et de Beaufort, du maréchal de la Force, de du Hallier et du marquis de la Force. Le champ de bataille fut désigné dans le cas où les Espagnols reviendraient en Picardie, et on décida que le camp de Gaston d'Orléans serait porté de Bussy-les-Daours à Querrieu.

- Le même jour, Richelieu disait dans une lettre au roi : « Puisque Sa Majesté va aujourd'hui aux travaux, je ne doute point qu'elle n'y fasse pourvoir à tout ce qui sera nécessaire. Il luy plaira ordonner les couverts les plus pressez dans les forts pour les soldats et les magasins et les faire, s'il luy plaist, entreprendre à prix faict à des Suisses, comme on faisoit à la Rochelle. J'ay faict achepter icy 4 mille planches, il nous en viendra encore dix mille ; il plaira à Sa Majesté en ordonner l'emploi. Il est aussy temps, à mon advis, de faire hutter les régiments au dedans de la

circonvallation aux lieux où ils doibvent demeurer,
afin qu'ils soient à couvert devant que le mauvais
temps vienne. Les ordres du Roy les feront plus ad-
vancer en deux jours que les soins de quelque personne
que ce soit en dix. Je croy qu'il est à propos que Sa
Majesté estant au travail ordonne la revue de l'infanterie de l'armée et déclare que les prestz commence-
ront lundy, afin que tous les soldats luy en sçachent le
gré qu'ils doibvent. Si elle approuve le pain à la cavalerie, c'est-à-dire une ration par cavalier, pour le
temps qu'elle sera au lieu où elle est, elle doilt aussy
le leur faire sçavoir pour la mesme raison que dessus. »

Dans cette lettre, le cardinal propose au roi de faire
venir avant la mauvaise saison les petites pièces d'artillerie qui étaient à Paris, à Compiègne et ailleurs pour
les placer dans les forts ; il lui fait connaître qu'il s'oc-
cupe du soin de trouver des maçons pour faire construire des fours dans la circonvallation, et que déjà
la farine est prête pour la fabrication du pain ou du
biscuit. Il l'informait aussi qu'il allait faire venir de
Calais, de Dieppe et de Rouen, du fourrage, de l'avoine,
de la chandelle, du beurre, de la morue, du riz, des
pois et des fèves, ajoutant qu'on ne pourrait « réussir
qu'avec un extraordinaire soin et beaucoup d'argent. »

Le cardinal pourvoyait à tout « avec une merveil-
leuse diligence ; il faisoit fournir toutes choses nécessaires, non seulement les pains de munition, mais
même l'avoine et fourrages qu'il faisoit venir par mer,

et de tout le pays, les outils pour les travaux, les charpentiers avec tous les matériaux pour les huttes, jusqu'à mettre les corps de garde à cheval à couvert ; la saison obligeoit à tout cela, aussi était-ce une haute entreprise, ayant l'ennemi si près. »

Le 9, on fut informé par un prisonnier qu'avait fait le colonel Gassion, que Jean de Werth allait faire prendre les quartiers d'hiver à ses troupes dans les environs de Liège ; mais, de crainte que ce ne fût un faux bruit, l'armée se tint sur ses gardes pendant toute la nuit.

Les travaux de circonvallation entre la Somme et l'Ancre étaient terminés le 10 octobre, et Lous XIII en parut satisfait. On lui fit remarquer pendant qu'il visitait les travaux que, lorsque les Espagnols étaient de garde sur les remparts, ils tiraient bien plus de coups de canon que quand la garde était faite par les Italiens et les Wallons.

Le roi note dans son *Journal* que le 10 les assiégés tirèrent plus de deux cents volées de canon. De son côté, Pagès rapporte qu'un habitant compta jusqu'à huit cents coups le 11 octobre ; il ajoute que les ennemis, pour faire croire qu'ils n'avaient plus de boulets, employaient des morceaux de cloche.

Vers le même temps, on amena à Amiens vingt-huit pièces de canon que Richelieu avait fait demander à Paris et à Compiègne ; c'étaient des pièces de 33 et de 24 livres, mais on décida en conseil qu'on se servirait très peu de ces dernières, parce qu'elles étaient du même calibre que celles des ennemis ; ceux-ci ne manqueraient pas d'employer les boulets qui seraient lancés contre eux.

Les troupes étaient si nombreuses à Amiens, des paysans et des étrangers s'y étaient réfugiés en si grande quantité, qu'on n'y trouvait plus de logements, et que le pain se payait très cher, lorsque l'on pouvait s'en procurer.

Le 10 octobre, le duc d'Orléans adressait à sa fille la lettre suivante, reproduite par M. de Beauvillé : « Ma fille, je suis bien aise d'avoir seu que vous vous portés bien ; je me porte bien aussi, Dieu merci. La peste n'est pas ici si forte comme on vous l'a dit, tellement que vous pouvés estre en repos pour ma santé. Demandés de ma part à la reine la grace d'un de ses musiciens qui a eu quelque différent avec un des miens et assurés vous de mon entière affection. Au camp devant Corbie, ce 10 octobre 1636. GASTON. »

Le grand fort d'Orléans était à peu près terminé le 11 octobre ; on y plaça aussitôt trois régiments : celui de Picardie, formé de 1,000 hommes, celui de la Marine ou du Cardinal-duc, de force égale, et celui de Brézé, composé de 800 hommes. Auprès de ce fort, on établit le parc d'artillerie, qui était protégé par une forte tranchée ; et, pour que rien ne manquât, l'évêque de Chartres eut le soin de créer un hôpital dont il prit l'inspection et la direction.

Le 12, à sept heures du matin, le roi quittait son quartier pour se rendre au camp et visiter le fort qu'il faisait construire sur le chemin de Sailly. Un espion venant reconnaître les passages de la Somme fut pris à Bray et envoyé à Amiens. Le même jour, un tambour sorti de Corbie apprit à l'armée française que les assiégés n'ayant plus de moulins, pilaient leur blé dans des cloches et dans des marmites, ce qui fut confirmé par un habitant sorti quelques instants après.

Les assiégés voulurent rejeter de la place environ cent trente bouches inutiles, qui furent repoussées à coups de mousquet par les assaillants, sauf deux que l'on conduisit au roi.

Richelieu se trouva aussi devant Corbie le 12 octobre ; il était accompagné des maréchaux de la Force et de Châtillon. Le soir, on apprit par un second tambour sorti de la ville que le gouverneur était très malade et que son lieutenant avait eu le ventre emporté trois jours auparavant par une bombe qu'il voulait lancer dans le camp des assaillants ; que plus d'un quart des soldats étaient malades ; qu'il n'y avait plus ni viande fraîche ni viande salée ; que la nourriture consistait en la moitié d'un pain de munition dont le grain était fort imparfaitement moulu, que la boisson était une sorte de bière où du foin haché tenait lieu de houblon, et encore n'était-elle destinée qu'aux officiers, qui la buvaient chaude.

Les assiégés firent confectionner un moulin à vent en cuivre qu'ils devaient placer sur les murailles ; dès qu'on en vit les préparatifs dans le camp de l'armée française, on disposa quatre canons pour l'abattre au premier tour qu'il ferait, ce qui ne tarda point à être exécuté : les assiégés auraient bien dû le prévoir. En effet, le lendemain, Louis XIII revenait au camp ; il s'arrêta avec son frère pour voir le moulin, qui tournait déjà depuis une heure ; on attendait l'arrivée du roi pour pointer les quatre pièces de canon. Quand cette opération fut faite, le roi vit renverser les toiles, les roues, la meule et le moulin, dont il ne resta plus rien après vingt coups de canon.

Aussitôt que ce moulin fut culbuté, le duc d'Orléans ordonna de rapprocher de la place le pont de bateaux établi à Vaire, parce qu'il était hors des retranchements. Les assiégés envoyèrent un tambour dans le camp de l'armée française chargé d'offrir pour douze rixdalers des chevaux qui seraient estimés valoir trois cents livres.

On apprit par un espion français que, la veille, le cardinal-infant, le prince Thomas et Piccolomini avaient dû se rencontrer au Mont-Saint-Éloy afin de s'entendre sur les mesures qu'ils devaient prendre relativement au sort des leurs dans Corbie, ou s'ils les secoureraient ou s'ils les abandonneraient.

Le bruit courut dans l'armée française que les assiégés attendaient un secours de trois mille hommes d'infanterie commandés par le colonel Goeutz, sergent de bataille de la Ligue.

Les maréchaux de camp du Hallier et la Force partirent le même jour à la tête de 1,200 cavaliers pour protéger les quatorze cents chariots que conduisaient les fourrageurs ; ils les menèrent « en des lieux que les ennemis avoient conservés pour eux en cas qu'ils voulussent se rapprocher de Corbie. » Les fourrageurs revinrent le lendemain sans avoir rencontré de troupes

ennemies ; ils ramenaient du fourrage pour quatre
jours.

Louis XIII retournait au camp le 14, et faisait disposer trois ponts de bateaux près de celui que l'on avait
déjà établi à Aubigny, dans le but de porter plus promptement secours au duc d'Orléans si son quartier venait
à être attaqué. Il ordonna également que les forts et
les retranchements fussent occupés par des soldats au
fur et à mesure qu'ils seraient construits. Enfin, il « in-
diqua un lieu où devoient s'assembler les régiments et
les compagnies, lorsqu'on viendroit à crier : *Aux
armes !* ce qui se feroit par les sentinelles, afin qu'en
cas de besoin on pût connoître les endroits où se mettroient les corps de garde. »

Un habitant de Corbie étant sorti de la ville rap-
porta dans le camp que, pendant quatre jours, on avait
été sans pain, parce que les moulins à bras ne fonc-
tionnaient plus, mais qu'on les avait raccommodés l'a-
vant-veille, et que la veille on avait donné demi-ration
aux soldats pour eux et pour leurs femmes, car ils
étaient presque tous mariés. La nourriture ordinaire
consistait en blé bouilli fricassé avec de l'huile de chè-
nevis.

On apprit le soir du même jour que le cardinal-infant se trouvait à Cambrai, et ses trois généraux à
Arras ; les troupes de ces derniers étaient logées autour de cette ville.

Le 14 octobre, Richelieu écrivait à Chavigny à propos du bruit qui courait relativement au congé que le
duc d'Orléans avait donné à la noblesse qu'il avait

amenée de son apanage : « Je vous avoue, si cela est,
que je ne sçay ce qu'il faut espérer des ordres de ce
prince. Je luy ay ouy dire plusieurs fois, devant que de
partir, qu'ils sçavoit bien que cette noblesse ne quitte-
roit point tant qu'il seroit à l'armée. Après cela voir
que quinze jours après il leur donne congé, c'est un
estrange changement bien à contre temps et contre
raison. »

Richelieu parle aussi à son confident d'un autre
bruit qu'on aurait répandu dans l'armée à propos de
la solde qui ne sérait point payée pendant toute l'année : « Je crains bien qu'il y ayt de la malice ; je ne
sçay pas de qui, mais asseurément il y a du mal entendu. Il est bon d'envoyer vers Monsieur pour arrester
cette noblesse. »

Dans cette même lettre, le cardinal disait encore : « Il est certain que les mauvais esprits sont
fort réveillez ; mais je me tiens très asseuré que Dieu
les confondra. » Il terminait ainsi sa lettre : « Je sçay
encore quelque chose qui me faict cognoistre qu'il y a
quelques grands qui sont aux escoutes pour voir si
l'estat présent des affaires pourra changer. »

Le lendemain, nouvelle lettre du premier ministre
au secrétaire d'État pour lui faire connaître qu'à Paris
on disait le cardinal *fort esbranlé*. « Je ne sçaurois
assez m'estonner, ajoutait-il, de l'action de Monsieur
d'avoir donné congé à sa noblesse. »

Nous ne trouvons plus nulle part qu'il soit question
du départ de cette noblesse ; il est probable que ce
n'était qu'un faux bruit, comme il en circulait tant et
que les ennemis du cardinal répandaient à dessein.

L'alarme fut assez grande dans le quartier du roi le
14 octobre depuis six heures du soir jusqu'à minuit. Le
feu prit en quatre endroits ; ce fut d'abord dans le corps
de garde des Suisses, où se trouvait la compagnie de
Chaufstein ; les armes, les bagagas et les habits
furent brûlés.

Pendant que l'on cherchait à éteindre cet incendie,
un autre était signalé au quartier de Guitault : la flamme consumait neuf maisons. Un troisième éclatait ensuite au quartier de la colonelle, mais on s'en rendit
bientôt maître, et il n'y eut qu'une maison de brûlée.
Le quatrième incendie prit « derrière la maison du roi,
qui, suivant ses soins ordinaires, a donné lui-même
les ordres nécessaires pour sauver le quartier, lequel
couroit grand risque d'être entièrement brûlé, sans
cette vigilance du roi ; qui ne se lasse point de produire tant de bons effets pour le bien et la conservation
de ses peuples. On ne sçait encore d'où vient ce feu ;
l'intervalle et suite du temps et la différence des lieux
font croire qu'il y ait été mis exprès par personnes envoyées à cet effet. » (*Journal de Louis XIII.*)

A l'approche des ennemis, l'échevinage d'Amiens
avait ordonné la réparation des fortifications de cette
ville. Par un édit signé au camp de Démuin en date
du 15 octobre, Louis XIII « enjoignit aux échevins de
faire terminer les travaux, et les autorisa, pour fournir
aux dépenses nécessaires, à emprunter soixante mille
livres et même plus au besoin, leur abandonnant, pour
le remboursement de cette somme, les recettes de la
ferme du pied fourché, des bûches et des bières. »

Dans la nuit du 15 au 16, le bruit se répandit dans le camp que Jean de Werth s'avançait avec 4,000 cavaliers et 2,000 dragons pour tenter de jeter quatre moulins à bras dans Corbie. A cette nouvelle, le comte de Soissons se porta avec la cavalerie légère sur le champ de bataille que le roi avait choisi précédemment. Le duc d'Orléans resta dans son quartier et fit mettre toute son infanterie sous les armes ; le canon fut attelé; la noblesse d'Amiens accourut au camp. Le roi monta à cheval, mais on ne tarda pas à savoir que les ennemis n'avaient point paru. Cependant ce n'était pas une fausse alarme, car on apprit quelques jours plus tard, par un prisonnier qui s'était échappé, que Jean de Werth avait essayé de jeter quatre moulins dans Corbie.

Toute l'armée était restée sous les armes jusqu'à la pointe du jour. Un prisonnier, arrivé le 16, déclara que le cardinal-infant avait fait donner environ 14,000 écus à Piccolomini et 6,000 à Jean de Werth, et qu'en même temps il avait fait distribuer de l'avoine pour trois jours à l'armée qui se trouvait à Aubigny, près d'Arras.

On rapporte qu'à cette occasion un officier français, Desroches-Baritault, ayant été fait prisonnier par Piccolomini, apprit que les Hispano-Impériaux devaient livrer bataille ; il manifesta avec tant de sincérité la douleur qu'il éprouvait de ne pouvoir servir le roi de France en cette circonstance, que Piccolomini en fut touché; il lui rendit la liberté sans autre condition que celle de reprendre sa captivité s'il n'y avait pas de ba-

12

taille. Or, Corbie s'étant rendu sans qu'il y ait eu combat, Desroches-Baritault retourna vers Piccolomini,
suivant l'engagement qu'il en avait pris, mais le général ennemi fut tellement satisfait du procédé de ce
loyal officier qu'il lui accorda la liberté définitive sans
rançon.

Louis XIII, apprenant cet acte généreux, ne voulut
point demeurer en frais de générosité envers Piccolomini : il lui renvoya six prisonniers espagnols, pris
parmi les principaux officiers, sans exiger de rançon.

On apprit le 17 octobre que Jean de Werth tenait la
campagne avec 3,000 cavaliers et 2,000 dragons (1).

Le cardinal, le comte de Soissons, le duc d'Angoulême et le marquis de la Force se trouvant au camp du
roi tinrent conseil à ce sujet. L'ordre fut donné à
toute l'armée de se tenir sous les armes. On sut par
cinq Wallons sortis de la ville que les assiégés manquaient de graisse, de sel, de chandelle et de médicaments pour les malades et les blessés ; qu'ils marchaient
pieds-nus parce qu'ils n'avaient plus de cuir ; qu'enfin
le gouverneur était très malade depuis quinze jours.

Les assiégés avaient dû être avertis du dessein de
Jean de Werth, mais, n'ayant reçu aucun avis officiel,
ils firent une sortie dont le but était de jeter quelque
trouble dans les lignes françaises. Six cents cavaliers
s'avancèrent sur les vedettes de la compagnie de chevau-légers du Cardinal-duc, qui sortit de son poste et

(1) Ces dragons étaient des mousquetaires à pied que des cavaliers armés à la légère prenaient en croupe et qu'ils faisaient des-
cendre pour combattre.

repoussa vigoureusement les ennemis jusque dans les contrescarpes de la place. Si les assiégés n'osaient pas s'avancer trop près des lignes françaises dans la crainte d'être attaqués corps à corps, les assiégeants ne sortaient guère de leurs retranchements pour ne point se mettre à la portée des canons de la ville, braqués sur eux. Dans cette petite escarmouche, les soldats français prirent quelques chevaux aux Espagnols, mais un capitaine du régiment de Navaille, qui se trouvait devant la hutte de son mestre de camp, fut atteint d'un boulet qui l'emporta.

Les soldats, en rentrant dans leurs quartiers, apprirent sur le soir que les huttes du régiment de la Marine étaient en feu. Malgré les secours qui arrivèrent de toutes parts, les tentes, les armes et les bagages devinrent la proie des flammes. Des soldats malades n'ayant pu fuir périrent au milieu du camp ; en outre, le feu se communiqua à un mortier chargé de bombes, qui, en éclatant, tuèrent quelques hommes et en blessèrent plusieurs autres, notamment le Buat, capitaine au régiment de Picardie ; il mourut le lendemain de la blessure qu'il reçut au ventre.

Dans une lettre écrite au roi le 19, Richelieu l'informait que la nouvelle de l'incendie du fort de Fontenay ne l'avait point surpris, parce que les huttes des soldats étaient trop serrées.

D'après une lettre du chancelier Séguier à Mathieu Molé, datée d'Amiens du 19 octobre, l'effectif des troupes françaises campées devant Corbie se trouvait être de 26,000 fantassins et de 9,000 cavaliers, mais la sai-

son était fort préjudiciable aux soldats. « Il faut bien
espérer des affaires, disait Séguier; la cause est juste,
le roi défend ses États et le domaine de sa couronne.
Les ennemis sont toujours fort pressés de plusieurs incommodités à l'apparence, et devroient se rendre
promptement ; mais les étrangers souffrent souvent
jusques à de grandes extrémités. Le comte de Bossut
est entré dans la ville ; quant à leur armée, elle est
toujours vers Arras. »

Malgré la pluie, qui ne cessa de tomber pendant
toute la journée du 19, les assiégés firent une sortie,
dans le but d'attirer les Français près de la ville, suivant la tactique qu'ils semblaient avoir adoptée ; mais
il n'y eut qu'une petite escarmouche. Quelques paysans
qui faisaient paître leurs chevaux sur la rive des fossés de la ville furent pris par les ennemis.

En visitant le camp le 20 octobre, Louis XIII reçut
la visite de son frère, qui devait aller coucher à
Amiens pour se rendre à Paris le lendemain et, de là,
à Blois. Ses tentes servirent provisoirement de corps
de garde.

Déjà vingt-huit pièces de canon étaient placées
dans les lignes de circonvallation ; douze autres devaient y être installées sous deux jours.

Dans cette journée du 20, les assiégés tirèrent plus
de six cents coups de canon sans atteindre personne,
et pendant la nuit ils lancèrent continuellement des
grenades et des bombes sans plus de succès.

Le roi avait ordonné de faire le recensement général des troupes, ce qui permit de constater qu'il y man-

quait fort peu de soldats. Il passa la revue de l'infanterie, qu'il trouva en très bon état ; il lui assigna ensuite les campements qu'elle devait occuper dans les lignes, puis il donna différents ordres à la cavalerie.

La journée du 21 se passa sans incident, sauf un incendie qui se déclara au corps de garde du fort d'Orléans, mais on en eut bientôt raison.

Le 22 octobre, il restait encore plus de deux cents toises d'ouvrages à achever pour que la circonvallation fût terminée ; aussi Richelieu, dans une lettre qu'il écrivait à Chavigny le même jour, s'en plaignait-il d'autant plus vivement qu'il venait d'apprendre que les assiégés en profitaient pour sortir de la ville et passer en bateau entre Vaire et Fouilloy ; ils prirent même un jour les chevaux de l'artillerie, parce qu'il n'y avait aucune sentinelle.

Le cardinal se plaignait encore des sommes considérables que l'on avait employées pour les travaux de circonvallation, estimant le total déjà dépensé à plus de cent mille livres; enfin il trouvait exhorbitantes les quarante-deux mille rations de pain que l'on délivrait; il ajoutait que c'était « un abbus insupportable, non seulement pour la despense, mais parce que cela consomme tous les bleds du pays, où bientôt il n'y en aura plus, et il est certain que c'est tout s'il y a des gens pour la moitié. »

Un soldat de la compagnie de Miche, qui avait été fait prisonnier, s'étant évadé, revint au camp et déclara que les ennemis comptaient venir devant Corbie

sous six jours avec toute leur cavalerie et quatre mille
dragons, dans le but de jeter des moulins dans la
place et d'y faire entrer soixante hommes de métier
que demandaient les assiégés. « Il assura de plus que
les troupes de Piccolomini et de Jean de Wert n'a-
voient point voulu prendre d'argent, comme celle de
Flandre, parce qu'on les vouloit par là obliger à vivre
dans l'ordre, et elles n'y veulent pas vivre, aimant
mieux voler que d'avoir de l'argent et vivre dans la discipline; elles traitent le pays où elles sont comme elles
ont traité la Picardie. Aussi Jean de Wert voulant
aller loger dans un village, les paysans se retirèrent
dans l'église et tirèrent sur ses gens, desquels ils
tuèrent jusques à quarante; ce que voyant, ledit Jean
de Wert y fit mettre le feu et brûla tout le bourg. »
(*Journal de Louis XIII.*)

Le 20 octobre, le roi écrivait de Démuin au comte
de Soissons pour lui donner ses instructions relativement à la disposition et aux travaux des soldats ; il
terminait sa lettre en lui disant qu'il ne croyait pas le
moment opportun pour faire des recrues, qu'il fallait
attendre que les travaux fussent terminés, « parce que
les soldats s'amuseroient à ivrogner et les travaux n'i-
roient pas. »

Le 22, Louis XIII assignait Marcelcave pour quartier au comte de Soissons. Un mouvement de troupes
eut lieu le même jour ; une partie de la cavalerie campée sur la rive droite de la Somme alla s'établir entre
Démuin, Marcelcave, Corbie et Amiens ; toute l'infanterie se logea dans les retranchements, à l'excep-

tion des gardes et des Suisses du quartier de la rive droite, qui allèrent rejoindre leurs corps au quartier du roi. Le maréchal de Châtillon commandait le quartier du duc d'Orléans ; il avait sous ses ordres, comme maréchaux de camp, du Hallier, Fontenay-Mareuil et Bellefonds. Quant au maréchal de la Force, il quitta la rive droite pour servir auprès du roi.

Le soir du 22 octobre, un homme étant sorti de Corbie assura que le gouverneur était mort, et que la garnison ne s'entendait point pour lui donner un successeur.

Dans la nuit du 22 au 23, l'armée française apprit par un exprès envoyé de Doullens qu'un corps ennemi de cavalerie assez puissant venait de traverser Pas en Artois ; les soldats restèrent sous les armes depuis deux heures du matin jusqu'à une heure de l'après-midi. Le roi avait envoyé des batteurs d'estrade, qui ne découvrirent rien, sinon un espion que le commandant de Corbie dépêchait au prince Thomas ; il était porteur d'un livre d'heures qu'il devait remettre au prince en lui indiquant les points marqués à ce verset : *Fiat misericordia tua, Domine, super nos, quemadmodum speravimus in te*, et à cet autre verset : *In te, Domine, speravi*. On sut aussi par cet envoyé que le gouverneur, mort l'avant-veille, avait été remplacé par le sergent-major.

Pour faire prendre du repos aux troupes, le roi fit venir 4,000 fantassins, qui arrivèrent le 23 ; il en attendait encore 2,000 vers le 27, outre les recrues des vieux régiments, qui étaient en marche.

Le 24, Louis XIII quittait Démuin pour se rendre à Amiens, où il coucha. Pendant son absence, le comte de Soissons eut la surveillance de tout le camp ; il en profita pour donner l'ordre à quelques troupes d'essayer l'attaque de la place par quatre côtés à la fois, ce qui se fit le soir. Les Espagnols en furent tellement effrayés qu'ils tirèrent le canon pendant toute la nuit sur les troupes françaises, qui les entendaient crier à chaque instant : « A moi ! à moi ! les voici ! » car ils se figuraient sans cesse voir les assiégeants monter à l'assaut de tous côtés.

Louis XIII tint un conseil de guerre qu'il présida à Amiens le 25 octobre, dans l'avant-midi ; le comte de Soyécourt y fut condamné par contumace.

Le roi apprit dans cette ville que Jean de Rambures venait de faire une incursion en Artois et qu'il avait brûlé huit villages dans les environs d'Arras. Il apprit également la défaite d'une compagnie de chevau-légers italiens par les soldats de la garnison de Guise. Ces derniers « étant partis pour ce faire, le vendredi 17 du présent mois, réussirent si heureusement, qu'ayant envoyé quelques coureurs afin d'attirer les ennemis à la campagne, comme ils firent, furent chargés si rudement et si à propos par les gens du roi, que cette compagnie italienne fut par eux mise en déroute, partie des ennemis tués sur la place, partie faits prisonniers. Le reste s'étant voulu sauver dans Vervins, y a été arrêté, de sorte que la dite compagnie a été entièrement défaite, et en même temps le bourg de leur logement forcé par les nôtres, l'épée à la main, d'où ils ont remporté quantité de vivres et de butin. »

Richelieu profita de l'arrivée du roi à Amiens pour
l'engager à prendre quelque repos ; il lui fit observer
que les travaux de circonvallation étaient terminés
ou à peu près, et que la peste et la dyssenterie, qui ré-
gnaient à Démuin et aux alentours, décimaient les
troupes de son quartier. Le cardinal insista forte-
ment auprès de son maître pour qu'il allât passer quinze
jours à Chantilly, mais Louis XIII ne voulait point
quitter l'armée. Il fallut que les seigneurs de sa cour
et les principaux officiers appuyassent les raisons que
faisait valoir Richelieu, pour qu'il consentît enfin à
partir. Son départ fut fixé au **27** octobre.

Louis XIII convoqua son conseil pour le **26** à l'effet
d'aviser aux moyens à prendre pour activer le siège
de Corbie, et quelle serait l'attitude que l'on tiendrait
durant son absence. Deux courants d'opinion se firent
jour dans ce conseil. Les uns, et parmi eux Richelieu
en tête, étaient d'avis de prendre Corbie par la force,
faisant valoir que l'hiver approchait, que les Français
étaient délicats, qu'ils souffriraient beaucoup dans leurs
campements, tandis que les Espagnols avaient encore
d'importantes provisions de blé, de sel et de chevaux,
et que par dessus tout ils étaient bien plus robustes et
beaucoup plus aguerris que les soldats français. Ce
dessein entrait d'autant plus dans le caractère énergi-
que du cardinal que ce dernier savait que les grands,
comme le peuple, étaient fort mécontents et s'en prenaient à lui seul pour l'accuser d'être l'auteur de la
guerre qui avait amené les Espagnols presque jusqu'aux portes de Paris.

D'autres membres du conseil, pour combattre les raisons émises par Richelieu, représentèrent qu'en attaquant la place rien n'était moins certain qu'on pût s'en emparer, et que, dans ce cas, ce serait s'exposer inutilement à perdre une partie des troupes ; que l'on devait laisser terminer les travaux de circonvallation ; au surplus, la saison était encore assez favorable pour attendre, et qu'alors le succès ne serait point douteux : si la place ne se rendait pas par famine, il serait toujours possible de procéder à une attaque en règle poussée vigoureusement.

Le roi partageait l'avis de Richelieu. Il fut décidé dans le conseil que l'on établirait trois batteries sur la rive droite de la Somme et une quatrième en face de Fouilloy ; l'établissement de cette dernière était d'autant plus urgent que les ennemis en dressaient une de ce côté, en sorte que « celui des deux partis qui aura plus tôt achevé fera grand tort à l'autre. »

Le gouverneur de Doullens envoya un exprès au camp du roi dans la nuit du 26 au 27, pour prévenir les troupes françaises que les Espagnols venaient de quitter Arras au nombre de 6,000 cavaliers et autant de mousquetaires, menant à leur suite huit petites pièces, cent cinquante voitures chargées de farine, de médicaments, d'habits, de souliers, de lard, de beurre, d'huile, de chandelles, de moulins à bras, etc., qu'ils devaient essayer de jeter dans Corbie. A cet effet, ils s'étaient munis d'un certain nombre de petits bateaux afin de pouvoir traverser la Somme. Leur projet paraissait être celui-ci : pendant qu'une partie de leurs troupes attaquerait les retranchements de l'armée française, une autre partie se dirigerait au-dessous de Corbie, au pont de Vaire, avec les barques, et traverserait la rivière pour pénétrer dans la ville.

Quoiqu'on estimât, dans l'armée française, que ce projet fût impossible à être mis à exécution, Louis XIII n'en donna pas moins l'ordre au comte de Soissons de se poster au pont de Vaire avec 2,000 fantassins et 600 cavaliers. Les troupes du maréchal de Châtillon furent prévenues de se tenir sous les armes et de se mettre en communication avec celles du comte de Soissons. Le reste de la cavalerie et les régiments des gardes et des Suisses eurent pour mission de se mettre à la tête du quartier royal ; ces dernières troupes reçurent enfin l'ordre de marcher sur Vaire dès que les ennemis seraient signalés.

Le comte de Soissons fit partir des éclaireurs, et, une heure plus tard, un carabin de la garnison de Béhencourt arrivait au camp pour signaler la présence, aux environs de ce village, de cinq escadrons ennemis. Cent soixante éclaireurs partirent dans la direction de Béhencourt, d'où ils ne tardaient pas à revenir déclarant n'avoir rien vu ni rien entendu. Quoi qu'il en soit, le roi put constater que ses soldats étaient animés d'un beau zèle, et qui si les Espagnols se présentaient pour essayer de ravitailler la place, le passage serait vivement défendu.

Louis XIII devait quitter Démuin le 27, mais il retarda son départ ; il craignait que les ennemis ne se présentassent en force la nuit suivante. Ce qui parut lui faire croire à une tentative de cette nature, fut une sortie faite dans le jour par quatre cents fantassins et soixante cavaliers de la garnison de Corbie. La garde à cheval, un instant troublée, avait perdu contenance et se vit repousser jusqu'à plus de deux cents pas des lignes; mais, quand les assiégés aperçurent l'infanterie française venant au secours de la cavalerie, ils rentrèrent dans la ville; les Espagnols ne perdirent que deux cavaliers.

Le même jour, le roi visita attentivement les travaux de circonvallation et crut nécessaire de faire exécuter un nouveau travail vers l'église du Hamelet; il en confia le soin à Lambert.

Cédant alors aux désirs de ses officiers et des seigneurs de sa cour, qui lui représentaient le danger qu'il courait en continuant à demeurer au milieu des malades que la peste frappait dans son quartier, Louis XIII consentit enfin à quitter Démuin le 28 octobre; il couchait le même jour à Nointel. Le marquis de la Force l'accompagnait afin de ramener de Pontoise les recrues qui devaient renforcer l'armée du camp de Corbie.

M. de Beauvillé s'est trompé en rapportant qu'après la reddition de Corbie, le 14 novembre, Louis XIII retourna à Paris et qu'il voulut passer par Montdidier *pour voir*, disait-il, *cette ville qui lui avait été si fidèle et qu'il aimait particulièrement*. Le passage du roi à Montdidier dut avoir lieu quand il quitta Démuin pour se rendre à Chantilly, c'est-à-dire le 28 octobre.

Quoique la peste sévit toujours à Montdidier, le roi

n'en persista pas moins dans le dessein qu'il avait formé de passer dans cette ville. « Son entrée, dit M. de Beauvillé, ne donna lieu à aucune des cérémonies usitées en pareille occasion. Le maïeur et les habitants en petit nombre s'étaient rangés le long de l'hôtel-de-ville, sans oser aborder le roi, qui était dans son carrosse, au milieu de la place. Louis XIII les fit venir à la portière : «Approchez, leur dit-il, je ne crains rien. » Ceux-ci s'étant avancés : « Eh bien, mes bons et fidèles « sujets, ajouta-t-il, avez-vous pensé à ce que je vous « dis dernièrement? Sire, répondit le maïeur après « s'être incliné profondément, puisque vostre Majesté « s'intéresse si fort pour nous et les nostres, nous la « supplions très humblement de nous vouloir accorder « deux foires franches par an, avec aussi deux mar- « chés francs toutes les semaines à perpétuité. Je le « veux volontiers, reprit le roi, et aussi anoblis le « majeur et sa postérité ; je vous en ferai expédier « les patentes nécessaires. »

« Louis XIII tint fidèlement sa promesse, ajoute M. de Beauvillé. Par lettres-patentes du mois de décembre 1636, il reconnaît « que les mayeur, esche- « vins et habitans de Montdidier ont fait tout ce que « l'on pouvoit attendre de bons, vrais et loyaux ser- « viteurs et subjets en la conservation de la dite ville « contre les efforts et les courses des ennemis qui es- « toient entrés en la province de Picardie, et les es- « timant dignes de quelques grâces particulières, qui « puissent estre veues et connues à la postérité, il « crée et établit deux franches foires en la dite ville, « sçavoir, la première le quinziesme de may et la der-

« nière le premier mardy d'après la Nostre-Dame de
« septembre, et deux marchés francs chaque semaine,
« sçavoir, le mardy et le samedy. »

Comme le siège de Corbie « se faisoit avec assez de
langueur », au gré de quelques officiers, Isaac Arnauld eut l'intention d'aller rendre visite à la marquise
de Rambouillet, qui se trouvait alors avec sa famille à
Rambouillet. Le lendemain du départ du roi, Arnauld quittait Harbonnières, où il campait. Cette
absence lui était d'autant plus facile que ses carabins,
logés à Feuquières et à Harbonnnières, ne se rendaient au camp devant Corbie que tous les huit ou dix
jours pour relever la garde de cavalerie.

Trois jours avant la Toussaint, Isaac Arnauld partait
donc avec Antoine Arnauld et l'un des oncles de ce
dernier. Le lendemain, ils arrivaient chez Madame de
Rambouillet, où leur venue causa autant de surprise
que de joie. « Il n'y a que messieurs Arnauld au
monde qui soient capables de faire de ces tours-là
pour leurs amis », s'écriait sans cesse le marquis de
Pisani.

Comme ces officiers ne devaient rester que trois
jours à Rambouillet, on voulut employer le temps le
plus agréablement possible ; quelqu'un proposa de
jouer une comédie. « Cette partie de plaisir, ajoute
l'abbé Arnauld dans ses *Mémoires*, nous fit achever
notre siège plus gaiement que nous n'eussions fait. »

Le même officier rapporte un autre incident qui aurait
pu avoir des conséquences fâcheuses. Il devait se rendre
de Feuquières au siège de Corbie avec Isaac Arnauld

pour y relever la garde. La nuit était noire et le temps pluvieux ; craignant de s'égarer, ils prirent pour guide le jardinier de Feuquières, qui connaissait bien le pays. Au bout de cinq heures de marche par des chemins affreux et par un temps détestable, leur guide, qui s'était perdu, les ramenait à Harbonnières, mais, en s'apercevant de son erreur, il eut la prudence de s'enfuir pour éviter les mauvais traitements qu'il devait redouter du mestre de camp.

Le lendemain du départ du roi, le comte de Soissons fit le tour du camp pour en visiter les travaux ; on vint lui dire que la nuit précédente des éclaireurs avaient trouvé sept moulins d'acier cachés dans des hottes au milieu du bois de Heilly (1).

Des soldats du régiment d'Egfeld, qui avaient été faits prisonniers, et qui s'étaient échappés, confirmèrent l'exactitude du rapport sur le mouvement de l'armée ennemie dont il avait été question précédemment; toutefois, ils ajoutèrent que l'intention de Jean de Werth n'avait point été de secourir Corbie, mais seulement de couvrir ses troupes pour « qu'elles fussent un peu avancées dans leur pays avant qu'on le pût sçavoir en notre armée, de peur que notre cavalerie ne fît quelques courses dans leur pays, et, trouvant des soldats écartés, ne leur donnât sur les oreilles. »

Dès que le comte de Soissons eut appris cette nouvelle, il envoya une partie de ses soldats dans plusieurs

(1) L'auteur du *Mercure* écrit Sally, et Pagès, son copiste, écrit Sailly ; nous préférons le texte du *Journal de Louis XIII*, qui écrit Heilly.

places fortes des environs pour qu'ils pussent prendre du repos ; il ne faisait, du reste, en cela, que se conformer aux instructions du roi.

Le 29 octobre, Richelieu écrivait à Chavigny : « Ceux de Corbie ne se veulent rendre que par force, la raison ne peut rien sur eux, et si devant que de se rendre ils pouvoient faire périr ceux qui les attaquent, ils le feroient asseurément. Mais la prudence et la puissance du roy nous garantira d'un sy mauvais événement. Sa Majesté sçaura mieux cognoistre que personne les desseins des espritz qui luy parleront, quoyque, à mon advis, ils seront bien couverts au commencement, et feront leur fusée bien longue. »

Le même jour, Richelieu écrivait au comte de Soissons pour lui donner quelques instructions et le féliciter sur la continuation des travaux qu'il espérait voir terminés pour la Toussaint ; il lui faisait observer que les cavaliers se montraient fort négligents dans la garde qu'ils avaient à monter, et priait ce général de faire preuve d'une grande sévérité en cet endroit.

Le cardinal quittait Amiens le 29 octobre ; il couchait à Picquigny le même jour, et arrivait à Abbeville le lendemain. Il s'était rendu dans la capitale du Ponthieu afin de pourvoir aux fortifications des places fortes situées entre cette ville et Calais. Il avait désiré conserver l'incognito pendant ce voyage, tant il avait horreur des longues harangues et des grands festins. Le comte d'Alais, gouverneur d'Abbeville, lui avait promis qu'il serait fait selon son désir, et le contraire eut lieu. « Je trouvay et garnison et toute la ville en armes, dit Ri-

chelieu, et, au lieu que d'ordinaire on n'a que deux ou
trois barengues, le nombre en fut multiplié à tel
point que le jour de mon arrivée n'y suffit pas, il en
resta pour le lendemain.» Le canon fut tiré et la bour-
geoisie se mit en armes.

A la vue d'une réception aussi splendide que celle
qui lui était faite par les Abbevillois, Richelieu s'ima-
gina que le comte d'Alais lui ferait faire bonne chère.
Sur ce point, le cardinal fut encore trompé dans son
attente, car, de son propre aveu, « il ne s'est pas veu
une seule escuelle lavée! et autant qu'il a esté copieux
en harengues, il a esté resserré en festins.»

Le surlendemain de son arrivée, Richelieu faisait le
tour de la ville et en examinait les fortifications. Il demanda et obtint une somme de 75,000 livres pour réparer quelques bastions, augmenter le nombre des
demi-lunes et construire des contrescarpes. L'exécution de ces travaux fut confiée à Claude Rivet de Mont-
devis, premier ingénieur de France. Pour le recouvre-
ment de la somme nécessaire, Louis XIII établit un
impôt de neuf livres dix-huit sous par tonneau de vin
entrant en ville, et un sou par pot consommé dans la
cité. Bassompierre se trompe lorsqu'il dit que cet argent fut employé pour élever une citadelle.

M. Louandre rapporte que, pendant que les ouvriers
travaillaient aux fortifications, trois cents cavaliers
sortirent de la garnison d'Hesdin, portant chacun un
dragon en croupe ; ils se cachèrent pendant la nuit
dans le bois situé à la porte de ce nom, avec l'intention
de tomber inopinément sur les ouvriers qui sortaient

13

de la ville de bonne heure pour se rendre aux ouvrages extérieurs. A la pointe du jour, les ennemis furent découverts; aussitôt, l'alarme en fut donnée et l'artillerie des remparts n'eut qu'à lancer quelques boulets sur le bois pour que les Espagnols prissent la fuite. Quatre cents cavaliers de la garnison d'Abbeville les poursuivirent vigoureusement, et, après en avoir mis soixante hors de combat, ils en ramenèrent quatre-vingts comme prisonniers.

Le 30 octobre, on apprit par un envoyé du colonel Gassion au roi que, dans la nuit du 26 au 27, cet officier était entré dans le Cambraisis à la tête de 1,200 cavaliers, qu'il s'était même présenté aux portes de Cambrai, sans que la garnison sortît, mais que cent paysans du village d'Artigny ayant tiré sur ses soldats il les fit cerner dans une maison assez forte où ils se réfugièrent ensuite. Cette maison ne tarda pas à être prise et tous les paysans passés au fil de l'épée. Dans cette course, quarante-deux villages du Cambraisis furent livrés à l'incendie par les ordres du colonel Gassion.

Le gouverneur du Catelet ayant appris que cet officier se retirait en Picardie, envoya cent quarante fantassins et cent cavaliers en embuscade dans un bois des environs de la place. Les éclaireurs français les ayant aperçus prévinrent aussitôt le colonel, qui chargea la cavalerie avec tant de vigueur jusqu'auprès de la ville que très peu y rentrèrent et que cinquante chevaux leur furent pris. Après cet exploit, Gassion revint vers le bois, où une partie de ses soldats blo-

quaient les cent quarante fantassins espagnols qui y
étaient demeurés en embuscade. Leur défaite fut
complète ; on n'en épargna que deux pour savoir
des nouvelles de l'ennemi.

Cette petite victoire ne satisfit pas pleinement le colonel Gassion, qui plaça deux escadrons en embuscade
dans un repli de terrain et se porta avec le reste de
ses soldats auprès du Catelet, espérant que la garnison ferait une sortie. Mais, soupçonnant sans doute
le piège, elle resta dans ses murs et eut raison de le
faire, car elle aurait été prise entre deux feux et massacrée.

Ce brave officier demeura jusqu'au **29** octobre en
pays ennemi, et continua de brûler autant de villages
qu'il lui fut possible, mais en respectant les églises, où
pas un de ses soldats n'avait le droit de mettre les pieds,
afin de se conformer aux ordres du roi. Gassion se
retira ensuite à Grugis, village des environs de Saint-
Quentin.

Le **31**, le comte de Soissons faisait ouvrir des tranchées jusqu'aux batteries. Quelques Espagnols sortirent de la place pour les reconnaître, mais ils n'osèrent en approcher à moins de deux cents pas ; ils se
bornèrent pour ce jour à cette simple reconnaissance.

De son côté, le maréchal de Châtillon faisait activer
sans relâche la continuation des travaux. Il fit établir
des redoutes, dresser des batteries et ouvrit des tranchées pour y accéder. Mais ces différents travaux
n'avançaient pas aussi vite que l'aurait désiré Châtillon,

quoiqu'il fît travailler le jour de la Toussaint. Des
pluies continuelles incommodaient les travailleurs.

Pendant la nuit, le comte de Soissons fut informé
par le gouverneur de Doullens que les Espagnols s'é-
taient avancés jusqu'à deux lieues d'Albert ; il donna
l'ordre aux troupes de se tenir prêtes au premier signal, et envoya des batteurs d'estrade à la découverte;
mais ces derniers revenaient bientôt et annonçaient
n'avoir rien vu. C'était encore une fausse alerte, car
les ennemis avaient souvent recours à ces faux bruits
dans l'espoir que les assiégés pourraient en profiter
pour faire une sortie.

Le 2 novembre, les travaux de circonvallation étaient
entièrement terminés. Désormais le siège allait être
poussé en règle et d'une façon vigoureuse. Toutes les
batteries que faisait dresser Châtillon étaient en état de
servir ; quant à celles du maréchal de la Force, qu'il
avait établies du côté de Fouilloy, elles tirèrent pendant toute la journée.

Pour l'intelligence de ce qui va suivre, il est bon,
croyons-nous, de donner une description des fortifications de Corbie ; nous l'emprunterons en grande
partie au *Mercure* de 1636.

La ville était défendue au sud par la Somme, qui s'y
divisait en trois bras. Profitant de cette défense naturelle, on avait fait des murs moins importants que sur
les trois autres côtés. La porte de Fouilloy, qui se trouvait dans un angle, était flanquée de deux demi-lunes revêtues de gazon. Près de cette porte existait un
boulevard pourvu de deux pièces de canon ; c'est au-

dessus de ce boulevard que les Espagnols avaient élevó leur moulin à vent.

Du côté de l'est, il y avait une autre porte défendue aussi par deux demi-lunes en terre ; un bastion en briques était flanqué de deux tours.

Du côté du nord, la ville se trouvait mieux fortifiée, à cause d'une haute colline qui la domine. Près du bastion, on avait établi une demi-lune, dont le sommet atteignait le niveau du sommet de la colline ; les assiégés y avaient placé deux canons. Les deux angles de ce côté formaient chacun une autre demi-lune.

Enfin, à l'ouest, où coulait l'Ancre, on remarquait « quatre demi-lunes, avec leurs fossez et chemins couverts comme les autres ; et davantage un autre fossé contre la contrescarpe, large de vingt pieds et plein d'eau ; de sorte que là sont trois fossez, puis des demi-lunes et la grande demi-lune, des murailles, le tout de terre et de gazons faites en rond, et au dehors elle est environnée d'un rempart, et au dedans d'un autre très grand avec ses parapets garnis d'artilleries. »

Comme on le voit, les moyens de défense de cette place permettaient à la garnison de soutenir un long siège.

Voyons maintenant en quoi consistaient les travaux exécutés par l'armée française.

La ville fut entourée d'un fossé large de dix-huit pieds et profond de neuf ; les terres qu'on en avait extraites étaient rejetées sur un côté, où elles formaient une masse dont le talus avait dix pieds et la largeur vingt pieds à la base. A l'extérieur, elle était soutenue par des pieux. On pourra se faire une idée de ce que devait être cette masse, lorsque l'on saura qu'elle se composait de plus de quatorze mille mètres cubes.

Du côté de la rivière d'Ancre, à l'est, on avait d'abord fait un retranchement de six pieds de hauteur, entouré d'un fossé d'une profondeur de neuf pieds, mais les eaux du marais enlevèrent bientôt cet ouvrage, qui n'était point assez solide. C'est alors que Richelieu fit exécuter de ce côté une seconde ligne de circonvallation de dix-huit pieds de largeur et de neuf pieds de profondeur ; elle commençait à la colline dont nous avons parlé et aboutissait à la rivière d'Ancre. En outre, le chevalier Deville fut chargé de tracer de ce côté deux forts qui devaient être entourés d'un fossé de vingt-quatre pieds de largeur et de neuf pieds de profondeur. Enfin, trois redoutes devaient être établies entre ces deux forts et les retranchements.

Huit forts avaient été construits autour de la place. Le fort d'*Orléans*, qui se trouvait au nord, sur la colline, était « fermé d'une palissade faite de pieux de huit pieds en terre et quatre hors de terre, et d'autres plantés en terre, aigus et pointus par les bouts, distants l'un de l'autre d'un demi-pied. » Du même côté se trouvait le fort de *Châtillon*. A l'ouest, il y avait le fort de *Chartres* ou de *Fontenay* et le fort de *Richelieu*. Les quatre autres forts, ceux du *Hallier*, d'*Aubigny*, de *Saint-Louis* et de *Tonnerre*, se trouvaient à l'est et au sud.

Le 3 novembre, tous les travaux de circonvallation étaient terminés. Il allait donc falloir prendre une détermination, ou se contenter de faire le blocus de Corbie pour réduire la place par la famine ou l'attaquer de vive force. Le maréchal de Châtillon voulait employer ce dernier moyen, qui était aussi celui que préférait Richelieu.

Il y a lieu de croire que le cardinal avait fait tous ses efforts auprès de Châtillon pour l'engager à attaquer la place. Le soin que mettait le premier ministre dans les lettres écrites par lui au roi et à Chavigny à désigner le maréchal comme auteur de ce projet, semblerait être une preuve du contraire ; cependant il ne pouvait s'empêcher dans ses lettres d'approuver ce plan, ainsi qu'on va le voir.

Le 1er novembre, Richelieu écrivait à Louis XIII que, d'après ce qu'il avait appris, Corbie « iroit bien loing par la fain. Un soldat en est sorty qui dict qu'ils n'ont pas dans la ville de nécessitez qui les contraignent à se rendre. Le mesme adjouste, à ce qu'on me vient de mander du camp, qu'il croit qu'on en aura bonne raison par la force. » Le 3, il écrivait d'Abbeville à Chavigny : « Ce n'est pas l'appréhension de l'attaque de force qui a mis l'armée au point où elle est, au contraire, les soldatz s'en réjouissent, et le dépérissement des troupes est arrivé auparavant que l'on y eust pensé. La légèreté des François est seule cause de ce désordre. M. le mareschal de Chastillon est le seul autheur de la proposition d'attaquer la place de force, mais j'advoue que je la tiens raisonnable, et d'autant plus nécessaire que les affaires du roy seroient en mauvais estat s'il failloit demeurer quatre ou cinq mois devant Corbie. Les Hollandois n'eurent pas plus tost circonvalé Sckink, qu'ils commencèrent l'hiver l'attaque de force. Au reste, je tiens bien plus difficile de faire subsister tout l'hiver une armée mal campée, avec des incommoditez indicibles, que de soustenir pendant un mois, que demande M. le mareschal de Chastillon, une attaque de force. »

Le 5, Richelieu écrivait au même de Picquigny : « Je ne sçay comme va le siòge de Corbie ; je ne suis ny pour le blocus ny pour l'attaque de force. Lorsque M. le mareschal de Chastillon en fist la proposition au roy, je n'avois jamais ouy parler qu'il la deust faire. Bien estimay-je, ainsy que je vous ay desjà escrit, que s'il faut demeurer devant la place six mois par le blocus, comme apparemment on n'en aura pas meilleur marché, les affaires du roy iroient très mal. Si Galasse gagnoit un combat qu'on est à la veille de donner, on seroit en mauvais estat, si Corbie retenoit les forces du roy. Autresfois nos pères ont esté plus hardis que nous. Henry second assiégea Hedin en décembre et le prit. Pour conclusion, je seray simple soliciteur des diligences en quelque résolution qu'on prenne. »

Enfin le 7, Richelieu envoyait une nouvelle lettre à Chavigny dans laquelle il disait : « Dieu qui est au ciel sçait que lorsque M. le mareschal de Chastillon proposa au roy d'attaquer Corbie de force il ne m'en avoit parlé directement n'y indirectement, n'y moy à luy, et je ne sçavois en aucune façon son sentiment.

Après le partement du roi, je m'en allay à Abbeville ;
durant mon voiage il a commencé ses approches et
ses tranchées ; il faict deux redoutes avancées. Il asseure plus que jamais de l'effect de sa proposition. »

Il est aisé de s'apercevoir d'après ces citations que
le cardinal avait le secret désir d'en finir au plus tôt
avec Corbie, et que le seul moyen qu'il croyait devoir
employer pour y arriver était une attaque de vive
force. Pourquoi se montrait-il aussi réservé dans ses
lettres? C'est d'abord parce qu'il voulait se ménager,
en prévision du résultat incertain d'un siège en règle, et ensuite parce qu'il avait appris par la Meilleraye que Louis XIII préférait se borner à un blocus.

Cependant, le cardinal ajoutait dans sa lettre du 7
novembre à Chavigny en parlant de l'attaque de force:
« Je l'ay faict sur la proposition qui en a esté faicte
devant le roy, et, quoy que je n'en sois pas autheur,
(1) j'y persiste encore pour les raisons que je vous en
ay desjà mandées. Il semble qu'il vaut mieux hasarder
trois cens soldats par une attaque courte contre
peu de gens abbatus, que de s'exposer à une longueur
de siège pendant la quelle je ne sçay si la puissance
du roy pourra entretenir et faire subsister son armée
dans les grandes incommoditez qu'elle souffriroit in-

---

(1) Ce fut Vignoles, « vieux maréchal de camp du roi Henri IV
du temps de la Ligue », dit Monglat, qui parla le premier d'attaquer Corbie par la force, répondant sur sa tête que la place ne
résisterait point quinze jours ; mais il ne vit pas le succès de sa
proposition, car il mourut d'une dyssenterie avant la prise de
Corbie.

dubitablement. C'est l'avis de toute l'armée comme je vous ay dict. »

On dépensa des sommes importantes pour faire le blocus de Corbie, et, le 1er novembre, Richelieu demandait encore au roi, outre le montant de la montre, deux cent mille livres, plus quatre-vingt mille livres que Châtillon réclamait pour des travaux qu'il voulait faire exécuter avant l'attaque. Ce dernier, qui disposait déjà de vingt pièces d'artillerie, en demandait encore dix. Richelieu lui en fit parvenir six de Calais et deux d'Abbeville ; il lui fit aussi expédier de Rouen, pour le 3 novembre, soixante-dix milliers de poudre avec la promesse de lui en faire envoyer une égale quantité sous très peu de jours.

Dès le 2 novembre, avons-nous vu, les assaillants attaquaient la place. Dans la nuit du 3 au 4, un lieutenant du régiment de Vaubecourt avait reçu mission de donner une fausse alerte aux assiégés. Il s'avança avec dix mousquetaires jusqu'à une demi-lune, où il pénétra ; il y tua les huit Espagnols qui la gardaient et rentra au camp avec ses dix hommes. A cette attaque, le cri : *Aux armes !* retentit bientôt dans toute la ville. Les soldats de la garnison et les habitants se précipitèrent sur les murailles ; ils restèrent sous les armes pendant toute la nuit, tirant continuellement sur les assiégeants.

Le 4 novembre, les Français recevaient des canons et des munitions de guerre, telles que poudre, boulets, balles et tout ce qui était nécessaire pour la continuation du siège. Les officiers recommandèrent à leurs soldats de ne point perdre leur temps à peser et à charger, car il fallait avant tout empêcher les assiégés de réparer les brèches.

Le même jour, un Wallon sorti de Corbie apprit dans le camp des assiégeants que cette place n'était plus défendue que par huit à neuf cents soldats, le reste des assiégés étant ou mort ou malade.

Grâce à l'activité du maréchal de Châtillon, « on était déjà près de la contrescarpe, et, le 6 novembre, les travaux étaient tellement avancés, qu'on approchait des fossés de la ville. Les arrière-lignes se trouvaient à une distance de soixante pas au plus, ainsi que les autres ouvrages en terre, tous aussi élevés que solides, et qui de cent pas en cent pas, présentaient un flanc de quarante pieds. Des redoutes larges, hautes, assez vastes pour contenir 100 fantassins, protégeaient et couvraient ces ouvrages et défendaient les soldats contre les canons de la place. On avait aussi disposé du côté de Fouilloy quatre batteries de huit canons et une autre de dix vers le fort de Châtillon. D'autres batteries de huit canons avaient été dressées en différents endroits autour de la ville, principalement en face des demilunes et des portes. »

L'ordre avait été donné de ne se servir des batteries que lorsque toutes les tranchées seraient ouvertes.

Richelieu arriva le même jour à Aubigny, où Lambert avait son quartier ; il y fut tenu un conseil entre le cardinal, le comte de Soissons, les maréchaux de la Force et de Châtillon, et tous les maréchaux de camp. Les membres composant ce conseil décidèrent que l'on ferait hâter les derniers travaux du siège, et, en conséquence de cette décision, des bombes, des mortiers, des grenades, des pontons, des échelles et autres instruments indispensables pour un assaut furent préparés avec la plus grande diligence.

Les officiers voulaient agir avec lenteur et affamer la place, mais Richelieu, dont l'avis l'emporta, fut pour les mesures énergiques : « Sachez, dit-il, une chose trop connue, que nous avons toujours prévalu sur l'ennemi par la force et lui sur nous par la patience. »

Suivant le cardinal, toute l'armée, officiers et soldats, était d'avis d'attaquer la place au plus tôt, reconnaissant qu'il n'y avait que ce moyen d'en avoir raison. Le comte de Soissons seul se garda de faire connaître son sentiment.

Dans une lettre du 7, Richelieu paraissait presque certain du succès ; aussi estimait-il que la présence du roi était nécessaire au camp cinq ou six jours avant la reddition de la place, qu'il ne croyait assurément pas aussi prochaine. En effet, le lendemain, il écrivait à Chavigny qu'il fallait attendre jusqu'au 15 avant de formuler une opinion, mais il espérait que Corbie serait au roi à la fin du mois.

On lit dans le *Journal de Louis XIII* sous la date du 7 novembre : « Un petit garçon sortit de la ville, qui dit qu'ils étoient fort étonnés de ce qu'on les attaquoit de force, et dit qu'ils ne croyoient pas pouvoir longtemps résister, faute de gens, pour ce qu'ils n'étoient plus que huit cents hommes sains, et qu'encore en tomboit tous les jours grand nombre de malades de flux de sang et dysenterie, dont il mouroit du moins quinze ou vingt par jour, faute de médicaments, pour ce qu'ils n'en ont point; qu'ils avoient mangé tous les chiens et chats, et la plus grande partie de leurs chevaux. Et ce qui fait croire ce rapport véritable est que, depuis leur dernière sortie qu'ils firent, on n'a vu paroître que sept ou huit chevaux au plus ; il ajoutoit qu'ils ont assez de pain, mais moulu comme sçavez déjà. Ce qui fait croire aussi leur foiblesse est que les nôtres ayant souvent envoyé la nuit dans leurs dehors, l'on n'y a jamais trouvé plus de sept à huit hommes dans chaque demi-lune, et ce petit garçon assure qu'ils n'y en mettent pas davantage. »

Le même jour, un Wallon sorti de la place confirma le dire de l'enfant, ajoutant qu'un marché de viande de cheval se tenait dans la ville, « que les soldats s'assembloient par troupes, se plaignant et protestant ne vouloir plus souffrir tant d'incommodités, que c'estoit une chose bien dure et cruelle de voir mourir tant d'enfans, languir un si grand nombre de femmes, et se perdre enfin eux-mêmes sans aucune espérance de secours. Ces raisons et autres semblables leur firent prendre la résolution de se rendre, ce qui causa une telle division entre le gouverneur et sa garnison, qu'ils se virent sur le point d'en venir aux extrémités les plus dangereuses. »

On sut encore par ce Wallon que, quinze jours auparavant, le gouverneur de la place avait envoyé au prince Thomas la revue des troupes qu'il commandait.

Le nombre des soldats valides de la garnison s'élevait
de treize à quatorze cents, mais depuis il en mourait
de vingt à vingt-cinq par jour, ce qui réduisait ce
nombre à neuf cents environ.

Richelieu fut alors informé que Piccolomini allait prendre ses quartiers d'hiver à Liège avec son armée ; que le cardinal-infant et le prince Thomas
étaient à Arras, et que Jean de Werth avait établi son
quartier dans le Hainaut et le Cambraisis pour s'opposer à Gassion, qui, de Vervins, où il était établi, faisait
des courses fréquentes en Artois.

Les tranchées que le maréchal de Châtillon faisait
ouvrir par ses troupes allaient atteindre la contrescarpe. « Les canons ne cessaient pas de tirer ; déjà les
murs de la ville étaient endommagés, et les pièces des
ennemis renversées. Eux-mêmes, exténués par les
veilles, les fatigues, la faim, la misère et les maladies,
ripostaient faiblement au feu continuel des batteries
françaises. »

En effet, aucun mousquetaire ne tirait, aucun assié-
gé ne paraissait sur les murailles, mais en revanche
les canons de la place lançaient constamment des boulets dans le camp des assiégeants. Comme les pièces
étaient pointées au hasard, les boulets portaient tous
à faux, de sorte que le but des assiégés consistait seulement, ainsi qu'on le remarqua, à consommer leurs
munitions pour qu'il en restât le moins possible dans
la ville si elle venait à être rendue.

Le 9 novembre au soir, un tambour sortit de la
place et se rendit au quartier de Fontenay-Mareuil.

Lorsqu'il fut en présence de Fontenay, il l'informa qu'il était envoyé par le gouverneur, lequel demandait à capituler, si on ne lui faisait point de conditions trop dures.

Fontenay fit conduire cet envoyé au maréchal de Châtillon, parce que le quartier du comte de Soissons était trop éloigné, mais il fit aussitôt partir des exprès pour en informer Richelieu, le duc d'Orléans et le comte de Soissons.

Châtillon répondit au tambour que le gouverneur pouvait, en toute sécurité, lui envoyer des députés pour traiter. Le tambour fit observer qu'il était trop tard pour qu'ils vinssent le même jour, et demanda la cessation de tout acte d'hostilité jusqu'au lendemain, ce qui lui fut accordé.

Le 10, un officier espagnol, accompagné d'un autre officier, sortait de la ville et se rendait à la tente de Châtillon. Après qu'il eut montré ses pouvoirs, l'officier espagnol demanda à ce qu'il fût permis au gouverneur de Corbie de faire connaître au cardinal-infant l'état dans lequel se trouvait la ville, et que, si, dans un délai de huit jours, il ne lui était envoyé aucuns secours, il rendrait la place, posant pour dernières conditions que la garnison sortirait tambour battant, enseignes déployées et mèches allumées. Ces deux officiers réclamèrent enfin le droit d'emmener deux canons et des chariots en quantité suffisante pour transporter leurs malades et leurs bagages à Arras, où ils comptaient se retirer.

Après ces conditions posées, les deux officiers sortirent de la tente du maréchal,chez lequel se trouvaient le comte de Soissons, l'abbé de Cinq-Mars, envoyé par Richelieu, les maréchaux de France et les maréchaux de camp.

La majorité du conseil fut d'avis de n'accorder ni les deux canons ni les huit jours de trêve que demandaient les assiégés. Le marquis de Fontenay en informa aussitôt les deux députés ; ceux-ci répondirent qu'avant de formuler leur proposition, ils avaient bien mûri les conditions qu'ils devaient faire pour sortir avec honneur et que, par conséquent, ils ne céderaient rien sur ce point, d'autant plus qu'ils ne pouvaient rendre la ville sans avoir le consentement du cardinal-infant et sans savoir s'ils ne pourraient être secourus.

Quant aux deux canons que les ennemis demandaient à emporter, il y aurait eu mauvaise grâce à les leur refuser, puisque les Espagnols, comme le rappelèrent les officiers de la garnison de Corbie, avaient accordé pareille satisfaction à toutes les garnisons des villes dont ils s'étaient emparés.

Fontenay-Mareuil retourna à la tente de Châtillon pour rendre compte au conseil du résultat négatif de sa mission. Le comte de Soissons et l'abbé de Cinq-Mars persistèrent à ne vouloir accorder ni trêve ni canons, quoique tous les autres membres du conseil fussent d'un avis contraire. Du Hallier, envoyé alors vers les députés espagnols, ne fut pas plus heureux que Fontenay.

Les maréchaux de la Force et de Châtillon insistèrent auprès du comte de Soissons pour qu'il consentît à accorder les deux canons et une trêve de trois ou quatre jours ; mais les raisons qu'ils purent faire valoir ne suffirent pas « pour M. le comte, qui, ayant d'autres desseins, ne cherchoit qu'à rompre le traité et renvoyer les desputés sans conclusion, sous le prétexte toutefois de ce qu'avoit mandé le cardinal de Richelieu, dont il disoit ne se pouvoir despartir ; il fallust que les deux mareschaux luy donnassent par escrit que ce qu'il en faisoit estoit à leur supplication, et qu'ils se chargeoient de tout ce que le roy et le cardinal de Richelieu en pourroient dire, consentant qu'on s'en prist à eux. » (*Fontenay-Mareuil.*)

On chargea alors le marquis de Fontenay d'aller annoncer aux députés qu'on leur accordait tout ce qu'ils avaient demandé, sauf la trêve de huit jours, que l'on avait réduite à trois jours, ce qui fut enfin accepté non sans discussion de part et d'autre. On accorda encore aux ennemis, « pour leur honneur, un couple de petites pièces. »

Les députés, voulant faire partir leurs exprès dès le soir, demandèrent et obtinrent que le délai de trois jours ne compterait que du lendemain matin. Après cette entente, les assiégés livrèrent trois otages, Joseph Bellegarde, Gabriel Léon, Espagnols, et un capitaine de la légion du comte de Frezin. Les Français ne livrèrent point d'otages, quoique Richelieu l'ait annoncé dans une lettre du 11 novembre.

- Voici les divers articles de la capitulation tels qu'on les trouve dans le *Mercure* :

14

« Premièrement, que toute la milice de leurs Mr.·jestez impériale et catholique, tant de pied que de cheval, sortira de Corbie et des lieux circonvoisins, avec leurs armes et bagage, tambour battant, enseignes déployées, mèche allumée aux deux bouts, et balle en bouche, qui sera conduite avec bonne escorte jusques à Orgiac (Orchies) ;

II. Que si, dans le temps de trois jours à eux accordé, le secours ne se présente, force et rompe nos retranchemens, les ostages seront delivrez, que si non, la milice sortira vendredy prochain de bon matin ;

III. Ils emmèneront avec eux deux canons de 12 livres de balles pesans, leur seront fournis des chevaux et tout appareil nécessaire, avec dix caques de pouldre et de balles à proportion ;

IV. Seront aussi donnez cent dix chariots avec leurs harnois et chevaux pour porter les malades, les blessez et le bagage jusques à Orgiac ;

V. Que si quelques soldats, femmes ou autres sujets de leurs Majestez impériale et catholique soient tellement faibles qu'ils ne puissent estre transportez, il leur sera donné tout secours, jusques à ce qu'estans fortifiez et en bonne santé, ils puissent retourner aux lieux du domaine de sa Majesté catholique;

VI. Sa Majesté très chrestienne donnera aussi tout convoy libre et escorte asseurée à toute ceste milice, leurs gens et attirail susdits jusques à Orgiac ;

VII. Le gouverneur de la garnison de Corbie donnera deux capitaines pour ostages dudit convoy des chariots et des chevaux, qui leur auront servy jusques à leur retour.

· « ¡Faict au camp devant Corbie le 10 novembre 1636.

« *Signé*, LOUYS DE BOURBON. »

Durant les trois jours de trêve, la moitié des troupes de Fontenay-Mareuil resta sous les armes nuit et jour, parce que si des secours arrivaient aux assiégés, ils devaient passer par son quartier. Le même officier envoya en outre des batteurs d'estrade dans toutes les directions, et même jusqu'à Arras, afin que l'on pût être averti longtemps à l'avance de la marche des troupes qui pourraient venir au secours de Corbie.

« Les travaux et les actes d'hostilité ayant cessé de part et d'autre, dit Pagès d'après le *Mercure*, les soldats des deux partis s'entrevirent et se parlèrent ; ceux de la garnison de Corbie étoient honteux de demander aux François du pain, du vin et d'autres vivres nécessaires, ne voulant pas paroître affamés, et dans la nécessité ; ils se contentèrent de demander par grâce ou pour de l'argent un peu de tabac ; les nôtres leur donnèrent volontiers ce qu'ils désiroient. »

Mais les entretiens des assaillants et des assiégés ne purent être de longue durée, parce qu'ils furent souvent interrompus par le mauvais temps.

Richelieu, écrivant au roi le 14 novembre, commençait ainsi sa lettre : « Par la grâce de Dieu, Vostre Majesté est dans Corbie », et il ajoutait : « Aussy tost que la capitulation a esté faicte, le temps s'est rendu sy mauvais, que Dieu paroist visiblement en cette occasion. »

Les assiégés devaient rendre la place le vendredi 14 novembre au lever du soleil, s'ils n'étaient point secourus. Au jour convenu, à dix heures du matin, le comte de Soissons envoya un aide-de-camp pour rappeler aux Espagnols qu'ils devaient remplir leurs promesses et exécuter les conventions : ils répondirent qu'ils étaient prêts. Le grand-maître de l'artillerie fit alors avancer les cent dix chariots qui leur avaient été promis.

Le comte de Soissons avait reçu l'ordre du roi de faire observer scrupuleusement tous les articles de la capitulation, de procéder à l'arrestation des habitants ou des soldats français qui se déguiseraient pour sortir, et de ne laisser enlever aucun meuble appartenant aux bourgeois et aux églises ; il devait enfin veiller à ce qu'il ne se commît « aucuns excès dans la ville, ni de ruiner aucunes des fortifications, fraises, palissades et barrières tant du dedans que du dehors de la place. »

Les assiégés n'employèrent pas moins de quatre heures pour charger leurs chariots. Enfin, à deux heures de l'après-midi, ils annoncèrent être prêts à partir. Aussitôt le comte de Soissons fit avancer le régiment des gardes jusqu'à la porte d'Ancre, par laquelle devaient sortir les Espagnols ; c'était également par cette porte que, trois mois auparavant, les ennemis avaient fait leur entrée dans la place. Toute l'armée française fut disposée en bataille auprès des retranchements, et l'artillerie occupait les chemins.

Tout à coup s'ouvrit la porte d'Ancre ; elle livra d'a-
bord passage à trois compagnies de cavalerie comptant
ensemble quatre-vingt-dix maîtres plus les valets. Puis
venaient les chariots contenant les bagages, les malades, au nombre de cinq à six cents, et quatre cents
femmes. Une centaine de soldats servaient d'escorte à
ces chariots, dont la sortie s'opérait lentement parce
qu'on ne les laissait point passer deux de front. En
outre, les chemins étaient détrempés par les pluies des
derniers jours, et les chevaux avançaient difficilement.

On vit sortir ensuite les deux canons qu'avaient
réclamés les Espagnols, puis trois charrettes chargées de poudre et de boulets. Aussitôt après commença le défilé dans l'ordre suivant : les Wallons, les
Allemands, les Italiens et enfin les Espagnols, mais on
ne remarqua aucun officier italien parce qu'ils n'avaient
point voulu consentir à la capitulation. Le sergent-
major qui avait rempli les fonctions de gouverneur sur
la fin du siège, Charles de Brimeu (?), sortit le dernier,
et, en allant saluer le comte de Soissons, il lui dit or-
gueilleusement qu'il *rendait la place plus forte qu'il
ne l'avait trouvée*. C'était avouer qu'elle lui avait été
plus facile à prendre qu'à l'armée française.

Tous les soldats espagnols, raconte Fontenay-Mareuil, tenaient à la main un morceau de pain et un
morceau de beurre ; c'était une espèce de fanfaronnade
particulière à leur nation. Mais, s'ils avaient encore
des vivres en grande quantité, il faut bien reconnaître
que la qualité laissait à désirer.

Le même Fontenay rapporte qu'il avait été chargé

d'entrer dans Corbie pour y rester avec les otages jusqu'à ce que l'escorte qui accompagnait les Espagnols
fût revenue. Il voulut savoir d'eux la cause qui les
avait déterminés à se rendre si tôt ; ils lui répondirent
« ingénuement » avoir été avertis qu'ils ne pouvaient
être secourus, et, d'un autre côté, ils avaient appris
que les quartiers d'hiver allaient être distribués. Or,
craignant avoir les plus mauvais quartiers s'ils arrivaient après leur distribution, les officiers représentèrent au sergent-major, faisant fonctions de gouverneur,
« que ce seroit peu d'avantage au roy d'Espagne quand
ils tiendroient encore huit ou dix jours de plus, et à
eux une ruine totale. » En conséquence, ils supplièrent
le sergent-major de rendre la place dans le plus bref
délai. On demanda l'avis du capitaine espagnol, « lequel ayant respondu que, puisque c'estoit celui de tous
les autres, c'estoit aussy le sien ; le tambour avoit à
l'heure mesme esté envoyé. Ce qui doit apprendre aux
princes à bien regarder quels gens ils mettent dans
leurs places, afin qu'elles soient toujours deffendues
jusques au bout, peu de temps faisant quelquefois
grand bien, comme le roy d'Espagne l'auroit vraysem-
blablement esprouvé sy ces gens ne se fussent pas sy
tost rendus, car il n'y a guères d'apparence que le roy
l'eust prise, ou de longtemps : ce qui luy eust fait avoir
beaucoup d'autres affaires fort dangereuses, ausquelles
ceste sy prompte reddition donna moyen de remédier. »

Mais ce qui avait surtout contribué à faire rendre
la place si promptement furent les plaintes de quel-

ques soldats séditieux, qui s'assemblèrent par troupes
pour demander la capitulation. « Il est monstrueux,
disaient-ils, de nous laisser mourir de faim sans avoir
l'espoir d'être secourus. Nous serons massacrés si la
place est emportée d'assaut, tandis que nos chefs auront la vie sauve et acquerront de la gloire. Nous sommes aussi faibles que les assaillants sont robustes, et
nous ne pourrons jamais résister à leurs attaques.
Nous serions bien imprudents d'exposer notre existence pour ceux qui n'en ont nul souci, et, puisque
nous devons succomber, qu'on n'attende point l'assaut. »

Voyant la disposition des esprits, le gouverneur se
résigna à capituler : il en était temps. Les plus mutins prêchaient la désobéissance aux officiers, et une
émeute était toute préparée.

Si les assiégés eussent montré plus de courage, les
soldats français, loin d'être aussi robustes que se l'i-
maginaient les ennemis, seraient encore restés bien
longtemps devant la place avant de s'en rendre maîtres, car les nouvelles troupes d'investissement se
composaient « en grande partie de Parisiens, peu accoutumés à la fatigue, très délicats et très difficiles
pour la nourriture » ; ils ne pouvaient plus tenir la
campagne. « L'hôpital de Saint-Acheul était rempli de
blessés ; toutes les routes d'Amiens à Paris étaient en-
combrées de morts et de mourants. »

Au début du siège de Corbie, la garnison qu'y avaient
laissée les Espagnols se composait de trois escadrons
de cavalerie de chacun cinquante hommes et de tren-

te-quatre régiments d'infanterie de cent hommes, qui
se répartissaient ainsi : quatre d'Espagnols des légions
de Zapata et de Fuensaldagne ; quatre d'Italiens de la
légion de l'Antelme ; neuf du Hainaut ; dix de la légion de Wesemal ; trois d'Allemands de la cohorte de
Piccolomini; deux de Lorraine de la cohorte de Brons;
un de la cohorte du baron de Leyde, et un d'Irlandais.

En quittant Corbie, les ennemis laissèrent neuf canons marqués aux armes d'Espagne et quantité de blé
et de munitions de guerre; ils allèrent coucher le même jour à Béhencourt. Le lendemain, ils suivirent le
chemin de Bapaume pour se rendre à Arras ; ils furent
accompagnés jusque dans cette ville par des soldats
de l'armée française. Deux capitaines espagnols étaient
restés à Corbie, d'où ils ne partirent qu'après le retour
de cette escorte.

Ainsi cette belle garnison se trouvait bien réduite
au bout de trois mois ; des 250 cavaliers, il en restait
un cent à peine ; des 3,400 fantassins, il ne s'en trouvait plus que 1,200 qui fussent valides, 600 étaient
malades, le reste était mort.

Aussitôt après le départ des Espagnols, la Meilleraye,
maréchal de camp, tit son entrée dans Corbie, monté
à cheval, à la tête du régiment des gardes. Il « se saisit de la porte d'Ancre,... puis mena à la place et aux
autres deux portes ceux qui étoient destinés pour leur
garde. »

Le comte de Soissons entra ensuite dans la ville,
suivi de tous les autres officiers de l'armée, dont

les uns voulaient « satisfaire leur curiosité, et les autres, pour obéir aux ordres qu'ils en avaient reçus » ;
mais l'aspect de cette malheureuse ville était déso-
lant.

Ch. Bernard, s'inspirant d'un passage de l'ouvrage
du chevalier Antoine Deville, ou plutôt le traduisant,
rapporte qu'après la reddition de Corbie, les maisons
de cette ville n'avaient plus ni portes, ni fenêtres, ni
planchers ; les toits restés debout ne portaient plus de
tuiles ; les murs étaient percés, les édifices publics
tombaient en ruine. Dans les rues et dans les chemins,
on rencontrait à chaque pas des meubles, de vieux habits, des haillons; « toutes choses étoient difformes et
pleines d'ordure et de mauvaise odeur ; il y avoit peu
d'habitans : ceux qui étoient restés étoient estropiés,
pâles et maigres pour les coups qu'ils avoient reçus,
pour leurs misères et pour la faim. Ils avoient favorisé
le parti de l'ennemi et avoient manqué à ce qu'ils devoient à leur roi ; ils avoient souhaité la domination
espagnole, mais ils éprouvèrent combien elle leur étoit
funeste. »

En entrant dans Corbie, l'évêque de Chartres fit
chanter le *Te Deum* dans les églises, et Richelieu écrivait au roi le même jour en le priant d'ordonner de
semblables actions de grâces à Paris et dans tout le
royaume.

Le dimanche 16 novembre, un *Te Deum* était chanté dans l'église Saint-Vulfran d'Abbeville, des feux de
joie allumés sur la place du marché, et l'on tirait le
canon pour célébrer la reddition de Corbie, en confor-

mité d'une délibération prise la veille par l'échevinage de cette ville.

Trois jours plus tard, l'évêque d'Amiens faisait chanter un *Te Deum* à Notre-Dame. « Dans le chœur de la splendide basilique se pressait une noble assistance où figuraient, au premier rang, le cardinal de Richelieu, l'évêque de Chartres, le chancelier, l'intendant le Maistre de Bellejamme et le maître des requêtes d'Orgeval, qui occupaient, en robe de cérémonie, les chaires du côté droit faisant face au duc d'Angoulême, au duc de Chaulnes, à Phélippeaux et Suchet, secrétaires d'État. »

Si la joie fut grande dans Paris à la nouvelle de la reprise de Corbie, il en était tout autrement à la cour du cardinal-infant. Les soldats de l'armée française qui avaient servi d'escorte aux Espagnols rapportèrent en effet que les Flamands « avoient fait arrester tous les officiers pour leur faire leur procès, que tout le pays y étoit tellement soulevé contre leurs propres troupes qu'elles ne pouvoient plus rien avoir qu'en le prenant de force, et commettoient pour cela toutes sortes d'excès, de désordre et de violence comme dans un pays ennemi. »

Le comte de Soissons avait reçu l'ordre du roi de ne retirer les troupes des travaux de circonvallation qu'après la démolition de tous ces ouvrages. Aussi, dès le lendemain de la reddition, les soldats, s'armant du pic et de la pelle, abattaient les levées, remplissaient les fossés, démolissaient les forts et les redoutes. L'activité des travailleurs était si grande que le 20 novembre il ne restait presque plus traces de ces immenses travaux. Dans ces dernières années, on remarquait cependant encore auprès de Corbie, du côté de Bonnay, de faibles vestiges de ces ouvrages.

Dès le 10 novembre, on s'était occupé du gouverneur qui pourrait être placé dans Corbie. A cette date, des Noyers écrivait à Chavigny : « Qui S. M. veutelle que l'on mette dans Corbie ? Ce ne sera pas un bénéfice sans cure ; il y faut mettre un homme de grande action, de santé valide et de bonne bourse. On estimeroit que S. M. pourroit considérer M. Lambert, mais il sert bien à la campagne, est pauvre et pas jeune. Nantheul y seroit plus propre, estant jeune, agissant, intelligent et homme de moyens, et qui, ayant de l'ambition, les employera volontiers à acquérir de l'honneur. »

Le lendemain, Richelieu écrivait de son côté à Chavigny : « Après y avoir pensé et repensé, nous ne voyons point d'homme plus propre pour estre mis dans cette place que Nanteuil, parce qu'il est jeune, chaud, capable et riche, ce qui est du tout nécessaire. » Cette nomination fut tenue secrète jusqu'après la reddition de la ville.

Le comte de Soissons attachait une grande importance à mettre lui-même les troupes dans leurs garnisons ; mais cette prétention déplut au roi, qui lui fit cette réponse : « Cela n'est pas digne de vous. » Or, afin de ne point trop froisser ce général, Richelieu écrivait à Chavigny le 16 novembre en le priant de dire au roi que quand ce dernier verrait Soissons il lui dît :

« J'ay pensé qu'un des meilleurs hommes que je pou-
vois mettre dans Corbie estoit Nanteuil, à cause qu'il
est jeune, courageux et qu'il peut faire de la despense. »

Le cardinal quitta Amiens le 19 novembre pour se
rendre à Corbie, où il arriva le même jour. Il visita
l'extérieur de la place, ordonna quelques réparations
et différentes constructions, puis fit mettre dans la
place toutes les provisions et toutes les munitions de
guerre qui avaient été envoyées aux troupes que l'on
croyait devoir être retenues au blocus de la ville pendant une partie de l'hiver. Quant à l'artillerie qui y
avait été employée, Richelieu la fit retourner à Amiens,
de sorte que cette ville, outre sa citadelle, qui était
bien défendue, possédait près de quarante pièces de
canon et cent quarante milliers de poudre.

En quittant Corbie, le cardinal se rendit chez M. de
Gouffier, au château de Bouillancourt, où il se trouvait le 21 novembre. Il quitta la Picardie à petites
journées, et arriva au Plessis-Saint-Just le 22, puis à
Merlou. Il était à Presle le 23 et à Ruel le 24.

Après être resté quatre jours à Corbie, le comte de
Soissons se rendit à Paris le 18 novembre ; le duc
d'Orléans y arriva en poste le lendemain. Mais bientôt la peur prit à ces deux princes ; ils craignirent
d'être jetés en prison, parce que le cardinal avait fait
répandre le bruit que le roi voulait les faire arrêter,
pour les punir du dessein qu'ils avaient formé d'assassiner son premier ministre.

Le maréchal de la Force s'étant présenté le 21 novembre chez le comte de Soissons ne put le voir ; on lui répondit qu'il était parti trouver le roi à Versailles. La Force alla ensuite à l'hôtel de Guise, où était descendu le duc d'Orléans, afin de voir ce dernier ; mais il apprit que le prince n'y avait pas couché la nuit précédente, et qu'il ne rentrerait que vers le soir.

A midi, la nouvelle se répandit dans Paris que les deux princes s'étaient enfuis. Les serviteurs de Gaston d'Orléans furent aussitôt enfermés à la Bastille. Richelieu fut informé de cette double fuite le jour même ; il écrivit immédiatement à Chavigny : « Il estoit impossible de prévoir la résolution de Monsieur, après tant d'honneurs, tant de grâces et de bons traitemens receus du roy. Quant à M. le comte, il est maintenant aysé à juger qu'il méditoit quelque chose il y a longtemps. La façon avec laquelle il s'est gouverné au siège de Corbie, dont visiblement, sur la fin, il retardoit l'avancement, n'en est pas un petit argument. »

Le cardinal craignait qu'ils ne fussent partis en Guyenne ou qu'ils eussent quitté le royaume pour se réfugier soit en Angleterre soit en Piémont. Mais, le 23, il apprit qu'ils s'étaient séparés en quittant Paris, que Gaston d'Orléans avait pris la route de Blois et le comte celle de Sedan. Aussi le premier ministre engageait Chavigny à « accommoder cette affaire avec douceur. »

Dans une autre lettre qu'il envoyait le 24 au cardinal de la Valette, Richelieu marquait tout le contentement qu'il éprouvait en voyant la bonne tournure que prenait cette équipée, et il ajoutait en façon de

post-scriptum : « Je ne juge pas qu'elle change l'ordre des affaires et le repos de l'estat. »

Les désastres de la guerre et la punition qui avait
frappé les habitants de Corbie contribuèrent à la dé-
croissance de cette ville, presque déserte dix-huit mois
après sa reddition. Cette situation préoccupa vivement le roi, qui, pour contribuer au relèvement de
cette petite cité, « et convier plusieurs personnes à y
aller faire leur demeure », leur concéda par lettres du
11 mars 1638 « toutes les exemptions, franchises à eux
ci-devant accordées et desquelles ils jouissoient lors de
la prise d'icelle. »

Par arrêt du Conseil en date du 26 mars 1643, les
habitants de Corbie obtenaient de nouveaux privilèges, tels que franchise du marché hebdomadaire,
exemptions de droits, etc., privilèges confirmés par
Louis XIV au mois de juillet 1643. Le nouveau roi
accorda en outre aux habitants de Corbie, « l'établissement des manufactures de draps et serges, passe-
mens et toilles, sans payer autres droits que ceux qui
se payent à Amiens et Beauvais. » D'autres dispositions avantageuses leur furent aussi concédées, de
même que la promesse leur était faite d'ériger la ville
en chef-lieu d'élection « quand Dieu aura donné la
paix à son peuple. »

Au mois d'août de la même année, Louis XIV con-
firmait les avantages qu'il avait octroyés aux Corbiois
par ses lettres du mois précédent.

Enfin, à la suite d'une requête présentée par les
habitants, intervint un arrêt du Parlement en date du

13 octobre 1649 par lequel ils furent exemptés pendant
« six ans de toute taille, taillon, solde du prévôt des
maréchaux, etc. » Le Parlement les autorisa à continuer la perception, précédemment accordée au profit
de la ville, des droits sur les vins, la bière, le gros
bois, les fagots, etc. (1).

(1) V. Augustin Thierry. *Recueil des monuments inédits* .. T. III,
pp. 617 et suiv.

CHAPITRE VI.

Misères des villes et des campagnes. — L'année de Corbie. — Procès et condamnation des gouverneurs de la Capelle, du Catelet et de Corbie. — Exécutions capitales. — Accusations portées contre les religieux de Corbie. — Conspiration contre la vie de Richelieu.

Comme à chaque invasion de la France, ce furent les provinces du Nord qui eurent seules à souffrir de l'entrée des ennemis dans le royaume. Cette guerre de dévastation rappelle par ses horribles excès l'envahissement du flot destructeur des peuples barbares dans l'empire romain du IV⁰ au VII⁰ siècle.

La guerre franco-allemande est encore trop près de nous pour que l'on ait pu oublier les procédés employés par les vainqueurs dans le but de produire la ruine de notre pays. Trois moyens étaient largement pratiqués : pillages, dévastations, incendies. Mais, quoi qu'il doive nous en coûter pour l'avouer, les Germains de 1870 étaient bien dégénérés : leurs ancêtres de 1636 s'entendaient mieux qu'eux à ruiner un pays ennemi.

A la suite d'une aussi longue invasion, la famine ne pouvait manquer de se produire ; elle fut suivie d'un troisième fléau, la peste noire. Suivant le P. Daire, cette épidémie se serait d'abord déclarée à la campagne, où le peuple, n'ayant pas de pain, mangeait des fruits à peine mûrs. Mais ce fléau fit surtout des ravages effrayants dans les villes. A Amiens, dit Pagès, « outre une grande quantité de maisons de particuliers qui en furent attaqués, plusieurs communautés régulières en sentirent les funestes atteintes. » La peste se déclarait le 14 août 1636 dans le couvent des Augustins, le 3 septembre dans celui des Capucins, le 22 dans celui des Minimes et dans celui des Clarisses, le 9 octobre dans celui des Jésuites. Les Célestins, les Carmélites et les pères de l'Oratoire n'en furent point exempts.

La moyenne des victimes était à Amiens de cinquante par jour ; dans une semaine du mois de décembre 1636, il y eut même quatorze cents décès.

Pour faire cesser les ravages occasionnés par ce fléau, « l'échevinage fit vœu d'offrir à N.-D. de Liesse une image de la Vierge, en argent, qui, par suite du péril des chemins, ne fut transmise à sa destination que vers l'année 1659 ; mais l'intendant, esprit positif, obtint très difficilement de l'échevinage des mesures d'hygiène et de salubrité pour assainir les quartiers infectés. Il dut rendre lui-même une ordonnance à ce sujet. » (*De Boyer de Sainte-Suzanne*).

Le 29 octobre, Richelieu écrivait à Chavigny : « La peste n'est icy et ailleurs qu'à cause du peu de soin qu'on a de jetter les ordures au loing. Les moindres sont importunes, et, quand on en laisse trop amasser, il est difficile par après de s'en délivrer sans que l'air se corrompe en les remuant. »

Aussitôt après la déclaration de guerre, bon nombre de paysans des frontières d'Artois se réfugièrent à Ab-

15

beville, en même temps que tous les religieux et les religieuses dont les monastères étaient à la campagne. Ce n'étaient dans les rues que charrettes et chevaux chargés de bagages; il en était ainsi du reste dans toutes les villes fortifiées de la Picardie. La peste ne tarda point à se déclarer au milieu de cet amoncellement. Près de six mille personnes furent enlevées à Abbeville dans un espace de dix-sept mois; la plupart des habitants quittaient la ville pour aller s'abriter ' sous des tentes établies en dehors des fortifications, près de la porte du Bois, ou bien encore au milieu des champs.

On lisait dans un manuscrit servant de cérémonial aux Chartreux d'Abbeville : « Aujourd'huy 2 aoust (1636), moy, dom Jean-François Descaules, sacristain, assisté de dom François, sous-sacristain, ay exposé le chef de saint Honoré sur le maître-autel de notre chœur pendant matines, et tost après l'ay porté en la chapelle des Templiers pour estre révéré des fidèles et femmes dévotes afin d'implorer le Ciel pour faire cesser son fléau de peste, ayant perdu en mon particulier mon grand, ma grande, mon père, ma mère, trois frères et deux sœurs depuis le 22 juillet de cette présente année. »

A Montdidier, le fléau ne causa pas moins de ravages; il produisit un effroi plus grand que celui qu'avait occasionné l'arrivée des ennemis auprès de la ville. En effet, de nombreux habitants s'enfuirent qui étaient restés pour défendre courageusement leur cité contre les hordes de Jean de Werth. L'échevinage eut recours à des mesures répressives pour faire rentrer ceux qui s'étaient enfuis, aussi bien que pour prévenir de nouvelles désertions ; une amende de cent livres frapperait à l'avenir les habitants qui abandonneraient la ville.

La peste apparut à Montdidier avec les Espagnols ; elle sévit surtout pendant les mois de septembre, d'octobre et de novembre. Lorsque les médecins constataient les symptômes de cette épidémie sur les habitants, ils en avertissaient les officiers municipaux, qui faisaient aussitôt transporter les malades dans un local en dehors de la ville. De nombreuses mesures sanitaires, prises par la municipalité, avaient tout simplement pour résultat, selon M. de Beauvillé, de développer la contagion.

Les clefs de la ville étaient déposées chaque soir entre les mains du gouverneur et du plus ancien maïeur; or, celui-ci s'étant enfui, l'échevinage, par délibération du 18 octobre, confia le dépôt des clefs au lieutenant du roi et au dernier maïeur en charge. Quand l'ancien maïeur rentra, il n'eut point honte de demander à ce qu'elles lui fussent remises comme par le passé; sa demande, loin d'être prise en considération, fut rejetée avec indignation.

Si Péronne évita d'être assiégée, elle ne fut point exempte des ravages qu'y occasionna la peste. Le fléau « attaqua surtout le faubourg St-Pierre de Sobotécluse ; et c'est dans cette circonstance que s'éteignit la famille de Marie Fourré, et, avec elle, le privilège dont avait été récompensé son courage. » (*M. P. de Cagny.*)

A Doullens, la contagion fit de nombreuses victimes. On lit dans le *Mémorial* d'un bourgeois de cette ville, sous l'année 1636 : « En ceste année, Dieu nous affligea d'une grande calamité.La maladie contagieuse quy survint étoit telle que Nicolas Marchant, receveur de ceste ville, fut obligé de remonstrer au procureur du roy de l'eslection de Doullens, qu'à cause de la grande mortalité quy ruinoit toutes les maisons, il couroit risque de perdre ses meubles et ses pappiers, n'estant asseuré de sa vye, quy étoit en péril de jour en jour ; pourquoy les officiers royaulx qui souloient demeurer en ceste ville s'en estoient retirez et allé demeurer en lieu de seuretté, pour éviter la mort ; n'estant resté audit Doullens que nous d'officier royal. En conséquence, lédit Marchant demanda au sieur Procureur du roy voulloir permettre qu'il présentât et rendît son compte par devant les sieurs maire et eschevins de laditte ville, ce quy luy fut accordé, attendu la malice du temps. » (*La Picardie*, 1866, p. 443).

A Roye, malgré les mesures sanitaires que prit l'échevinage, la peste y causa de grands ravages. Pendant les mois d'octobre et de novembre, il y eut jusqu'à onze enterrements par jour dans la seule paroisse de Saint-Pierre. Cette épidémie, qui frappait surtout les enfants et les adultes, enleva cinq cent douze personnes tant dans la ville que dans les faubourgs ; le faubourg Saint-Georges compta cinquante victimes. Les Espagnols établirent des tentes de pestiférés au haut du faubourg Saint-Médard ; un certain nombre des leurs moururent de la peste.

Si les habitants des villes furent cruellement éprouvés par ce terrible fléau, les habitants des campagnes
n'en furent point à l'abri ; ils subirent, de plus que les
premiers, les horreurs du pillage et de la dévastation,
avec toutes les conséquences d'une occupation ennemie.

Le bourgeois Pagès, traduisant et complétant un
passage de l'ouvrage d'Antoine Deville, dit en parlant
des ennemis : « Ils firent, dans leurs courses, par le fer
et par le feu, tout ce qu'ils purent s'imaginer de plus
cruel, de plus inhumain et de plus barbare. Ils coururent comme des furieux dans la Picardie, ruinant tout
ce qu'ils rencontroient, réduisant en cendres villages,
hameaux, mestairies, maisons, démolissant les édifices
jusques aux fondements, et ne se contentant pas de
tuer les hommes, ils croyoient n'avoir pas assouvi leur
rage, s'ils ne les eussent déchirés et mis en pièces, par
une infinité de coups et de nouveaux genres de tour-
ments, sans avoir égard à l'âge, au sexe, ni à aucune
sorte de condition, violant les femmes et les filles, bri-
sant les corps tendres des petits enfants, dont ils bat-
toient les murailles, arrachant les religieuses des cloîtres, les violant et les tuant, et massacrant ensuite, ne
pardonnant ny aux églises, ny aux autres lieux sacrés,
qu'ils brûloient, ruinoient et saccageoient, bruslant
enfin tout ce qu'ils ne pouvoient pas détruire, parce
qu'il n'y avoit pas alors en Picardie de forces suffisan-
tes pour leur résister. »

Il est resté de nombreux témoignages de l'épouvan-
table misère à laquelle ont été réduits les habitants de

la Picardie. Les sources les plus fécondes à cet égard
sont les anciennes archives du bailliage d'Amiens.
Elles contiennent les procès-verbaux d'informations
dressés à la requête des députés du clergé du diocèse,
à celle de l'évêque d'Amiens, de l'abbé de Clairfay et
d'autres personnes. Quelques-uns de ces procès-verbaux ont déjà été publiés par M. Bouthors, dans son
travail sur les cryptes de Picardie ; nous y ferons de
larges emprunts, mais nous nous servirons aussi de
divers documents inédits que nous avons entre les
mains ou que nous avons compulsés dans différents
dépôts.

Pendant que la division du comte de Frezin, can-
tonnée à Auxi-le-Château, livrait tout à feu et à sang
dans les environs d'Abbeville, celle des comtes de
Bucquoy et de Balançon, établie à Authie et à Hébuterne, commettait les mêmes désordres entre Doullens
et Acheux aux mois d'août et de septembre 1635.
Parmi les villages dévastés, citons : Vauchelles, Ar-
quèves, Authie, Bus, Marieux, la Vicogne, Thièvres,
Louvencourt, Varennes, Harponville, Beauquesne,
Courcelles-au-Bois, Lucheux, Bonneville, Gueschart,
le Candas, Bernaville, Mirvaux, Outrebois, etc., les
fermes du Rosel, de Val de Maison, de Valheureux,
de Valvion, de Septenville, etc.

Le 10 septembre, les ennemis étaient signalés aux
environs de Beauquesne. Aussitôt un certain nombre
d'habitants de ce bourg prenaient la fuite pour se réfugier à Amiens. Le lendemain, les Croates arrivaient
en effet à Beauquesne, où ils tuèrent les habitants,

hommes, femmes, vieillards, enfants ; puis ils mirent
le feu au bourg, et quatre-vingt-dix maisons parmi les
plus importantes furent brûlées. Le curé s'enfuit à
Amiens ; un certain nombre d'habitants d'entre les
plus riches furent pris comme otages et emmenés en
Artois avec leurs chevaux et leurs bestiaux.

A Courcelles-au-Bois, où les ennemis s'étaient pré-
sentés à la fin du mois d'août, quelques habitants,
notamment le curé, s'échappèrent pour se soustraire
à leurs mauvais traitements, mais deux ou trois d'entre
eux furent pris comme otages.

A Bus, un laboureur se vit enlever cinq mille gerbes
de blé, deux mille gerbes d'avoine et le reste de ses
grains et de ses fourrages. L'église de ce village fut
incendiée, et la perte évaluée à quatre mille livres.

Quand ils n'étaient pas mis à mort, les paysans
étaient maltraités avec la dernière brutalité, les femmes et les filles violées, les maisons dévalisées, les
granges vidées, puis incendiées, les chevaux et les bestiaux enlevés. Sans asile et réduits à la dernière extrémité, ils se réfugiaient dans les villes, lorsqu'ils
pouvaient y arriver, car la plupart périssaient en chemin quand les ennemis les rencontraient. Les otages
étaient soumis aux plus cruels traitements et n'obtenaient leur mise en liberté qu'après avoir payé de
fortes rançons. Un laboureur de Maison-Roland était
taxé à neuf cents livres. Les curés et les ecclésiastiques
n'étaient pas plus épargnés que les autres.

De Moreuil, on voyait presque chaque jour des incendies allumés dans les villages situés sur le plateau

dominant la rive droite de la Luce, petite rivière prenant autrefois sa source à Caix et se jetant dans l'Avre
auprès de Thésy.

Presque tous les villages situés entre la rive droite
de la Somme et la frontière de l'Artois avaient été
brûlés et abandonnés au début de l'invasion. Cette
plaine fertile, offrant au mois de juillet 1635 la plus
belle apparence de moisson, ne présentait plus, deux
mois après, qu'un champ de dévastation et de carnage;
ce n'étaient que ruines fumantes et débris de toutes
sortes. La plus grande partie des récoltes était restée
sur le sol, où elle avait été piétinée par la nombreuse
cavalerie de Jean de Werth.

Les laboureurs de Maison-Roland, croyant se soustraire aux mauvais traitements et à la violence des
Croates, creusèrent à grands frais des carrières sous
leur village; mais le remède était pire que le mal.
Ces malheureux y périrent en grand nombre, ainsi
que les chevaux qu'ils y avaient fait entrer. Le
manque de vivres et le défaut d'air causèrent la mort
du plus grand nombre des gens et des animaux.

Quelques cultivateurs de Beauquesne n'ayant point
voulu quitter leur village, essayèrent de labourer leurs
champs et de les ensemencer à l'automne, mais ils furent surpris par les ennemis, qui les enlevèrent comme
otages ou les tuèrent après s'être emparés de leurs
chevaux. Des fermes importantes, situées dans les environs de ce village, où on labourait à douze charrues,
avaient été ruinées puis abandonnées.

Le curé de Gapennes, Charles Cacheleu, était tué au

bout des haies de son village, au mois de janvier 1636 ;
celui du Mesnil, près de Maison-Roland, fut enlevé
par les Croates, qui le taxèrent à une forte rançon ;
comme il ne pouvait la payer, ils le maltraitèrent tellement, malgré ses soixante-dix-sept ans, qu'il mourut
peu de jours après.

L'incendie de Noyelles-en-Chauseéé, d'Yvrench, de
Gueschart, de Berneuil et autres villages aux alentours de Maison-Roland, causa un tel effroi aux habitants des environs de Saint-Riquier, que plusieurs en
moururent et les autres se réfugièrent dans les bois,
notamment le fermier de la Motte, qui se retira dans
la forêt de Crécy. Quelques habitants des frontières
de l'Artois allèrent se réfugier jusqu'à Gollencourt et
à Dommartin.

Exposés pendant un an à ces horribles dévastations, les villages situés au nord de la Somme n'offraient plus au mois d'août 1636 que l'image d'un véritable désert. Les ennemis souffrirent bientôt de la
solitude qu'ils avaient créée autour d'eux. Les vivres
leur manquaient en Artois et leurs fourrageurs ne trouvaient plus rien à butiner ; ils ne pouvaient se tirer de
ce mauvais pas qu'en étendant le champ de leurs
courses et de leurs dévastations ; c'est ce qu'ils firent.

L'année 1635 avait vu la destruction d'une grande
partie des villages du Ponthieu. L'année 1636 allait
voir les ennemis ravager le Santerre et l'Amiénois
avec d'épouvantables raffinements de cruauté. C'est
l'année aux douloureuses épreuves, que les contempo-
rains affolés ont appelée *l'année de Corbie*. Ce seul

mot, ratifié par l'histoire, résumait dans l'esprit des rares survivants le plus pénible et le plus cruel souvenir.

Après qu'ils eurent traversé la Somme à Cerisy, les Hispano-Impériaux se répandirent comme un flot dévastateur dans la riche plaine du Santerre, portant avec eux le fer et la flamme ; ils s'avancèrent jusqu'aux portes de Beauvais. Tout le pays situé entre Aumale, Poix, Conty, Clermont, Noyon, Saint-Quentin, Ham et Péronne vit passer cet ouragan humain, qui ne laissait derrière lui, comme les hordes d'Attila, que ruines ensanglantées.

S'il était possible aujourd'hui de reconstituer la liste des villages incendiés pendant cette année funeste, l'on serait effrayé du résultat. Bornons-nous à citer ceux d'entre eux qui ont eu le plus à souffrir et dont il n'a point été parlé précédemment. Marcelcave, la Motte-en-Santerre, Wiencourt et l'Équipée, Cayeux-en-Santerre, Caix, Ignaucourt, Aubercourt, Démuin, Mézières-en-Santerre, etc., furent brûlés en partie ; Happeglenne et Saint-Marc-en-Chaussée furent entièrement détruits et n'ont jamais été relevés depuis ; il n'y a plus aujourd'hui qu'une maison dans le premier de ces deux villages, et, l'unique habitation de Saint-Marc, aura bientôt disparu sans qu'il en reste aucune trace.

Le bourg de Moreuil et son église abbatiale, qui servait en même temps d'église paroissiale, devinrent la proie des flammes, ainsi que les villages environnant ce bourg. Le procureur d'office de Moreuil fut tué au moment où il capitulait. Les ennemis livrèrent également à l'incendie la Faloise, Sourdon et autres pays des alentours.

Quoique au service de Sa Majesté très catholique, les soldats espagnols ne respectaient pas plus les églises qu'ils n'avaient d'égards pour les ecclésiastiques. Ils enlevaient les ornements sacerdotaux, les cloches, les calices, les ciboires et autres objets du culte ayant quelque prix ; quant aux objets d'église de moindre valeur, ils étaient brisés. « Les églises, dit Deville, ne sont pas à l'abri de leurs fureurs ; ils pillent les autels, ils portent leurs mains teintes de sang sur les vases sacrés, emportent les ornements, ouvrent les châsses, jettent les saintes reliques ; ils égorgent sur l'autel les ministres occupés au sacrifice ; enfin leur barbarie n'épargne ni le sacré ni le profane. »

Ce passage se rapporte bien à la déposition faite à l'enquête par un bourgeois d'Amiens : « Les gens de guerre avoient commis tant de crimes et sacrilèges, tué, pillé, violé, bruslé et exercé tant de cruaultez, dit-il, qu'ils n'avoient pas mesme espargné les églises, emporté les cloches, ornemens, vaisseaux sacrez, saint ciboire et les fonts baptismaux, de sorte que, tant les ecclésiastiques que personnes laïques, ayant été forcez de quitter et habandonner les champs pour n'y trouver plus de couvert, la pluspart sont mortz de doulleurs de se veoir réduitz dans l'extresme nécessité, ayans perdu chevaux, charrues, biens et maisons, et voyans touttes leurs terres en friche, leurs bois dégradez. »

Les ennemis tuèrent quatorze habitants à Mailly-

Raineval, et, dans quatre villages de la châtellenie de ce lieu, il mourut « jusques à six cents personnes de misère et pour avoir esté contrainctz d'habiter les bois. »

On se rappelle qu'après le passage de la Somme par les ennemis, l'armée du comte de Soissons battit en retraite sur Noyon puis sur Compiègne. Les Espagnols voulurent essayer d'inquiéter cette retraite, et suivirent l'armée française jusqu'aux faubourgs de Noyon.

Une épouvante générale précédait toujours l'arrivée des ennemis dans les villages qu'ils devaient traverser pour suivre les troupes françaises, car ils mettaient « à feu et à sang tout ce qui s'est rencontré et opposé à eux. » Les plus riches laboureurs n'attentendaient point leur présence pour s'enfuir avec leurs femmes, leurs enfants, leurs chevaux, leurs bestiaux et leurs meubles. Ils se retiraient avec le gros de l'armée française, et un témoin oculaire évalue à plus de six mille le nombre des paysans qui suivirent les soldats du comte de Soissons. Ils s'arrêtèrent dans les environs de Verberie et de Crespy-en-Valois et s'y croyaient en sûreté, mais leur espoir devait être, hélas! de courte durée.

L'armée française, manquant de vivres, s'empara des bestiaux appartenant à ceux qui s'étaient mis sous leur protection, et la cavalerie prit leurs meilleurs chevaux, « en sorte que lesdits païsans auroient esté privez de ce qu'ils espéroient mesnager et sauver de la rigueur des ennemis. »

Ceux des paysans picards qui n'avaient point suivi
l'armée française lors de sa retraite sur Noyon n'en
avaient pas moins quitté leur pays pour se réfugier
dans d'autres provinces, soit en Normandie, soit dans
l'Ile-de-France ou ailleurs. D'autres cherchèrent un
abri en s'enfermant dans Amiens ; le nombre en était
si considérable dans cette ville que les maisons des
bourgeois se trouvaient insuffisantes pour leur donner
l'hospitalité de nuit. Les cours, les jardins, les principales rues, les portails des églises, les cloîtres des ci-
metières et ceux des monastères « estoient, de l'aveu
d'un témoin oculaire, tous remplys de personnes cou-
chans sur le pavé, sans aultre couverture que le ciel,
réduitz à tant de misère et pauvreté que le dit Castelet
a veu plusieurs fois transporter les corps mortz qui se
trouvoient estendus. »

On apprend encore, d'après le même témoin, Vincent Castelet, conseiller du roi, ancien échevin
d'Amiens, que chaque jour la Somme charriait
des cadavres n'ayant eu d'autre sépulture que le
lit de la rivière, parce que les rares habitants qui
se trouvaient dans les bois ne pouvaient enterrer
ceux qui mouraient et dont ils ne voulaient point être
incommodés.

Pagès rapporte avoir lu dans un manuscrit que, pendant le séjour de Richelieu à Amiens, on fit « aco-
moder la maladrerie de la Magdeleine pour y retirer
une partie des pauvres, qui tous les jours mouroient
de nécessité et de misère dans les rues de cette ville,
où la peste continuoit de faire d'étranges ravages. »

La campagne offrait l'image de la plus grande désolation. Les paysans n'osaient quitter leur retraite pour
retourner dans leur village ; ils n'ignoraient pas le sort
qui les y attendait : une mort inévitable, car les ennemis battaient constamment le pays. Au surplus, à
quoi bon retourner chez eux ? Leurs maisons avaient
été rasées, leurs villages n'existaient plus ; quelques
rares cheminées restées debout servaient de poteaux
indicateurs ; là, pouvait-on se dire, s'élevait hier un
village.

Il était toujours très dangereux de s'aventurer dans
la campagne : les ennemis mettaient « à sang touttes
les personnes qu'ils rencontroient. »

Des paysans, s'étant réfugiés à Amiens, voulurent
retourner dans leurs villages pour en savoir des nouvelles, mais ils ne purent arriver jusque chez eux ;
ils furent impitoyablement mis à mort par des bandes
de soldats ennemis, rôdant jusqu'à une demi-lieue
d'Amiens. Les cadavres de ces malheureux restèrent
« sur terre trois à quatre jours, pour le péril qu'il y
avoit d'aller leur donner la sépulture. »

Lorsqu'il y eut possibilité de sortir des villes, on put
constater avec horreur que d'Amiens à Ham, à Beauvais, à Saint-Quentin, c'est-à-dire dans toute la Haute-
Picardie, la terre était jonchée de cadavres, d'osse-
ments humains et de carcasses d'animaux. Les chiens
s'étaient réfugiés dans les bois, et, la faim comme la
solitude, « les avait rendus féroces à tel point qu'ils
se jetaient sur les passants qui n'avaient pas d'armes
pour se défendre. »

On lit dans les *Mémoires* de Nicolas Goulas : « Les
ennemis avoient tant fait de désordre partout, bruslé
les maisons, assommé les paysans et leurs bestiaux,
gasté les puits, laissé de leurs morts et de leurs malades, que l'air en étoit extrêmement infecté, si bien que
les maladies contagieuses se mirent incontinent dans
l'armée ; la noblesse volontaire, voyant cela, demanda
congé ; les nouveaux soldats désertèrent, et le Roy,
craignant que les troupes ne s'affaiblissent trop et que
les ennemis ne fissent un effort pour jeter des vivres
et des rafraischissements dans la place, jugea à propos
de faire garder les ponts et les passages de la rivière,
avec d'étroites défenses de laisser passer qui que ce
fust sans passeport. »

Au mois de février et même au mois d'avril 1637, la
terre n'avait pas encore pu être labourée. Sur un
rayon de plus de vingt lieues, les grains de l'année
précédente étaient restés attachés au sol ou sciés en
javelles ; ils avaient germé puis s'étaient pourris au
milieu des champs.

Les paysans qui avaient survécu à tant de désastres
étaient accourus dans leurs villages aussitôt que les ennemis s'éloignèrent de ce champ de carnage. Mais, sans
ressources d'aucune sorte, sans habitations, sans chevaux, sans bestiaux, sans instruments de culture, sans
grains pour la semence, que pouvaient-ils faire?
Mourir... Aussi les décès prirent des proportions
effrayantes.

D'après une déposition en date du 12 juillet 1638
faite par le fermier de Renoval, on apprend qu'il n'a-

vait pu labourer ses terres depuis l'invasion de la
Picardie. Il déclarait en outre « que ceux du village de
Bertangle, voisins de la ferme de Renoval, ni le fermier mesme des terres du domaine de Bertangle n'ont
labouré ni dépouillé aucunes choses deppuis deux ans ;
comme aussy est vray que le fermier du fief de Monchy,
appartenant à monseigneur le duc de Chaulnes, n'a
labouré les terres dudit fief en l'année 1636, et a seullement commencé à labourer quelque petit nombre de
terres, pour ensemencer au mois d'aoust prochain ; et
pour l'y obliger, on lui auroit promis du blé pour semer
et de l'avoine pour ses chevaux. »

Un docteur en médecine d'Amiens ayant été appelé
à Moreuil, à Mézières, à Saint-Marc-en-Chaussée et
dans quelques autres localités du Santerre pour soi-
gner plusieurs gentilshommes malades, constatait qu'il
ne restait que « fort peu de gens » dans quelques villages, « et voire en aucuns villages, pas du tout, ce quy
a duré assez longtems. »

Les curés avaient quitté leurs églises, et, au mois
d'avril 1637, ils n'osaient point encore retourner dans
leurs paroisses. La frayeur était encore plus grande
pour ceux qui avaient habité la rive droite de la
Somme. Le curé de Marcelcave disait dans sa déposition du mois d'août 1637 que « la plus part des laboureurs et habitants sont morts de pauvreté et maladie,
et en est resté à peine un quart » dans sa paroisse.

L'une des parties de la Picardie qui paraît avoir hor-
riblement souffert de cette invasion est le Santerre.
Mais, il faut bien l'avouer, les soldats français achevè-

rent très souvent de détruire ce que les ennemis avaient
épargné, de même qu'ils s'emparèrent de ce que ceux-
ci avaient laissé.

Il est aisé de comprendre que, surtout lors du siège
de Corbie, les soldats de l'armée de Louis XIII se
trouvant au milieu d'un pays presque entièrement
ruiné prenaient de force ce que les paysans ne voulaient point leur accorder de bonne volonté; en outre,
les nombreux échecs qu'ils avaient essuyés, les privations de toutes sortes qu'ils subissaient ne contri-
buaient pas peu à augmenter leur mauvaise humeur.

Pagès rapporte que, pendant le siège de Corbie, des
soldats suédois, au service de la France, ayant leurs quartiers aux environs de cette ville, « tuoient, violoient,
pilloient, brûloient, sans épargner les lieux saints, les
églises et les ecclésiastiques. Ils achevèrent de ruiner
le village de Vignacourt. Les curés de Bertaucourt et
de Saint-Vast furent dépouillés par ces trouppes pendant le tems qu'ils officioient, et qu'ils enterroient les
morts. Le curé du village de Saint-Sauveur vit piller
son église, forcer sa maison et enlever le manteau qu'il
avoit sur ses épaules, s'étant sauvé lui-même avec
peine. »

Les malheureux paysans redoutaient autant les soldats qui devaient les protéger que les plus forcenés des
Croates ou des Espagnols.

Durant cette terrible invasion, il mourut tant de
prêtres et d'ecclésiastiques « de douleur et pauvreté,
que le nombre en est infiny. » Aussi la plupart des
bénéfices se trouvant vacants, l'évêque d'Amiens per-

16

mit à un seul prêtre de desservir plusieurs cures pour
y assister le peu de personnes y restant »; on fut aussi
obligé « d'avoir recours aux relligieux, lesquelz sont
dispersez en plusieurs villages, pour assister, consoller
et administrer les sacremens à ceulx qui sont restez
et retournez esdits lieux. »

Comme on vient de le voir par le sombre tableau
que nous venons d'esquisser à grands traits, la guerre
de Trente ans a été pour la Picardie une ère d'horribles souffrances dont les traces ont disparu entièrement des mémoires Nos histoires locales sont à peu
près muettes sur les ruines et les misères de notre
province en ces temps si troublés.

Les soldats conduits par Jean de Werth commirent
tant de forfaits que le peuple en rendit ce chef militaire responsable. C'est avec cette chanson ou com-
plainte du temps qu'on berçait les petits enfants
méchants et criards :

> Petits enfants, qui pleurera?
> Voilà Jean de Vert qui s'avance !
> Aucun marmot ne bougera,
> Ou Jean de Vert le mangera.
>
> Jean de Vert était un soudard
> De fière et riche famille;
> Jean de Vert était un trichard,
> Moitié prince et moitié bâtard.
> Petits enfants, qui pleurera? etc.
>
> Jean de Vert était un brutal
> Qui fit pleurer le roi de France.
> Jean de Vert étant général
> A fait trembler le cardinal.
> Petits enfants, qui pleurera? etc.

Après la capitulation de la Capelle et celle du Catelet, on accusa hautement Richelieu d'avoir laissé les
places frontières dans un mauvais état. Le Vassor nous
semble avoir raison lorsqu'il dit que le cardinal, pour
couvrir sa négligence, fit entendre à Louis XIII qu'il
devait faire juger les gouverneurs de ces deux villes.
Aussi quand ces derniers apprirent que leur procès devait
être fait, ils s'enfuirent, grâce à la complicité de leurs
amis, ou peut-être même à celle du premier ministre,
qui aurait facilité secrètement leur évasion, dans le but
de les faire juger par contumace, « de peur qu'en les
mettant dans la nécessité de parler à leurs juges, et de
se justifier, ils ne montrassent que la perte de leurs
places lui devoit être uniquement imputée. Richelieu
et ses créatures faisoient grand bruit à la cour... Le
cardinal et ses gens étoient d'autant plus animez que
les soldats des deux garnisons de la Capelle et du Catelet, mécontens de ce qu'ils n'avoient rien reçu de
leur solde depuis longtemps, dirent sans façon, au
rapport du savant Grotius, qu'ils ne vouloient pas
donner leur vie pour soutenir une querelle où le roi
n'avoit aucune part, et qu'il étoit seulement question
de maintenir la fortune du premier ministre. » (*Michel
le Vassor*).

Fontenay-Mareuil disculpe le gouverneur de la Capelle qui dut se rendre, dit-il, parce que ses soldats et
même ses officiers éprouvèrent une telle frayeur qu'ils
allèrent le trouver pour le forcer de capituler; il voulut
résister, mais ses efforts furent inutiles. « Sa seule
faute fut d'avoir signé la capitulation, n'ayant pas

considéré, comme jeune et inexpérimenté qu'il estoit, qu'en ne la signant point il faisoit voir qu'il n'y avoit point consenty, et se mettoit à couvert de toutes choses, et qu'en le faisant il sembloit, quoyqu'il ne fust pas vray, qu'il eust participé à la lascheté des autres. »

Quelques jours après la reddition du Catelet, le roi, en sortant du Conseil, dit à Saint-Simon, son premier écuyer, qu'il avait résolu de faire arrêter Saint-Léger. Aussitôt Saint-Simon, neveu de ce dernier, dépêcha un courrier à son oncle pour l'informer de la mesure qui allait être prise à son égard ; il en était temps, car le courrier envoyé par ordre du roi pour se saisir de Saint-Léger arriva à Ham le 28 juillet, deux heures après le courrier de Saint-Simon, ainsi qu'on en eut plus tard la certitude par une information qui fut faite à cette occasion. Le roi soupçonna aussitôt son premier écuyer d'avoir fait prévenir Saint-Léger, aussi voulut-il le faire juger en même temps que celui-ci, mais Richelieu l'en détourna. Saint-Simon fut envoyé à Blaye, dont il était gouverneur, ce qui équivalait à une disgrâce.

Un procès s'instruisit contre le baron du Bec et contre Saint-Léger. Des Noyers écrivait à le Maistre de Bellejamme et à Choisy, nommés commissaires : « N'épargnez ni gouverneurs, ni lieutenants, ni capitaines, ni officiers, ni soldats. »

Le baron du Bec fut condamné à mort, tous ses biens confisqués, ses bois et ses maisons rasés, mais il parvint ensuite à se justifier du crime dont on l'avait

accusé et fut envoyé en Allemagne, où il servit sous le
maréchal de Guébriant, son beau-frère. Quant au gouverneur du Catelet, il fut condamné à être écartelé,
peine qui n'était infligée qu'aux criminels de lèse-
majesté au premier chef.

Le samedi 16 août, le comte de Soyécourt arrivait à
Amiens vers quatre heures de l'après-midi ; il s'y
croyait peut-être en sûreté, quand l'ordre arriva dans
cette ville quelques jours plus tard de le faire arrêter
au nom du roi.

Un nommé Gobelin avait été chargé par Louis XIII
d'informer contre Soyécourt ; les amis de celui-ci
le firent évader et répandirent le bruit qu'il se rendait
à Calais. Le 19, il passait à Abbeville, et le lendemain « les messagers qui étoient envoyez exprès
pour l'appréhender au corps arrivèrent à Abbeville
mais trop tard, car il en étoit parti secrètement et
subtilement. »

Le mécompte qu'éprouva Richelieu après avoir chaudement loué Soyécourt, fait remarquer M. Avenel,
contribua à l'irriter davantage contre cet officier. Le
lendemain de la reddition de Corbie, le cardinal écrivait de Paris, à onze heures du soir, à Louis XIII pour
le prier d'envoyer l'ordre de faire arrêter Soyécourt,
Mailly et autres officiers accusés de trahison. Le 19
août, il écrivait aussi à Chavigny pour lui donner de
nouvelles instructions relativement à l'arrestation de
Soyécourt, qui comptait sur sa parenté avec la duchesse de Chaulnes « pour en obtenir protection. » Le
lendemain, il écrivait au même : « M. de Chaulnes a

laissé évader Saucourt, nonobstant l'advis que Saint-Preuil luy avoit donné de l'arrester. Sans rigueur l'on perdra l'Estat. »

Le 21 août, Richelieu se plaignait au roi de la faiblesse qu'avait montrée le duc de Chaulnes en ne voulant point faire arrêter Soyécourt. Cinq jours plus tard, Louis XIII, écrivant à M. de Matignon, lui disait : « La lascheté et le crime de Saucourt sont assez cogneus à tout le monde par l'infâme reddition qu'il a faicte de ma ville de Corbie... Il doit se retirer en Angleterre... Prenez soigneusement garde à la coste dans l'étendue de voître gouvernement, afin de l'arrester s'il se présente... Vous ne manquerés d'exécuter le commandement très exprès que je vous faicts, qui est un des plus grands services que vous me puissiés rendre et à mon Estat dans les occasions présentes. »

Le comte de Soyécourt était effectivement passé en Angleterre; son procès ne tarda pas à être instruit. Par suite d'une erreur que nous ne nous expliquons point, Pagès rapporte que le 20 septembre « on publia à Amiens l'arrêt du Conseil de guerre donné contre le comte de Soyécourt. » Il est avéré que Louis XIII présida à Amiens le 25 octobre le Conseil qui condamna Soyécourt par contumace.

Les membres composant ce Conseil, qui fut tenu à l'hôtel du duc de Chaulnes, étaient : Richelieu, le chancelier, le duc d'Angoulême, le duc de Chaulnes, Châtillon, la Meilleraye, Jean de Rambures, de Mouy, lieutenant du gouverneur de Normandie, Boutelier, surintendant des finances, et les secrétaires d'État

Chavigny, de la Vrillière et Sublet des Noyers.

L'intendant de Picardie, appelé au sein du Conseil pour donner lecture de son rapport, rendit compte de ce qui s'était passé au siège de Corbie. Il fit connaître : « 1° l'état de la place au point de vue des fortifications et des munitions qu'elle renfermait lorsqu'elle avait été rendue à l'ennemi ; 2° les fautes et les négligences commises par Soyécourt à l'occasion de la défense ; 3° les ordres donnés par le roi de tenir ferme, ordres transmis à deux reprises différentes par le sergent-major du régiment de Périgord et par le sieur de Saint-Preuil. »

Le chancelier donna ensuite lecture de l'information et des différentes pièces de la procédure, et l'intendant, prié par le roi de faire connaître son avis, compara la conduite du gouverneur de Corbie à celle des gouverneurs de la Capelle et du Catelet ; il conclut à ce que la même peine lui fût infligée. Tous les membres du Conseil adoptèrent cette conclusion ; toutefois la Meilleraye fit observer que l'on s'était toujours borné jusque-là à trancher la tête aux seigneurs et aux gentilshommes, mais l'un de ses collègues répondit que, d'après le procès, Soyécourt avait fait preuve de trahison en même temps que de lâcheté, puisqu'il avait livré la ville aux ennemis malgré les ordres du roi, et qu'enfin, pendant la trêve, il avait diminué la défense de la place au lieu de l'augmenter.

En conséquence, le comte de Soyécourt fut reconnu coupable du crime de lèse-majesté et, comme tel, condamné à être décapité, son corps tiré à quatre chevaux et sa tête mise sur une lance au-dessus de la porte Saint-Denis à Paris. Ses biens furent confisqués au profit du roi, qui en fit don à l'hôtel de Saint-Louis à Paris, ses bois coupés à trois pieds de hauteur, ses maisons rasées et son écusson effacé (1). « On l'a traité fort bénignement, écrivait Richelieu le lendemain, n'aiant été condamné qu'aux mesmes [peines] de Saint-Léger et du Bec, et sa lascheté estant beaucoup plus grande. »

Le 29 octobre, lit-on dans le *Mémorial* d'un bourgeois de Domart, le comte de Soyécourt fut exécuté en effigie à Amiens. « On fit faire un Saucourt d'osier bien proprement ; l'exécuteur l'amène dans le marché d'Amians et lui coupe la tête ; cela fait, on attache à ses quatre membres un cheval, savoir, à ses deux bras et à ses deux cuisses, et, en les fouettant, ils emportèrent chacun les membres de cette effigie. » Semblable exécution fut faite à Paris.

Le 10 novembre, Chavigny écrivait au cardinal que le comte d'Avaux avait supplié le roi de ne point faire abattre le château de Tilloloy-lès-Roye, parce que sa sœur, Mᵐᵉ de Soyécourt, y avait son douaire, mais que, comme son beau-frère avait quatre autres châteaux en Picardie, il était loisible de prendre celui « qu'on voudra pour la justice publique. » Richelieu répondit à la lettre du secrétaire d'État : « Nous ne jugeons point qu'il faille apporter aucun changement

(1) V. *Tilloloy, ses seigneurs, son château, son église*, par É. Coët, pour le dispositif de l'arrêt, pp. 18 et suiv.

en la résolution qui a esté prise de razer la maison de Tilloloy. »

Le 22 novembre, le roi ordonna l'exécution de la sentence frappant le comte de Soyécourt dans ses biens. Son château de Tilloloy fut démoli, et les bois qu'il possédait dans ce village, ainsi qu'à Guerbigny, à Carrépuits, à Conchy-les-Pots, etc., furent coupés à trois pieds de terre. Il semble, d'après les dispositifs sévères du jugement, dit M. Coët, que jamais une réhabilitation fût possible. C'est cependant ce qui arriva.

En 1643, le comte de Soyécourt rentra en France, et, comme il avait laissé écouler un espace de plus de cinq ans avant son retour, il fut « reçu à ester à droit sans estre tenu de consigner ni payer aucun denier, amende ni réparation. » (*Mercure*, t. xxv).

On procéda à une nouvelle information, et le comte de Soyécourt fut « envoyé quitte et absous de l'accusation contre luy faite, et ordonné par la cour qu'il seroit élargi par un arrêt en date du 13 septembre 1643. »

Après la réhabilitation de Soyécourt, Louis XIV lui donna de l'argent pour relever son château, dont la première pierre fut posée le 26 avril 1645. Mais, après son retour en France, cet officier ne prit plus part aux affaires publiques ; il se retira dans le couvent des Jacobins, à Paris, où il mourut le 22 mars 1649. Il reçut sa sépulture dans ce couvent, et son cœur reposa dans l'église de Tilloloy ; des ouvriers l'ont retrouvé en 1863. (É. Coët. *Tilloloy...*).

Trois jours après la reddition de Corbie, c'est-à-dire le 17 août, le marquis de Mailly écrivait d'Amiens à Richelieu : « Monseigneur, j'ai cru que vostre Eminance n'aura point désagréable que je luy envoie ce gentilhomme avec ces lignes pour lui faire entendre ce quy s'est passé à mon esgard au siège de Corbie, pour prévenir ceus qui en pourroient dire quelque chose à vostre Eminance à mon désavantage, et lui faire cognoistre que tout ce que j'i ai fait ça estay de rendre une aveugle obéissansse à celuy au quel Sa Majesté en avoit donné tout le comandement, avec lestre particulière de respondre de la place ; aussi n'aije eu aucune comunication des conseils ni des ordres qui y ont esté donné non plus que de la capitulation qui a esté faite. Par conséquent s'il i a quelque chose qui puisse déplaire à vostre Eminance, je ne crois pas quel m'en veulle imputer aucun blâme ; c'est de quoy je la suplie très humblement, et n'estoit que le sentiment qui me reste de me vanger des ennemis de Sa Majesté, qui se vantent de venir attaquer quelque place, je serois allé moi même rendre le tesmoignage à vostre Eminance de ceste vérité... » (M. DE BEAUVILLÉ. *Doc. inédits.* T. IV. p. 527).

Le lendemain lundi 18 août, le marquis de Mailly arrivait à Abbeville sous la conduite d'un soldat du prince Thomas, superbement vêtu, portant « une trompette toute d'argent richement éloffée, avec les armoiries dudit prince Thomas, mais ledit Mailly n'y tarda guère, car on cherchoit après lui, et comme il pensoit retourner à Amiens le même jour, il fut arrêté dans cette ville et fait prisonnier. »

L'information fut faite le **20** août et le **1er** septembre par Gobelin, maître des requêtes. Bien que n'étant point responsable de la capitulation de Corbie, puisque le comte de Soyécourt en avait pris le commandement dès son entrée, le marquis de Mailly n'en était pas moins accusé d'avoir fait preuve de faiblesse pour n'avoir point combattu les desseins de Soyécourt; on lui reprochait encore d'avoir signé « un certificat que ce dernier avait réclamé pour sa justification. »

Le lendemain de la condamnation de Soyécourt, d'autres disent le même jour, il fut procédé au jugement du marquis de Mailly. Louis XIII ordonna qu'il fût amené de la citadelle d'Amiens, où il était toujours enfermé, afin qu'il pût faire entendre sa défense, mais le duc d'Angoulême rappela au roi que les monarques « ne voyaient les criminels que pour leur faire grâce. Le chancelier ayant insisté pour faire comparaître Mailly, il fut décidé que ce dernier serait appelé et interrogé, et que, pendant son interrogatoire, le roi se retirerait dans son cabinet, ce qui fut fait. Amené de la citadelle sous l'escorte de Launay, lieutenant des gardes, et mis en présence de ses juges, Mailly reconnut ses torts, cherchant cependant à décliner la responsabilité de la reddition de la ville, qui, avouait-il, pouvait être mieux défendue et plus longtemps gardée. Après l'interrogatoire, et Mailly reconduit à la citadelle, le roi reprit immédiatement la présidence du Conseil, qui condamna Mailly à s'absenter de la cour pendant trois ans, avec défense de se trouver dans aucun lieu où serait Sa Majesté; lui enleva

la charge de gouverneur de Corbie, et le déclara inca-
pable de tenir aucune charge pendant dix ans, l'in-
terdiction devant être maintenue même après cette
époque, à moins qu'il n'eût rendu au roi un signalé
service. » (*De Boyer de Sainte-Suzanne*).

On voit reparattre le marquis de Mailly en 1640 au
siège d'Arras, et à la bataille de Sedan en 1641. Trois
ans plus tard, il obtint un arrêt de réhabilitation.

Les capitulations successives des villes qui ouvrirent
leurs portes aux Espagnols avaient jeté une telle épouvante en France que partout on ne voyait que trahi-
sons. Le cardinal, accusé d'avoir négligé la défense
des places frontières, tenta de se justifier en punissant
ceux que l'on soupçonnait d'avoir prêté la main à
l'ennemi.

Dans son ardeur à poursuivre le châtiment des
traîtres qui avaient entretenu des intelligences avec
les Espagnols, Richelieu ne pouvait manquer de frap-
per les habitants de Corbie.

Aussitôt que cette ville fut rendue, de justes représailles ne tardèrent point à atteindre les mauvais patriotes. En effet, on lit dans une déclaration du roi
écrite à Chantilly le 14 novembre, et enregistrée au
Parlement le 27 du même mois : « Tous les bourgeois
et habitans de nostre dite ville de Corbie, de quelque
qualité et condition qu'ils soient, qui se trouveront
avoir adhéré à nos ennemis et les avoir favorisez directement ou indirectement en la prise de ladite ville ou
depuis en la résistance qu'ils ont faite à nos armes »,

sont réputés « criminels de lèze-majesté au premier chef et comme tels leurs biens à nous acquis et confisquez... »

Par la même déclaration, la ville de Corbie était « privée et déchue de tous privilèges, octrois, immunités, franchises de la mairie, etc. » Enfin le roi exigeait que le procès fût fait à ceux des religieux qui, « au lieu de donner exemple aux autres de leur devoir, comme leur profession et conscience les y obligeoient, se sont tellement oubliés, qu'ils ont été les premiers à nous désobéir,... et n'ont voulu donner l'absolution aux soldats françois s'ils ne leur promettoient de se rendre aux ennemis... »

En enregistrant la déclaration du roi, le Parlement avait émis le vœu que le procès serait instruit par les juges ordinaires. Mais Louis XIII passa outre à cette restriction, et chargea l'intendant de Picardie de poursuivre l'affaire.

Le 20 novembre, deux habitants de Corbie, qui se trouvaient le plus compromis, étaient pendus à Amiens ; c'était le nommé Dacheux, concierge des prisons de la ville, et le nommé Gallus, commis au grenier à sel ; leurs biens, ainsi que ceux de quelques autres de leurs compatriotes qui avaient voulu assassiner Saint-Preuil quand il s'était opposé à la capitulation, furent donnés à ceux qui avaient fait preuve de plus grande fidélité au roi, notamment aux paysans qui contribuèrent à la prise du faubourg de Fouilloy.

Enfin des recherches furent prescrites à l'effet de découvrir d'autres traîtres, dont on confisqua les biens, pour le produit être employé aux fortifications de la ville. Ceux des échevins qui avaient conservé leur charge sous les Espagnols furent arrêtés et condamnés à de fortes amendes. (*Arch. de la Somme,* B, 23).

La première enquête que fit le Maistre de Bellejamme, intendant de Picardie, parut lui prouver la culpabilité des moines de Corbie.

A cette occasion, « le prieur de Saint-Denis proposait le renouvellement des religieux par des religieux du même ordre ; l'intendant s'opposa à cette permutation et demanda le renvoi de la communauté en raison des relations journalières qu'elle entretenait avec l'évêque de Verdun, sous les yeux duquel se tramaient tous les complots contre le roi et le cardinal. Les religieux furent internés dans la maison des Minimes et l'abbaye gardée par les prêtres séculiers choisis parmi les curés des villages pillés et brûlés qui n'avaient aucun moyen de subsistance. On prit des mesures pour mettre à l'abri le trésor inventorié par l'évêque de Chartres et la bibliothèque de l'abbaye, dont les livres et les manuscrits vinrent grossir la bibliothèque de l'Oratoire, que le père Tarisse organisait dans l'abbaye de Saint-Germain-des-Prés ; les reliques avaient déjà été tranférées à Paris.» (*De Boyer de Sainte-Suzanne*).

Parmi les moines de Corbie, il en était deux surtout que l'on accusait plus particulièrement de trahison. C'était le frère Laurent Fery, prieur, et le frère Colomban Delesdos, procureur.

Au mois de février 1637, le P. Grégoire Tarisse,

supérieur général, procéda à leur interrogatoire dans
le but de faire la lumière sur une accusation qui lui
paraissait mal fondée. Le procès-verbal qu'il fit rédiger
à cet effet, et que l'on trouvera plus loin aux *Annexes*,
fut communiqué à l'intendant de Picardie. Celui-ci
n'hésita point à faire un complément d'enquête; il
interrogea plusieurs officiers français de la garnison
de Corbie, qui déposèrent de la fidélité des religieux
et de leur zèle à défendre la ville.

A la suite de cette nouvelle information, le Maistre
de Bellejamme absout les religieux de Corbie par
jugement en date du 30 octobre 1637, et, par ordonnance donnée à Saint-Germain au mois d'octobre
de l'année suivante, Louis XIII reconnaissait que
plusieurs personnes, sur la fidélité desquelles il
croyait pouvoir compter, l'avaient trompé en accusant
les religieux d'avoir abusé de l'administration des sa-
crements pour obliger les soldats français à abandonner leur devoir. En conséquence, les Bénédictins
étaient réhabilités. (*Arch. de la Somme. B.* 23, et Fonds
de Corbie, arm. Iʳᵉ, liasse 24, pièce 16).

Nous ne pouvons passer sous silence le complot
tramé contre Richelieu par le duc d'Orléans et par le
comte de Soissons. Les auteurs de *Mémoires* de cette
époque en ont presque tous parlé; Montrésor, qui
devait y jouer un des rôles principaux, Montglat, Fontenay-Mareuil, même le cardinal de Retz et plusieurs
autres sont entrés à ce sujet dans les plus grands
détails.

Le comte de Soissons était haï du cardinal parce qu'il avait refusé d'épouser la nièce de ce prélat, mariée depuis au duc d'Aiguillon ; en outre, Richelieu ne voyait pas sans jalousie l'affection que toute l'armée portait au comte de Soissons. C'était dans le but de battre en brèche le crédit que ce prince avait sur ses officiers et sur ses soldats que le cardinal fit nommer le duc d'Orléans généralissime pour que Soissons ne pût recueillir l'honneur d'avoir chassé les ennemis.

Outre ces griefs, il y avait aussi de ces mille petits froissements de cour que nous n'avons point à rapporter. Mais, d'un autre côté, l'élévation de Richelieu était le principal motif des haines amassées contre lui.

La conduite du comte de Soissons en Picardie avait toujours été très correcte ; il fit tous ses efforts pour résister avec sa petite armée contre les forces supérieures en nombre des Espagnols, et cependant Richelieu ne cessa de le desservir auprès du roi en l'accusant d'être l'auteur des désastres qui s'étaient produits en Picardie. De son côté, le duc d'Orléans avait de nombreux griefs contre le cardinal ; aussi les deux princes ne devaient point tarder à s'unir dans une haine commune pour se défaire, par un crime, de leur ennemi, ou tout au moins de le faire tomber en disgrâce ; le premier moyen fut adopté.

Les deux conjurés avaient à leur service deux gentilshommes sur le dévouement desquels ils pouvaient compter, Montrésor, favori du duc d'Orléans, et Saint-Ibald, favori du comte de Soissons. Il fut alors arrêté entre eux que l'assassinat du cardinal aurait lieu à

Amiens, lorsque le roi s'y rendrait pour présider le conseil. Les séances se tenaient non pas au logis du cardinal, comme Dusével l'a avancé, mais au logis du roi, à l'hôtel des Trésoriers, rue Saint-Denis ; ce détail a son importance, car si le conseil s'était tenu chez le cardinal, les conjurés auraient reconnu l'impossibilité de le faire assassiner au milieu de ses gardes, tandis qu'en se rendant chez le roi, le premier ministre ne pouvait être accompagné de sa garde (1).

Le jour fixé pour l'exécution, Gaston d'Orléans et le comte de Soissons se rendirent à Amiens, ayant à leur suite plus de cinq cents gentilshommes et presque tous les officiers de l'armée ; voici le plan qui devait être suivi. Aussitôt que le roi aurait levé la séance et serait monté dans son carrosse pour retourner à Démuin, les conjurés feraient assassiner le cardinal. Le crime accompli, ils devaient dire que Richelieu ayant manqué de respect à Gaston d'Orléans, celui-ci l'avait fait tuer, et que le comte de Soissons n'avait pas cru devoir empêcher ce meurtre.

Tout se passa ainsi que l'avaient prévu les conjurés. Déjà le roi était parti ; Richelieu se trouvait dans la cour de l'hôtel entre les deux princes. « Aussitôt Varicarville, qui savoit le secret, se mit derrière le cardinal en attendant le signal que devoit donner Monsieur, durant que Saint-Ibald et Bardouville le prenoient, l'un à droite et l'autre à gauche : mais, au lieu de faire le commandement d'achever ce qui étoit

(1) D'après la Rochefoucauld, qui se trompe évidemment, le conseil aurait été tenu dans un petit château à une lieue d'Amiens.

projeté, la peur prit à Monsieur, qui remonta le degré
sans rien dire ; et Montrésor, surpris de ce changement, le suivit, lui disant que son ennemi étoit en
son pouvoir, et qu'il n'avoit qu'à parler. Mais il se
trouva si étonné, et tellement hors de lui-même, qu'à
peine lui put-il répondre ; et sur ce qu'il fut encore
pressé, il dit qu'il falloit remettre à une autre fois, et
n'eut jamais la force d'achever ce qu'il avoit prémé-
dité, tant il étoit éperdu. Le cardinal, qui n'étoit demeuré dans la cour qu'à cause de Monsieur, le voyant
monté en haut, s'en alla chez lui, et laissa le comte de
Soissons dans la dernière confusion de voir ce coup
manqué. » (*Montglat*).

Ce complot, a-t-on dit, n'échoua que par le scrupule
du duc d'Orléans, qui eut horreur de faire tuer un
prêtre. Cette particularité lui était connue d'avance ; il
faut plutôt en attribuer la cause à son irrésolution.

La relation que l'on trouve dans les *Mémoires* de
Montrésor est moins détaillée que celle qui nous en a
été conservée par Montglat ; mais le premier se laisse
deviner pour l'homme dont la main était prête, et, en
racontant ce fait, « il semble s'y complaire comme dans
une de ces actions dont un homme d'honneur peut se
charger au lieu de s'avilir par de basses intrigues de
cour. »

L'exécution de ce complot ne fut qu'ajournée ; les
conjurés projetèrent de se défaire du cardinal lorsqu'il se rendrait au camp. Montglat rapporte que, trois
jours plus tard, Richelieu arrivait dans la tente de
Fontenay-Mareuil, et, comme le roi ne s'y trouvait

point, le premier ministre était accompagné de ses
gardes, « et il avoit tant de créatures dans l'armée qui
n'avoient eu d'emploi que par son moyen, que l'exécution fut jugée impossible. »

Fontenay-Mareuil, qui eut connaissance du complot
d'Amiens, rapporte aussi que les conjurés avaient eu
l'intention de faire tuer le cardinal lorsqu'il alla dîner
dans la tente de cet officier, mais le meurtre ne put
être commis parce que Richelieu avait « eu, tant qu'il
y demeura, tous ses gentilshommes autour de luy, et
beaucoup d'officiers du quartier de M. de Fontenay
qui ne l'eussent pas souffert. »

Le cardinal, si l'on en croit Montglat, aurait été informé peu de temps après du plus grand péril qu'il
eût couru de toute sa vie, mais il n'en parut point
ému, et il parla même «'fort hautement, et comme par
réprimande, au comte de Soissons, pour lui faire voir
qu'il ne le craignoit point. »

Puységur raconte un autre fait qui se serait passé
à l'armée royale après la reddition de Corbie. Le cardinal s'étant rendu au camp, l'armée, pour lui faire
honneur, fut mise en ordre de bataille. Sa compagnie
de gens d'armes voulut prendre la droite sur celle du
comte de Soissons, « ce qui causa une grande dispute
jusques à mettre la main au pistolet », mais le comte
de Soissons détourna Saint-Ibald, « qui voulait mal à
Monsieur le cardinal. » Puységur ajoute qu'à cette
occasion Louis XIII aurait dit : « Voilà une dispute
qui pourrait coûter bon à Monsieur le Cardinal. »

Nous ne nous arrêterons pas plus longuement à cet

incident, qui est apocryphe ou qui se serait passé antérieurement à la reprise de Corbie, et même avant le
28 octobre, puisque Puységur rapporte que le roi se
trouvait encore au camp.

Par les *Mémoires* du cardinal de Retz, on voit que
ce prélat eut connaissance de la conjuration d'Amiens.
Retz cite même les noms des gentilshommes qui exci-
tèrent les deux princes à se défaire du cardinal ; ces
gentilshommes étaient : l'Espinay, Montrésor, la Ro-
chepot, Saint-Ibald, Varicarville, Bardouville et Beauregard. (1)

Les conjurés parlèrent souvent de ce complot au
cardinal de Retz et s'accusaient mutuellement de l'a-
voir fait avorter, mais ils étaient tous d'accord pour
reconnaître que le comte de Soissons s'était montré le
plus ferme.

Les différents auteurs de mémoires qui ont parlé du
complot d'Amiens n'ont pu préciser le jour fixé pour
son exécution. M. Avenel (2) s'est efforcé de trouver
une date approximative. Campion, l'un des acteurs de
la scène, la place avant le 25 septembre ; Fontenay-
Mareuil la met après la prise de Corbie. M. Avenel
n'adopte aucune de ces deux dates, et il a raison.

Le premier conseil tenu à Amiens par le roi eut lieu
le 2 octobre, comme nous l'avons dit; d'un autre côté,
on se rappelle que Gaston d'Orléans avait quitté le camp
le 20 octobre, c'est donc entre ces deux dates, du 5 au

(1) La Rochefoucauld, dans ses *Mémoires*, nomme les mêmes conjurés, sauf Beauregard qu'il remplace par Campion.
(2) *Lettres du card. de Richelieu*, t VII, pp. 760 et suiv.

20, que M. Avenel propose de fixer le jour choisi pour l'exécution du complot.

M. de Boyer de Sainte-Suzanne a donné antérieurement une date précise, qui est le 20 octobre; mais cet auteur n'apporte aucune preuve à l'appui de ce qu'il avance. Il paraît ressortir, d'après le *Journal* de Louis XIII, que le roi ne se rendit point à Amiens le 20 octobre ; il est tout au plus permis de conjecturer que le crime devait être commis dans la séance qui précéda cette date et que sa non-réussite dut contribuer à précipiter le départ de Gaston d'Orléans.

ANNEXES.

I.

État auquel la fortification de Corbie s'est trouvée après le siège.

A Corbie, ce 20ᵉ novembre 1636.

Depuis la porte à l'Image jusques à celle de Buyre, il y a une fort bonne contrescarpe, avec son corridor, fortifiée de parapet et banquettes, et d'un fossé au-devant plein d'eau. Elle est deffendue de deux demy lunes revestues de gazon, petites néanmoins, mais le tout est entièrement achevé, hors le vieulx fossé, qui a besoing d'estre nettoyé.

L'enceinte de la place, en cet endroit, est fortifiée de rempart moyennement bon, revestu de muraille et d'un simple parapet de brique, et lad. muraille fondée par l'escarpe.

Quant à la porte à l'Image, le pont levys en a esté ruyné et la massonnerie aussy ; reste le pont dormant, qui est tout neuf. Les hergnes et la porte du dedans ont besoing de réparations, comme aussy les barrières. Il y a une demy lune qui la couvre, qui est aussy petite et a besoing d'estre réparée.

La porte de Buyre est fermée d'une porte en dedans, d'une herse et d'un pont levys. Elle est couverte de la demy lune de

St-Chamont, qui est plus grande que toutes les autres cy dessus, mais son rempart et parapet sont trop bas et par trop faibles ; elle a besoing encore d'estre fermée d'un pont levys, sa contrescarpe est pareille à celle cy dessus et partant fort bonne, mais pour le fossé de la ville il a besoing d'être creusé.

Ensuite il y a une petite demy lune et un ouvrage à corne ; la dite demy lune est imparfaite et la corne aussy ; elle ne s'éloigne point du corps de la place, ny ayant entre les deux fossés que la place du rempart de la courtine. Elle est sujette à deux commandemens venant, l'un de la montaigne, et l'autre du costé de l'église saint Thomas ; mais ce n'est que les bras, car pour le front elle est à couvert ; à cela, il y sera facilement pourveu, ainsy qu'il est porté par le mémoire des réparations.

L'enceinte de la ville, en cest endroit, forme presqu'un bastion très bien remparé, et revestu de muraille dès le front du fossé, et c'est le seul endroit de la ville où le rempart exède le parapet de brique. Le fossé en est quasy comblé depuis l'entrée du canal de Hely jusques à la porte de Buyre et par delà. Quant à la contrescarpe, elle est toute pareille à la précédente et vient finir contre le susdit canal.

Depuis ledit canal passant par devant le bastion d'Ancre et continuant jusques à la demy lune de Saucour, ou de la Barrette, où passe le canal de Somme, la contrescarpe est fortifiée d'un corridor, parapet et banquettes, mais non pas de fossé comme la précédente ; elle est de plus bordée quasy partout d'une palissade.

Le fossé de la courtine, entre le susdit bastion où passe le canal de Hely et celui d'Ancre, est fort bon et le rempart aussy ; il est revestu de muraille fondée sur l'escarpe, avec un parapet de brique tout au long. Il y a un cavalier proche la porte d'Ancre. Quant au bastion d'Ancre, il est fort beau et bien revestu de muraille dès le fond du fossé. Sa hauteur est d'environ 36 pieds, mais il est avec tout cela par trop bas, eu esgard à la campagne, qui le domine ; son fossé n'a osté entièrement achevé de vuyder.

La porte qui passe au travers a esté murée et le pont dormant rompu ; ce sera très bien fait de la laisser ainsy.

Depuis le susdit bastion d'Ancre jusques à la Barette, le rempart est assez bon et de bonne haulteur, resvestu de muraille fondée sur l'escarpe avec un parapet de brique comme ailleurs. Son fossé est assez bon et il y a esté fait un contre fossé qui est plein d'eau.

Au bout de ceste courtine, il y a la demy lune de Saucour, qui est fort bonne, moyennant quelques petites réparations.

Depuis la susdite demy lune jusques à l'ouvrage à corne, cy devant mentionné, où entre le canal de Hely, il n'y a aucune pièce dettachée pour deffendre la contrescarpe, ce qui est un grand manquement, car il n'est possible de donner seureté à ceux qui sont à la garde du dehors, ny deffendre la place comme il fault ; à quoy il sera pourveu suivant qu'il est porté par le mémoire et plan donnés.

Toutte ceste estendue est sujette au commandement, bien est vray qu'il est de front au corps de la place, et quant à ce que il y poeut avoir quelqu'endroit d'enfilé par courtine, et soit en corridor ou ailleurs, il est facile de se couvrir avec des tranchées.

Le plus grand mal est qu'on peut approcher d'assez près à couvert par les costés de la montaigne, ce qui abrège l'attaque de quelques jours, mais finalement il se fault exposer et assujettir à la place.

Le remède seroit, s'il estoit possible, de pousser des dehors comme des ouvrages à corne, assez avant pour descouvrir ses cavains ; mais on tombe en des faultes, car, en ce faisant, on approche le commandement, en sorte qu'il est comme impossible de s'y couvrir, et partant j'estime qu'il se faudra contenter de ce que dessus. J'ay pourtant donné l'instruction sur ce sujet au sr chevalier de la Valière, et de prendre toutes les haulteurs et les moyens qu'on y pourra pratiquer afin d'y apporter tous les remèdes possibles, suivant quoy il y sera pourveu ; cependant il y sera faict deux demy lunes notées sur le plan.

Reste le costé de la rivière de Somme où partie d'icelle passe dans le fossé.

Le rempart depuis la Barrette jusques à la porte à l'Image est estroit et bas ; il est revestu environ la moitié avec un parapet de brique, mais il n'est entièrement achevé à l'autre partie ; la muraille excède le rempart et en beaucoup d'endroits elle menace de ruine, particulièrement depuis le cavallier où estoit le moulin et où l'ennemy avoit assis une batterie, jusques à la porte à l'Image.

Le fossé où passe une partie de la rivière de Somme est estroit, de plus tout ce front est mal flanqué ; à tous ces manquemens il sera pourveu ainsy qu'il est amplement parlé par le mémoire des réparations et par le plan.

Voilà, en somme, l'estat de la place ; j'avois omis de dire qu'il n'y a point de parapet à l'épreuve en toute l'enceinte de la ville.

Au dos de la pièce : Estat de la fortification de Corbie, ainsi qu'elle s'est trouvée après le siège.

Pour son Eminence.

(Extrait d'un Ms. intitulé : *Cartes et plans de touttes les places fortes de la Picardie*. Deseigné par le sr Maupin, ingénieur de monseigneur le cardinal de Richelieu).

II.

Procès-verbal d'un interrogatoire subi par des religieux de Corbie.

Du huitiesme febvrier mil six cens trente sept.

Nous, frère Grégoire Tarisse, humble supérieur général de la congrégation de Sainct-Benoist, autrement dicte de Cluny et de Sainct-Maur, assisté de dom Joseph Baudichon, nostre secrétaire, ayant égard au réquisitoire de R. P. dom Philippe d'Eu, promoteur en ceste cause, avons de rechef mandé et faict venir devant nous ledict dom Cyprian le Clerc, prieur de Sainct-Denis en France, et, après que luy avons faict mettre la main *ad pectus* et faict prester le serment en tel cas requis et accoustumé, a juré et promis de nous dire et déposer vérité sur ce qu'il sera par nous enquis.

Lecture à luy faicte du résultat des informations, interrogatoires et confrontations faictes auxditz Fery et de Lesdos par devant ledict Sᵣ le Maistre les vingt-deux, vingt-trois et vingt-quatre novembre mil six cens trente-six et neufiesme janvier ensuivant touchant ce qui s'est passé en ladicte abbaye de Corbye pendant le siège de ladicte ville et depuis qu'elle fut rendue aux Espagnols;

Enquis des déportemens des religieux qui estoient en ladicte ville et particulièrement desdicts Fery et de Lesdos, et si devant ou pendant ou depuis le voiage qu'il a faict à leur conduite de ladicte ville de Corbye jusqu'à Paris, il a recongneu en eux, en leurs discours, quelque marque ou conjecture de tépidité ou manque d'affection au service de Sa Majesté, qu'il aye à nous le déclarer sans aucune retenue ou dissimulation;

Après que luy avons remonstré qu'oultre la grande et naturelle obligation que nous avons tous à bien et fidèlement servir le Roy et ne poinct souffrir aucun préjudice estre faict au bien de son Estat, puisque nous sommes nez subjects de Sa Majesté très chrestienne, il y estoit obligé par serment qu'il venoit de faire et par l'obéissance à ses supérieurs qui désirent cela de luy.

Lequel dom Cyprian le Clerc. prieur dudict Sainct-Denis, sur ledict serment cy-dessus, a faict sa déclaration et déposition. Laquelle nous avons faict rédiger par escrit par nostre dict secrétaire, ainsy qu'il s'ensuit.

A dict, de ce enquis, estre prestre, religieux profès dudict or·dre et congrégation, aagé de cinquante ans, de présent prieur dudit Sainct-Denis, n'avoir poinct esté en ladicte ville et abbaye de Corbye pendant ledict siège. C'est pourquoy il ne sçait rien et ne peut déposer de ce qui s'est passé pendant iceluy. Que depuis que ladicte ville a esté reprise par Sa Majesté très victorieuse, il y fut envoyé par notre ordre pour veoir l'estat de ladicte abbaye, où estant, il auroit apris que l'on faisoit quelques plainctes à l'encontre desdicts Fery et de Lesdos, qui estoient du nombre des religieux d'icelle qui y estoient pendant ledict siège.

C'est pourquoy, ayant eu advis que mondict Sr le Maistre, lors à Amiens, informoit de tout ce qui se seroit passé pendant ledict siège, pour rendre tesmoignage de ses devoirs et des resentimens d'obligation qu'il a comme estant né humble subject et fidelle serviteur de Sa Majesté, il se seroit acheminé en ladicte ville d'Amyens avec ledict Fery sans estre requis de personne, ains de son propre mouvement et volonté, et depuis ledict de Lesdos, et se seroient tous présentez par devant ledict sieur le

Maistre, par devant lequel ils auroient estez ouys et interrogez,
et luy auroient rendu compte de leurs actions, et après toutes
les procédures qui auroient esté faictes très exactement pour en-
quérir de la vérité et de leurs déportemens mesme par confron-
tation de tesmoings. Enfin ledict sieur le Maistre les lui auroit
rendus à la charge d'eux représenter au moys à sa conduicte par
devant nous et estre retenus en un de nos monastères jusqu'à ce
que nous ayons informé Sa Majesté de leurs debvoirs et fidélité
envers elle, ainsi qu'il se peut veoir par la sentence dudict sieur
le Maistre du XIIIJe janvier MVJctrente sept.

Qu'ensuitte il est retourné les conduisant en ceste ville de
Paris pour obéir et satisfaire à ladicte sentence, obtempérant à
laquelle il en a faict la représentation par devant nous et remise
en nos mains, tant de leurs personnes que procédures faictes à
leur égard par devant ledict sieur le Maistre.

Mais, en effect, soit pendant le séjour que luy déposant a faict
audict Corbye, soit pendant le voyage dudict Corbye à Amiens et
son retour en ceste ville avec eux, il n'a recogneu aucuns mauvais propos ny aucuns marques, signes ou conjectures de peu
d'affection ou deffault de bonne volonté au service du Roy, et ne
leur a rien ouy dire qui aye esté faict pendant ledict siège ou
depuis au préjudice d'iceluy, et que si luy desposant en eust veu,
sceu ou recongneu la moindre apparence, il n'eust pas manqué
d'en advertir le sieur le Maistre et mesme de nous en donner advis, affin que de nostre office nous pussions en des affaires de si
grande importance pour le service de Sa Majesté et bien de son
Estat faire ce qui eust esté de nostre debvoir et pouvoir en cet
égard ; mais qu'au contraire ils luy en ont tesmoigné tant audict
Corbye que par les chemins un grand et extresme regret du
soubçon qu'on avoit eu d'eux qu'ils eussent manqué au debvoir
de leur naissance, condition et profession, de leur fidélité au
service du Roy et bonne affection aux intérestz de sa Majesté,

mesme leur a ouy dire qu'ils aimeroient mieux mourir ou jamais n'avoir esté nez que de luy manquer d'affection, debvoir et fidélité.

Lecture à luy faicte de sa déposition cy dessus escrite, a dict qu'elle contient vérité, et a signé :

Signé : Fe CYPRIAN LE CLERC.

GRÉGOIRE TARISSE.

Du neufiesme jour de febvrier MVJ*XXXVIJ.

Avons mandé et faict venir ledict dom Laurent Fery, cy devant prieur dudict Corbye, pour être interrogé sur les faicts résultans des susdictes informations.

A quoy avons vacqué en présence de nostre dict secrétaire, par lequel avons faict rédiger par escrit ses répqnses ainsi qu'il s'ensuit.

Après que luy avons faict mettre la main *ad pectus*, avons de luy pris et receu le serment en tel cas requis et accoustumé de nous dire et reconnoistre la vérité sur ce dont il sera par nous enquis, luy ayans faict entendre que cela importe grandement de ne. rien celer, dissimuler, ne déguisser, s'agissant du service du Roy et de son Estat, et estant besoin d'esclaicir nettement ce qui s'est passé en l'abbaye de Corbye pendant et depuis le siège.

Ce qu'il a juré et promis déclarer en ce qui peut estre de sa science et cognoissance.

Interrogé pourquoy luy respondant qui estoit prieur audict monastère et en ceste qualité avoit toute direction et administration, il a souffert aucuns religieux lorrains aller et venir en ladicte abbaye pendant ou devant ledict siège conférer avec ledict Sieur de Saucourt et qui estoient ces religieux;

A dict que tous les religieux qui estoient en ladicte abbaye estoient françois et qu'il n'y en avoit pas un qui fust estranger et n'en a oncques receu, admis ne souffert aucun aller ne venir en ladicte abbaye autres que ceux destinez pour le service de ladicte abbaye, tous naturels subjectz et fidèles serviteurs du Roy, en ce qu'il en peut avoir congneu, entre lesquels seullement, lui respondant, dom Hilarion Lefebure, supprieur, Colomban de Lesdos, procureur et dom Benoist Dardel, prédicateur, ont parlé quelquefois avec ledict Sieur de Saucourt.

Pourquoy il a receu dans le monastère le nommé Palam, autrement dict le commissaire;

A dict que ledict Palam fut receu par pure charité et compassion, à cause qu'il estoit malade et ne sçavoit où se retirer, et toutesfois après beaucoup de refus.

Pourquoy lui respondant, puisqu'il parloit parfois audict de Saucourt, ne l'a il pas conseillé de maintenir la ville, la bien deffendre, et garder la place pour le secours de Sa Majesté, ce que luy respondant pouvoit bien prendre l'occasion de faire et l'exhorter puissamment dans la familiarité qu'il avoit de parler à lui librement, et au contraire il a esté si mal advisé que de luy conseiller de la rendre aux ennemys, et luy a incité par des discours émouvans à pitié, luy disant qu'il ne laissast poinct mourir misérablement les habitans en les faisant prendre d'assault;

A dict qu'il eust mieux aimé cent fois mourir que d'avoir donné un si malheureux conseil audict de Saucourt de l'inciter à rendre ladicte place aux ennemys, et ne l'auroit jamais conseillé de le faire, au contraire, l'ayant souvent encouragé selon son pouvoir de la bien maintenir et deffendre, ledict de Saucourt luy auroit faict response qu'il sçavoit bien ce qui estoit de sa charge et de son debvoir. Qu'il est bien vray que luy respondant, sur ce que le peuple le prioit instamment et avec importunité de dire audict de Saucourt qu'il eust pitié d'eux et ne les fist pas mourir,

iceluy respondant auroit dict audict de Saucourt que le peuple
l'avoit prié de cela, mais adjoustoit que ledict sieur de Saucourt
sçavoit bien son debvoir et ce qu'il avoit à faire pour le service
du Roy.

Luy avons remonstré qu'il se fust bien passé et eust mieux
faict de ne poinct porter ceste parolle audict de Saucourt parce
que tousjours c'est l'avoir incité à pitié que de luy avoir dict qu'il
eust pitié des habitans et ne les laissast pas mourir, et que tousjours en cela il a eu grand tort de s'estre mis comme entremet-
teur entre le peuple et ledict de Saucourt pour la reddition de ladicte place ;

A dict que ce qu'il en dict audict sieur de Saucourt a esté par
une vraye simplicité, pour lui donner advis de ce que luy respondant avoit entendu dire au peuple, et qu'il a creu estre important pour le bien du service du Roy et intérests de ses affaires de
le rapporter audict sieur de Saucourt, et croioit estre obligé de luy
faire affin que iceluy sieur de Saucourt redoublast son courage
contre les terreurs paniques d'un peuple effrayé comme il estoit
lors, et ce qui tesmoigne en cela sa bonne volonté, affection et
fidélité au service de Sa Majesté est que faisant audict sieur de
Saucourt le rapport de ce que le peuple disoit, il luy en adjousta
(comme il a dict cy devant) que ledict sieur de Saucourt sçavoit bien son debvoir, ce qu'il luy auroit dict à dessein qu'il redoublast son courage pour mieux deffendre la place; et, en effect,
ledict sieur de Saucourt le prit ainsi, luy respondant qu'il estoit
bien aise de le sçavoir, et qu'il sçavoit bien aussi son debvoir.

Interrogé du jour que ledict sieur de Saucourt luy avoit dict
qu'il vouloit rendre la place,

A dict que ledict de Saucourt ne luy en avoit poinct parlé, et
n'a rien ledict respondant sceu du traicté de la ville et de la capitulation, sinon comme tous les autres l'auroient sceu le mercredy ou jeudy.

S'il n'a pas assisté à la délibération et assemblée faicte en la dicte abbaye et conférence entre ledict sieur de Saucourt et les habitans pour rendre ladicte place,

A dict qu'il ne sçayt pas si aucunes délibérations ont esté faictes en ladicte abbaye, parce qu'elle estoit publique et ouverte à tout le monde, mais qu'il n'y auroit jamais assisté. Qu'il est bien vray qu'il a veu des eschevins et habitans venir en ladicte abbaye présenter une requeste audit sieur de Saucourt pour se rendre (comme on disoit), et que, avant la capitulation, il a veu ledict sieur de Saucourt conférer avec ledict Palam et escrire ensemble, se disposant (ainsi qu'il a apris depuis) à la reddition de la place, à quoy assistèrent les eschevins. Qu'ayant représenté audict sieur de Saucourt de maintenir la place, il luy auroit faict response qu'il sçavoit bien son debvoir.

S'il n'est pas véritable qu'il a esté plusieurs fois au camp des ennemys,

A dict y avoir esté trois ou quatre fois après la reddition de ladicte place, mais que ça esté pour parler au comte de la Moterie pour empescher l'emport des cloches de l'abbaye, et qu'on ne fist des fours dans le grand réfectoire, et afin de luy faire entendre que luy ny les religieux de ladicte abbaye ne pouvoient pas prester le serment qu'il vouloit qu'ils fyssent de fidélité au Roy d'Espagne, et qu'ils aymeroient mieux tout quitter que de manquer de fidélité à leur prince naturel, et qu'en effect pas un des dicts religieux n'eust eu garde de commettre un si grand crime.

Luy avons demandé qui estoient les religieux qui avoient parlé à l'évesque de Verdun,

A respondu que c'estoit dom Constant Caty et frère Joseph du Chastel, qui estoient allez pour acheter des provisions au camp, auxquels ledict évesque de Verdun dist que l'armée iroit jusqu'à Paris.

Luy avons de rechef enjoint de nous déclarer si pendant ou
depuis ledict siège il n'a poinct veu aucuns religieux ou habitans de ladicte ville avoir intelligence avec les ennemys,

A dict que non, sinon qu'il a ouy dire que Gallus, qui a esté
exécuté à mort, avoit promis aux Espagnols de faire la gabelle
pour eux, et que le deffunct bailly avoit demandé aux ennemys la
prévosté de Fouloy pour le joindre au bailliage. Et quant aux religieux de ladicte abbaye, qu'ils ont tousjours esté fort esloignez
de faire ny dire aucune chose contre et au préjudice de l'obligation naturelle et obéissance qu'ils doibvent à sa majesté ; qu'au
contraire, il se trouve qu'ils ont faict en ladicte abbaye les prières
de quarante heures durant le siège des ennemys, affin que Dieu fist
la grace aux soldats de si bien deffendre la place que les armes
de Sa Majesté en restassent victorieuses ; que le prédicateur de
leur monastère les a publiquement et patétiquement exhortés en
ses prédications de bien faire leur debvoir, d'affermir et asseure;
leur courage, et qu'ils ne pouvoient emploier leur vye en plus
belle occasion qu'au service de Sa Majesté en telles actions de générosité ; que iceux religieux ont assisté les soldats de tout ce
qu'ils ont peu, leur faisant porter des plains cuviers et sceaux de
vin pendant le siège ; que mesme ils ont retardé l'horloge de
l'abbaye pour alonger l'heure dans le temps de laquelle ceux qui
commandoient à la garnison avoient prise pour rompre ou exécuter la capitulation, affin qu'en l'entretemps du bransle des esprits et mouvement de rompre les soldats eussent loisir de prendre leurs armes et bien continuer en leurs deffenses ; que, depuis
la reddition, lesdicts religieux, et par le ministère de luy respondant, ont tousjours vertueusement résisté et constamment refusé
de faire le serment qu'on désiroit d'eux de fidélité au Roy d'Espagne, et de faire aucunes prières publiques pour luy, et de procéder à aucune nomination d'échevins, dont le droit leur appar-
tient à cause de ladicte abbaye, n'y d'agréer et confirmer ceux

nommez par lesdicts Espagnols ; que lesdicts religieux ont mieux
aimé·quitter et s'aller respandre ainsy qu'ils ont faict en divers
monastères, n'en estant resté que trois, lesquels, à cause du mal
contagieux dont ils estoient atteints, n'auroient peu se retirer, et
quelqu'autres qui estoient nécessaires pour les assister, lesquels
toutesfois ont aussi constamment persévéré en leur saincte résolution de mourir plustost dans les peines dont on les menaçoit
s'ils ne fléchissoient à ce qui estoit désiré d'eux par les dicts
Espagnols.

Et nous a ledict respondant supplié de croire qu'en son particulier il a tousjours les mesmes sentimens imprimés si avant en
son esprit en ce qui concerne le service et intérests de Sa Majesté qu'il seroit bien marry d'avoir donné l'occasion du moindre
soubçon du contraire, et qu'il a tousjours esté. et sera son très
humble subject et fidèle serviteur, et continuera tousjours
ses vœux et prières pour la prospérité, santé, longue et heureuse vie [du roi de France].

Et lecture à lui faicte de son dict interrogatoire, y a persisté
et signé, disant qu'il contient vérité.

Ce faict, l'avons renvoié en la chambre.

Signé : F^e LAURENS FERY.

GRÉGOIRE TARISSE.

F. JOSEPH BAUDICHON.

Du onziesme jour de febvrier мvj^cxxxvij.

Avons mandé et faict venir devant nous ledict dom Colomban
de Lesdos, prestre, religieux profès dudict ordre et congrégation
de Sainct-Benoist, et iceluy semblablement interrogé après pareil
serment la main *ad pectus*, et qu'il a promis de dire et reconnoistre la vérité, l'aiant exhorté de ce faire, attendu qu'il y va

des intérests et service du Roy, ausquelz la nature et la condition de nostre naissance et les grandes graces et faveurs que nostre congrégation a receus de Sa Majesté nous obligent très étroitement.

Enquis pourquoy luy estant religieux, et à cause de ceste qualité aiant à vivre cloistré, il s'est tellement oblié de son debvoir que de sortir du monastère indifféremment à toutes heures pendant le siège de la ville de Corbye pour aller parler à des séculiers, et en un temps qu'il sçavoit que les habitans de la ville conféroient de rendre la place aux ennemys ;

A dict qu'il estoit procureur des religieux de ladicte abbaye, laquelle qualité l'obligeoit de sortir plus souvent qu'il n'eust désiré pour les affaires de sa charge, comme pour parler aux fermiers de ladicte abbaye, mais n'a sceu que iceux habitans fissent ou eussent faict aucune assemblée ou conférence pour la reddition de ladicte place, et s'il en eust sceu quelque chose, il n'auroit pas manqué à son debvoir d'en advertir ceux qui pouvoient s'y opposer pour le service du Roy.

Nous lui avons remonstré qu'il y a de la malice et dissimulation en sa response cy dessus, d'autant que luy mesme est demeuré d'accord par l'interrogatoire à lui faict par Monsieur le Maistre, intendant de la justice et pollice en la province de Picardie, et recongneu avoir luy mesme escrit la requeste des habitans de ladicte ville de Corbye qu'ils avoient présentée audit sieur de Saucourt ;

A dict qu'il [a] recongneu simplement et pour ne rien taire de la vérité qu'il avoit escrit une coppie de requeste des habitans de Corbye à Monsieur de Saucourt, mais qu'il avoit aussi faict entendre audict sieur le Maistre que cela estoit arrivé innocemment de sa part, et qu'en effet l'on avoit usé en son endroict de la plus grande surprise du monde, sy toutesfois ceux qui l'ont surpris avoient intention de le faire ; de quoy il ne peut pas juger parce qu'un mercredi treiziesme aoust, ne pensant à rien moins, il trouva en passant près de son officine plusieurs habitans qui luy dirent qu'ils n'avoient encre ny papier, et le prièrent de leur en prester, ce que leur a acoordé, et présenté du papier, une plume et de l'encre ; ilz le prièrent de rechef de transcrire un papier qu'ils tenoient parce qu'ils ne sçavoient pas bien ; ce qu'il fist à l'instant sans s'en informer davantage et par pure déférence à leur prière.

S'il n'est pas vray que ladicte requeste fut concertée et résolue en sa présence, et si dès lors qu'il escrivit ladicte requeste la capitulation n'estoit pas déjà faicte ;

A dict que ladicte requeste ne fut point concertée ny résolue en sa présence, et n'en avoit aucune connoissance, et ne sçayt pas si aucune capitulation en estoit desjà faicte.

Enquis de ce que contenoit ladicte requeste, ayant veu en la transcrivant ce qu'elle contenoit et s'il ne vit pas bien que c'estoit un escrit tendant à ce que ledict de Saucourt rendist la place aux ennemys ;

A dict que ledict escrit ou requeste ne tendoit et contenoit autre chose sinon que lesdicts habitants supplioient ledict de Saucourt de ne poinct les exposer au pillage, mais quand à luy respondant ne pénétroit pas si avant que de sçavoir l'intention pour laquelle ilz le supplioient de ceste sorte.

Luy avons remonstré que luy respondant estoit assez advisé pour juger que, puisque les habitans estoient libres de parler audict de Saucourt quant il leur plaisoit, il faloit qu'ilz eussent quelque autre mauvais dessein puisqu'ilz bailloient leur requeste par escrit, car autrement ilz n'eussent eu qu'à luy dire de vive voix la prière qu'ilz luy vouloient faire, et mesme iceluy exhorté de nous dire quelle résolution fut prise ensuitte de la dicte requeste;

A dict qu'il n'a en effect pénétré plus avant ce qui pouvoit estre de la dicte requeste, et ne pensa, soubçonna et ne préjuga poinct que cela se fist pour tendre à la rédition de la dicte place, et n'a aucune connoissance de ce que les habitans auroient faict ensuitte, parce que quand à luy il n'a faict que transcrire la dicte requeste.

Enquis si les habitans ont signé la coppie que luy desposant a escrite en une autre,

A respondu qu'il n'en sçait rien.

Interrogé si aucuns n'ont pas signé en sa présence,

A dict que non,

Enquis si le père prieur estoit pas présent lorsqu'il escrivit la dicte requeste,

A dict que non.

Interrogé si c'estoit pas de son consentement ou permission qu'il l'escrivit,

A respondu qu'il ne luy en avoit point parlé parce que cela se fit à l'improviste, incontinant qu'il en fut prié par les habitans.

Enquis pourquoy le jour que la ville fut rendue il sorty du matin dudict monastère et alla se rendre avec le père prieur d'iceluy en la grande place pour se joindre avec lesdicts habitans qui vouloient rendre la ville nonobstant l'arrivée du sieur de Saint-Preuil, qui les encourageoit à n'en rien faire sur l'assurance du secours qui en bref leur venoit de la part du Roy, et sur l'émotion qui sur ce fut faicte, et pourquoy luy respondant fut avec ledict père prieur parler audict de Saucourt de maintenir la capitulation et l'empescher de deffendre davantage la ville, et cria avec ledict père prieur dans le milieu de la place à tous les habitans assemblés que la capitulation tiendroit et que l'ennemy entroit dans la ville, de quoy il doit franchement demeurer d'accord parce que cela s'estant faict publiquement il est à la connoissance de tout le monde qui l'a veu et ouy ;

A dict que le contenu audit article n'est pas véritable, et tant s'en fault, qu'au contraire, il ne sorty poinct ledit jour au matin dudit monastère.

S'il n'a pas regret d'avoir eu communication et intelligence avec les ennemys, ayant souvent esté en leur camp, et qui sont ceux des autres religieux de la dite abbaye qui en ont faict autant que luy ;

A dict qu'il seroit bien marry d'avoir jamais eu la pensée de telle chose et qu'il n'y a jamais songé ; que sa naissance, condition et profession luy donnent trop avant dans l'esprit et impriment les resentimens qu'il doit avoir d'une entière affection avec fidélité au service du Roy, et n'a point recongneu qu'aucun desdits religieux se soit départy de son debvoir et obéissance : au contraire, pendant ledit siège et depuis ont témoigné une singulière et particulière dévotion à son service, ayant faict tousjours prières à Dieu pour la prospérité de ses armées et conservation de sa personne sacrée, mesmement tant en leurs prédications qu'autrement encouragé les soldats de leur debvoir et vaillamment deffendu la place et la maintenir ainsi qu'ils estoient obligés : demeure toutesfois d'accord qu'après la reddition de la ville il a esté une fois seullement au camp des ennemys, mais ce n'a poinct esté pour avoir aucune communication avec eux, ny par aucune intelligence, ains à cause de son office de procureur de ladite abbaye pour aller chercher des vivres pour les religieux d'icelle.

S'il n'a pas veu le nommé Palam en ladite abbaye et communiqué avec luy, pour quoy et à quel dessein ledit Palam a esté emploié par ledit de Saucourt envers les Espagnols pour la capi-tulation ;

A dict ne connoistre poinct ledit Palam sinon qu'il l'a veu malade en ladicte abbaye, et luy a seullement parlé une fois lors de sadite maladie de se confesser. Ne sçayt à quel subject le dit de Saucourt s'est servy dudit Palam.

Lecture à luy faicte de sa déposition cy dessus escrite, a dict qu'elle contient vérité et a signé.

Signé : COLOMBAIN DELESDOS.

GRÉGOIRE TARISSE.

F. JOSEPH BAUDICHON.

Orig. en papier. (Archives de la Somme. Fonds de Corbie. Armoire 1re. Liasse 24. Pièce 16).

APPENDICE

*Principaux événements militaires relatifs à la Picardie
d'après un témoin oculaire* (1638-1652).

En commençant nos recherches pour ces *Deux années d'invasion*, nous avions le dessein d'entreprendre l'histoire de la dernière période de la guerre de Trente ans en Picardie ; mais, à partir de l'année 1637, les faits historiques et militaires ayant rapport à notre province sont peu importants et n'offrent qu'un intérêt médiocre.

Les succès croissants des armées de Louis XIII et de Louis XIV transportent successivement en Artois et en Flandre le théâtre de la guerre. Dès lors, la Picardie ne voit plus que quelques coureurs ennemis à de rares intervalles, et les soldats français ne font qu'y prendre leurs quartiers d'hiver. Nous n'aurions eu à relever que des logements de troupes et à noter les excès dont ils furent souvent l'occasion, mais, heureusement, aucun des faits n'eut la gravité de ceux qui se produisirent pendant l'*Année de Corbie*.

Un bourgeois de Domart-en-Ponthieu a noté presque jour par jour les principaux événements qui se passaient sous ses yeux en Picardie et surtout dans le Ponthieu. Nous avons cru utile d'extraire de son journal (1) quelques-uns des faits les plus saillants relevés par lui pendant quinze ans.

1638.

Mars. Le gouverneur de Doullens, désireux de prendre la Bassée, fut autorisé à lever les garnisons d'Abbeville, d'Amiens et de Doullens. Cette petite troupe quitta Doullens le 12 mars et arriva le lendemain de grand matin devant la Bassée, mais un soldat ayant lâché son mousquet par mégarde fit manquer l'entreprise. Au retour, la garnison d'Abbeville, composée de sept compagnies de chevau-légers allemands, passa la nuit du 16 au 17 à Domart et y fit un grand dégât.

Mai. Grands mouvements de troupes en Picardie. Les soldats de l'armée française, que commandait le maréchal de Châtillon, traversent la Somme à Amiens, à Picquigny, à Pont-Remy et à Abbeville. Le jeudi 20 mai, toutes les troupes se réunissent à Bouquemaison ; le lendemain, elles entrent en Artois, où doit se porter tout l'effort de la campagne.

26 mai. Il arrive cinq grosses cloches à Doullens volées aux environs de Pernes par les soldats français ; elles sont conduites à Amiens pour y être mieux vendues.

6 juillet. Un sergent d'une compagnie de gens de pied est dégradé à Doullens pour avoir manqué de courage. Après qu'on lui eut rasé la tête et le menton comme un vilain, il fut exposé sur l'estrapade ayant sur la poitrine un écriteau où se lisait en grosses lettres « poltron ». On le bannit ensuite de la ville, et défense lui fut faite de porter les armes à l'avenir dans l'armée française.

(1) Ce journal, dont nous avons fait l'acquisition en 1884, pour le compte de la Bibliothèque communale d'Abbeville, porte le n° 96 du Catalogue des Mss. de cet établissement.

16 juillet. On pend un espion à Abbeville. Le même jour, on arrête un autre espion à Surcamps.

21 juillet. Le roi arrive à Amiens vers cinq heures du soir; il loge chez le duc de Chaulnes. L'échevinage fait tirer quarante coups de canon. Richelieu y arrive le même jour à dix heures du soir ; il loge aux *Trois-Cailloux*.

26 juillet. Le roi quitte Amiens ; il couche à Airaines.

27 juillet. Le roi arrive à Abbeville ; il descend à l'abbaye de Saint-Pierre. Richelieu l'y rejoint le même jour avec le duc de Chaulnes.

29 juillet. Les régiments de Rambures, de Bussy-Lameth et de Bellefonds, détachés de l'armée de Châtillon, passent à Saint-Ouen pour se rendre dans le Vermandois dans le but de s'opposer aux ravages qu'y exercent les Espagnols.

4 août. On prend un gentilhomme qui écrivait à Marie de Médicis tout ce qui se passait à la Cour à Abbeville.

15 août. Le roi assiste à une procession générale; il voue sa personne et son royaume à la Ste-Vierge.

16 août. Louis XIII quitte Abbeville à cinq heures du matin pour se rendre à Paris afin d'assister à la naissance du dauphin.

17 août. Richelieu part d'Abbeville et s'arrête à Pont-Remy, où ses cuisiniers mirent le feu au château en préparant le dîner. Le château fut entièrement détruit ; un tonneau de poudre ayant pris feu dans l'une des tours occasionna l'incendie de huit maisons.

11 septembre. Le marquis de Heucourt, seigneur de Wargnies, arrêté le 9 juin précédent par le duc de Chaulnes, est décapité dans la plaine entre la citadelle d'Amiens et la ville, près de la demi-lune.

17 septembre. Jean de Rambures, gouverneur de Doullens, a le bras gauche fracassé au siège du Catelet ; il meurt le dimanche 4 octobre.

4 novembre. Des soldats espagnols enlèvent plusieurs vaches à Beaumetz ; ils se saisissent de deux bouchers de Bernaville pour se faire guider par eux dans les'environs.

7 novembre. 30 cavaliers espagnols font des réquisitions de chevaux et de vaches à Saint-Hilaire.

15 novembre. Défaite à Fienvillers de 300 cavaliers et de 200 fantassins espagnols des garnisons d'Aire, d'Arras, d'Hesdin et de Fillièvres.

4 décembre. 50 cavaliers et 50 fantassins espagnols pillent Coquerel ; ils enlèvent cent vingt moutons, quinze chevaux et seize vaches.

1639.

Mars. Les troupes françaises qui ont hiverné en Picardie se rassemblent sur la rive gauche de la Somme. Les soldats se livrent aux plus graves excès : ils pillent, tuent, violent et démontent les fers des moulins à blé.

4 mai. Rendez-vous des troupes à Domart-en-Ponthieu. Les villages de Franqueville et de Houdencourt sont livrés au pillage par l'infanterie. La cavalerie cause de grands dégâts à Saint-Ouen, et à Béthencourt, où elle fauche les blés. Berneuil, Saint-Léger, Berteaucourt et Halloy sont dévastés. L'artillerie arrive le même jour à Naours et à Talmas.

8 mai. La Meilleraye, grand maître de l'artillerie, placé à la tête de l'armée qui doit opérer en Artois, arrive à Domart.

9 mai. Les soldats français décampent de Domart et des environs ; ils vont camper à Doullens, à Bretel et aux alentours; le lendemain, ils arrivent à l'abbaye de Cercamp.

22 mai. Saint-Preuil, gouverneur de Doullens, ordonne aux paysans de son gouvernement de se rendre à Hesdin pour travailler aux lignes de circonvallation de cette place ; ils sont invi-

tés à se munir de vivres pour trois jours et à emporter les outils nécessaires, tels que pics, pelles, bêches, cognées et serpes.

26 mai. Les gouverneurs d'Abbeville, de Rue, de Montreuil, de Calais et d'Ardres publient une ordonnance semblable.

30 mai. Richelieu arrive à Abbeville.

31 mai. Le roi revient dans la même ville.

3 juin. Louis XIII se rend à Hesdin pour visiter les travaux du siège ; il rentre à Abbeville le lendemain. Au lieu de suivre le chemin de Dompierre, il passa par Montreuil, parce que la route offrait moins de dangers.

30 juin. L'avant-garde de l'armée de Châtillon, commandée pour se rendre au siège d'Hesdin, passe à Pont-Remy et arrive à Domart.

1er juillet. Les soldats de Châtillon quittent Domart à dix heures du matin et suivent le chemin de Gorenflos en ordre de bataille. Arrivés à Noyelles-en-Chaussée, un ordre du roi les fait revenir sur leurs pas, car Hesdin venait de se rendre.

6 juillet. Louis XIII quitte Abbeville ; il va coucher à Airaines et rentre à Amiens le lendemain.

10 juillet. Le roi et Richelieu arrivent à Corbie ; le bruit courait que cette place était insuffisamment garnie d'hommes et de munitions par la faute du gouverneur.

12 juillet. Louis XIII et son ministre quittent Corbie pour se rendre à Péronne.

13 juillet. Ordonnance du roi enjoignant aux maçons de la Picardie d'aller travailler à la réparation des murs d'Hesdin.

19 août. Plus de quatre-vingt-dix cloches volées en Artois et en Picardie avaient été conduites à Hesdin par les Espagnols. Après la prise de cette ville, on en amène soixante-dix à Abbeville.

3 octobre. L'armée française ayant quitté Cercamp vient camper aux environs de Doullens.

4 octobre. La Meilleraye fait lever le camp ; le régiment d'É-
pagny et le régiment de Langeron s'établissent à Domart. Le
quartier du roi, où se trouve la Meilleraye, campe à Flesselles ;
la cavalerie et l'infanterie logent à Halloy, à Berteaucourt où
l'abbaye est pillée, à Saint-Léger, à Fransu, à Brucamps, à Villers-sous-Ailly, à Béthencourt-Saint-Ouen, à Ailly, à Saint-Ouen,
où le château est livré au pillage, à Ville-Saint-Ouen, à Naours,à
Talmas, à Mouflers, à Vauchelles, à Long, à Coquerel, à Ergnies,
à Famechon, à Alliel et dans plusieurs autres villages ou hameaux.

5 octobre. Deux cavaliers déposent quatre étendards dans le
château de Domart afin de les mettre en sûreté.

11 octobre. Revue des troupes passée dans la plaine d'Yzeux
en l'honneur de Mesdames de la Meilleraye et de Chaulnes, qui
se trouvaient alors au château de Picquigny.

15 octobre. L'armée quitte le Ponthieu ; elle campe à Corbie
le 16, et aux environs de Péronne le 17.

11 novembre. L'armée revient du Vermandois et campe près
de Corbie ; elle reçoit l'ordre de prendre ses quartiers d'hiver ;
une partie des troupes va se loger à Amiens et dans les villages
voisins.

12 novembre. Les cavaliers de Gassion, formant dix-huit compagnies, arrivent près de Domart, mais n'entrent point dans ce
bourg ; ils vont s'établir à Brucamps, Gorenflos, Ergnies, Ailly,.
Bouchon, Épagne, Bellancourt, Coulonvillers et Bussu ; ils se
font traiter à discrétion ; les paysans n'osent se rendre d'un
village à l'autre dans la crainte d'être dépouillés par ces pillards.

1640

9 avril. Les soldats en garnison à Amiens, à Abbeville, à Corbie, à Péronne et dans d'autres villes quittent leurs quartiers,

malgré le mauvais temps. La pluie, la neige, le vent rendirent la marche de l'armée fort difficile jusqu'à la mi-mai.

3 mai. L'armée quitte la Picardie et entre dans le Luxembourg. Personne en Picardie et en Artois ne connaît l'intention des chefs de cette armée.

28 mai. Cinquante-deux charrettes chargées de pain et de biscuit sont envoyées d'Amiens à Doullens.

4 juin. Arrivée du quartier du roi à Domart. Passage dans ce bourg de quarante charrettes chargées chacune de six tonneaux de poudre, de six fauconneaux, de cinq grosses pièces de batterie tirées chacune par dix-huit ou dix-neuf chevaux, de quarante charrettes chargées de boulets, de vingt charrettes chargées de mèches, de quatre charrettes chargées d'habits militaires, de quatre charrettes chargées de lits de camp, de quatre charrettes chargées de tables et d'escabeaux ; puis M. de la Ferté fait son entrée, suivi d'un carrosse où sont quatre jésuites, et de trois cordeliers montés à cheval ; six mulets chargés de bagages se rendent au logis du maréchal de Châtillon et cinq autres mulets au logis du duc de Chaulnes ; ces deux officiers font ensuite leur entrée dans Domart.

5 juin. Les soldats quittent Domart et passent par Ribèaucourt, Domléger, Maison-Ponthieu et Gueschard.

18 juin. Arrivée du roi à Corbie.

19 juin. Huit cents charrettes chargées de vivres sont envoyées de Doullens, d'Amiens et d'Abbeville au camp de l'armée française devant Arras.

21 juin. Arrivée du roi à Amiens ; il loge à l'hôtel du duc de Chaulnes.

21-27 juin. Passage à Domart de nombreuses charrettes chargées de munitions de guerre.

1er juillet. Passage à Domart de deux cents chars et charrettes chargés de vivres.

2 juillet. Passage au même lieu de trois cent quarante-deux charrettes chargées de vivres et de munitions de guerre.

3 juillet. Un convoi de trois mille charrettes quitte Doullens et prend le chemin d'Arras.

5 juillet. Arrivée du duc d'Orléans à Amiens.

17 juillet. Perte d'un convoi de quatre cents charrettes chargées de vivres, et défaite des 300 cavaliers et des 600 fantassins qui l'escortaient sous le commandement de M. d'Hocquincourt, gouverneur de Péronne ; la cavalerie lâcha pied et l'infanterie fut massacrée.

Le même jour, les régiments de Bellefonds et de la Feuillade arrivent à Domart ; six compagnies de la garnison du Havre logent à Brucamps.

20 juillet. Saint-Preuil, gouverneur de Doullens, conduit un convoi de quatre cents charrettes au camp des assiégeants devant Arras.

23 juillet. Arrivée à Amiens de M. de la Ferté-Imbault avec 3,000 hommes de troupe ; Louis XIII désigne les quartiers.

24 juillet. Arrivée à Pernois de 2,000 hommes d'infanterie et de cavalerie commandés par le prince de Richemont.

22 juillet. Ces soldats vont camper à Saint-Léger ; ils fauchent les blés quoiqu'ils ne soient pas encore mûrs.

1er août. Arrivée de M. du Hallier à Amiens avec son camp volant, composé de 18,000 hommes. Il avait été rappelé de la Lorraine pour escorter les convois que l'on devait envoyer à l'armée française au siège d'Arras, où un pain de munition valait trois livres et un pot de vin, dix livres ; la viande y était si rare que les soldats faisaient leur potage avec du suif de chandelle ; la chair du cheval et celle de l'âne remplaçaient celle du bœuf et du mouton.

19 août. Après la réduction d'Arras, l'armée de du Hallier vient loger à Domart, Lanches, Saint-Hilaire, Saint-Léger, Fransu, Plouy, Domqueur, Villers-sous-Ailly, Bouchon, Long et Berteaucourt ; les soldats fauchent les blés, et, après avoir battu le grain, vont le vendre dans les villages voisins.

30 août. Louis XIII quitte Amiens pour se rendre à Paris.

31 août. Du Hallier lève son camp établi à Domart et aux environs.

27 septembre. Feux de joie à Amiens pour l'accouchement de la reine.

28 septembre. Feux de joie dans la même ville pour la prise de Turin.

25 novembre. Logement du régiment de Nettancourt à Domart.

1641

15 février. Arrivée du duc de Longueville à Abbeville.

9 avril. Attentat sur la ville de Péronne.

2 mai. Arrivée de la Meilleraye à Amiens.

5 mai. Vingt-six pièces de canon arrivent à Amiens.

9 mai. Arrivée à Domart du régiment de Valmont ; les soldats enlèvent le chaume des toits pour faire leur litière ; ils démontent les granges, les étables et les maisons, et font du feu avec le bois composant la charpente.

12 mai. Arrivée à Domart de cinq compagnies de chevau-légers du régiment de Gassion ; le reste du régiment loge à Franqueville et à Saint-Léger.

15 mai. La Meilleraye arrive à Doullens.

30 mai. Louis XIII et Richelieu arrivent à Abbeville ; le roi, venant d'Aumale, où il avait couché, entre par la porte d'Hocquet ; il descend chez M. de Valines, près du quai.

1-8 juin. Nombreux passages de troupes à Abbèville.— Le roi, souffrant de la goutte, ne peut quitter sa chambre.

13 juin. Le comte de Grancey, mandé pour le siège d'Aire, arrive au Pont-de-Metz avec 10,000 hommes ; il reçoit ensuite l'ordre de demeurer aux environs d'Amiens, puis il est envoyé à Sedan, où il arrive trop tard, ayant mis quinze jours à faire le chemin.

Pendant leur séjour au Pont-de-Metz, à Salouël et à Bacouël, ses soldats commirent les plus grands dégâts.

25 juin. Le roi se rend d'Abbeville à la ville d'Eu, où il avait envoyé ses chiens de chasse et ses oiseaux le 17 juin. Cette ville appartenait au cardinal de Guise, retiré à Sedan avec les mécontents. Louis XIII change les principaux officiers et le gouverneur d'Eu.

27 juin. Les troupes du comte de Grancey quittent le Pont-de-Metz et passent par Corbie. — Le même jour, le roi arrive à Amiens.

29 juin. Le roi arrive à Corbie.

3 juillet. Louis XIII se rend à Péronne.

21 juillet. Le corps du marquis de Coislin traverse Flixecourt ; il venait d'Abbeville, où un service solennel lui fut fait dans l'église des Minimes de cette ville.

18 août. Arrivée du roi à Amiens ; il venait de Chaulnes.

10 septembre. Louis XIII quitte Amiens et se rend à Péronne en passant par Corbie.

27 septembre. Le roi arrive à Amiens ; il en repart le 4 octobre pour aller à Picquigny, où il reste jusqu'au 10 ; il se rend alors à Corbie en passant par Amiens, mais sans s'y arrêter.

25 octobre. L'armée française quitte l'Artois et vient prendre ses quartiers d'hiver en Picardie. La Ferté-Senneterre loge à

19

Flesselles, où se trouve le quartier du roi, Gassion loge à Gapennes, et le marquis de Douglas, à Domart.

9 novembre. Exécution de Saint-Preuil à Amiens.

1642

Avril. Passages de troupes françaises par Amiens, Picquigny,
Pont-Remy et Abbeville ; elles se rendent à Péronne pour entrer
en Artois.

19 mai. Les soldats de la garnison espagnole d'Hesdin vont
faire des réquisitions à Buigny, Domqueur, le Plouy et Neuf-
moulin.

27 mai. L'armée française quitte le Boulonnais et vient camper
à Dompierre.

28 mai. L'armée française quitte Dompierre pour venir camper
à Saint-Riquier.

30 mai. L'armée vient camper à Domart.

2 juin. Les Espagnols veulent traverser la Somme à Bray, mais
15,000 paysans bien armés s'opposent à leur passage.

23 juin. Les soldats du régiment de la Marine passent à Pont-
Remy et se portent sur Roye ; ils forcent la ville et se rendent
coupables de tous les excès, surtout envers les femmes et les
filles.

29 juin. Logement du régiment de Valmont à Domart ; il dé-
loge le lendemain.

6 juillet. Logement à Domart du régiment du Vidame.

18 juillet. Logement à Domart du régiment de Bourdonné venant d'Ardres.

2-12 août. L'armée du comte d'Harcourt quitte les environs de
Notre-Dame de Liesse, où elle était campée, traverse le Santerre
et arrive à Longueau le 10 ; elle en repart le 12 pour aller camper à Domart.

13 août. Le comte d'Harcourt quitte Domart pour se rendre en

toute hâte dans le Boulonnais, où les Espagnols causaient les plus grands ravages.

30 septembre. Le comte d'Harcourt revient à Doullens avec ses troupes.

2 octobre. Les soldats du comte d'Harcourt quittent Doullens et retournent par le Santerre à Notre-Dame de Liesse.

12 novembre. L'armée prend ses quartiers d'hiver en Picardie, en Normandie et dans le Vimeu.

1643

Mars. Mouvements de troupes entre Amiens et Abbeville.

23 mars. Revue des troupes à la Hotoie en présence de Gassion et de M. de Bellejamme, intendant de Picardie; il se trouvait 5,000 hommes de chevaux et 2,000 fantassins. De nouvelles troupes entrent journellement dans Amiens ; la ville est bientôt pleine de gens de guerre, qui se livrent à tous les excès.

1er avril. Le gouverneur de Doullens fait préparer des pieux et ordonne aux sujets de son gouvernement de garder l'Authie.

18 avril. Le duc d'Enghien, nommé général de l'armée de Picardie, arrive à Amiens ; on tire vingt coups de canon.

8 mai. Les cavaliers logés à Amiens et à Abbeville se rendent à Albert.

8 mai. Le régiment de Coislin passe à Domart et à Fieffes pour se rendre aussi à Albert.

28 mai. Le régiment de la Marine, venant du Boulonnais, loge à Franqueville ; ce village est livré au pillage ainsi que l'église ; les soldats mettent le feu au portail et brisent les vitres.

26-28 juillet. Manicamp, commandant un détachement de 700 hommes, traverse l'Artois et vient loger à Bouquemaison le 26, passe à Dompierre le 28 et s'arrête à Saint-Riquier.

3 août. 120 cavaliers espagnols sortis de Douai arrivent à Bouquemaison, où ils dressent une embuscade ; dix d'entre eux sont

envoyés en avant ; ils prennent quelques paysans qu'ils relâchent ensuite et font semblant d'avoir peur. Les paysans informent la garnison de Doullens de ce qui vient de leur arriver ; 22 cavaliers sortent de Doullens et tombent dans le piège tendu par les ennemis ; peu s'en fallut que le gouverneur, M. de Monteclair, ne fût pris lui-même.

20 août. Le duc de Chaulnes fait rentrer à Amiens tous les officiers de son régiment, alors à Thionville ; sur son ordre, des vivres et des munitions de guerre sont déposés dans la citadelle d'Amiens ; il y fait aussi conduire les canons qui se trouvaient dans le magasin.

4 décembre. 200 cavaliers de la garnison de Douai, accompagnés de 50 paysans armés de haches et de cognées pour enfoncer les portes, s'avancent jusqu'à Puchevillers, où ils arrivent la nuit ; ils mettent le village au pillage, enlèvent des vaches et des charrues, tuent un homme et en blessent plusieurs autres.

20 décembre. Les Espagnols envoient des lettres de sommation aux habitants de Beauval, de Beauquesne et de Puchevillers, les menaçant de mort s'ils se refusent à payer une contribution de guerre.

28 décembre. Le duc d'Elbeuf, nommé gouverneur de la Picardie en remplacement du duc de Chaulnes, fait son entrée à Amiens.

28 décembre. Le nouveau gouverneur arrive à Abbeville ; il se rend à Rue le 31 décembre.

1644

22 janvier. Les Espagnols arrivent la nuit à Beauval et à Bretel et pillent ces deux localités.

29 avril. Il entre à Amiens un grand nombre de gens de guerre.

Mai. Des gens de guerre continuent d'arriver à Amiens et à Abbeville.

9 mai. Logements de troupes dans le Vimeu, à Saint-Riquier, à Vauchelles et à Domart.

12 mai. Arrivée de la Meilleraye à Amiens ; il est tiré vingt coups de canon dans la citadelle.

17 mai. Les soldats quittent Amiens et Abbeville et prennent leur direction par Domart et Doullens pour entrer dans l'Artois, pendant que le duc d'Orléans, nommé généralissime de l'armée de Picardie, quittait Roye, où il se trouvait avec 10,000 hommes pour se rendre à Péronne et entrer dans l'Artois par la Thiérache.

16 juillet. Arrivée à Abbeville de 600 soldats espagnols faits prisonniers à Gravelines ; ils sont échangés trois jours plus tard.

19 août. Arrivée à Domart de l'armée du duc d'Elbeuf, composée de 4,000 hommes.

30 août. Un détachement de 8,000 hommes, sous le commandement de Magaloty, maréchal de camp, est envoyé sur les frontières de l'Artois pour s'opposer à l'armée du duc de Lorraine. En quittant Gravelines, ce détachement passe près de Doullens, par Beauval, et se rend à Albert, où il demeure pendant neuf jours.

29 septembre. A l'occasion de la prise de Philipsbourg, on tire vingt coups de canon à Amiens ; un *Te Deum* est chanté à la cathédrale.

30 septembre. On fabrique à Abbeville une grande quantité de pics, de hoyaux, de serpes et de cognées pour servir aux manœuvres que l'on compte employer à relever les fortifications des forts pris aux environs de Saint-Omer ; huit mille brouettes sont confectionnées à Amiens pour le même objet.

3-5 décembre. Des soldats français logent à Domart, à Talmas, à Franqueville et à Bonneville ; ils commettent toutes sortes de dégâts.

9 décembre. Une querelle émue entre le duc d'Elbeuf et Gassion allait être vidée par un duel ; les deux adversaires se rendirent à la Madeleine, près d'Amiens, mais leurs témoins empêchèrent le combat.

Décembre. Nombreux logements de troupes à Domart.

1645

Janvier. Les bourgeois de Domart ont encore à loger un grand nombre de soldats.

22 avril. Logement du régiment de Rambures à Saint-Riquier.

2-3 mai. Les soldats de Gassion quittent Arras et viennent loger à Doullens, puis à Saint-Ouen et à Bettencourt, et enfin à Halloy et à Pernois.

Mai. Les villages de Franqueville, Gorenflos, Ergnies, Fransu, Domqueur, Plouy, Mesnil, Bernaville, Canaples, Lanches-Saint-Hilaire, Flenvillers, Berneuil, Flixecourt, Ouville, Hautvillers, Brucamps, Surcamps, Bourseville, Berteaucourt, etc., souffrent cruellement du logement des gens de guerre.

11 mai. Les habitants de Saint-Hilaire, qui venaient de creuser une carrière pour se mettre en sûreté, sont découverts par les soldats, qui mettent le feu à l'entrée du souterrain ; les malheureux paysans sont obligés de sortir de leur galerie pour éviter d'être asphyxiés, et se défendent à coups de pierre ; plusieurs d'entre eux sont blessés ; les soldats s'emparent de leurs bestiaux et les obligent à racheter leurs vaches moyennant une pistole par tête.

27-28 mai. Tous les soldats cantonnés en Picardie reçoivent l'ordre de se mettre en marche ; ils traversent l'Authie en quatre endroits pour entrer en Artois.

29 mai. Le duc d'Orléans arrive à Amiens ; il va rejoindre l'armée dont il est généralissime.

5 juin. M. de la Ferté-Imbault, commandant du corps de réserve, composé de 8,000 hommes, établit son camp à Domart et aux environs.

10 juin. Il est publié à son de trompe que personne « n'ait à danser, ni faire bal, ni banquet superflu avec joueurs de violon, hautbois ou autres instruments, ni même de chanter dans les cabarets et tavernes. »

19 juillet. *Te Deum* chanté à Amiens avec feux de joie à l'occasion de la reddition de la ville de la Motte, en Lorraine, de deux grandes victoires en Catalogne et de l'accouchement de la duchesse d'Orléans.

3 septembre. Passage du duc d'Orléans à Doullens ; il retourne à la Cour.

4 octobre. Incendie du château de Wargnies.

17 octobre. Incendie du château, de l'église et du prieuré de Domart.

22 octobre. Les soldats composant l'armée du duc d'Orléans ayant quitté la Flandre reviennent en Picardie et logent à Bernaville, Fienvillers, Zoteux, Prouville, Beaumetz, Ribeaucourt, Barlette et Cramont.

En l'année 1645, les eaux et les sources furent si basses que les puits et les fontaines étaient presque taris. La moisson fut très abondante et le blé pur froment se vendit 24 sous le quartier.

1646.

Mai. Logements de troupes à Famechon, Beauquesne, Épécamps, Franqueville, Boisbergues, Berteaucourt, Neuvillette, Ergnies, Ville-Saint-Ouen, Surcamps, à l'abbaye de Moreaucourt, etc.; les habitants ont fort à souffrir des déprédations commises par les soldats.

24 mai. Le duc d'Orléans, nommé généralissime de l'armée qui va entrer en Artois, arrive à Amiens.

27 mai. Arrivée de Gaston d'Orléans à Doullens.

29 mai. Le roi et sa mère arrivent à Amiens.

2-3 septembre. Passage à Abbeville et à Longpré-les-Corps-Saints des soldats espagnols faits prisonniers aux forts Mardick ; ils arrivent à Amiens le 3 septembre et sont logés dans les halles.

6 octobre. Le cœur de M. de Monchy (1) mort l'avant-veille est apporté dans l'église de Fransu par M. de Caveron (2), son beau-père.

28 octobre. Les soldats français ayant quitté la Flandre viennent prendre leurs quartiers en Picardie ; les soldats logés à Domart vident presque entièrement les granges.

24-25 novembre. Les garnisons d'Amiens, de Corbie, d'Abbeville, de Montreuil et de Rue quittent leurs villes pour aller secourir le fort de Lannoy, défendu par 100 hommes; mais, à Doullens, on leur apprend que ce fort s'est rendu. Les soldats de ces garnisons commettent toutes sortes de dégâts sur leur passage.

12 décembre. Arrivée à Amiens d'un régiment de Polonais, appelés les *Bleus bonnets* ; ils dérobèrent tout ce qu'ils purent saisir sur leur passage.

Le blé se vendit bon marché en 1646 ; le pur froment valait 4 livres 10 sous le setier ; jusqu'au mois de juillet, il y eut une

---

(1) Georges de Monchy, seigneur d'Hocquincourt, gouverneur de Monthulin, de Boulogne et de Péronne, capitaine de chevau-légers, épousa sa cousine, Marie-Claude de Monchy, quoique celle-ci eût d'abord été fiancée à M. de Marcatel, capitaine de chevau-légers.

(2) Charles de Monchy, seigneur de Caveron.

fort belle apparence de récolte, mais les blés devinrent noirs et
le prix s'en éleva à 7 livres le setier.

1647.

Mai. Logements à Saint-Hilaire, Fieffes, Canaples, Naours,
Talmas, Berteaucourt, Beauval.

16 mai. Arrivée du roi, de la reine et de Mazarin à Amiens.

17 mai. Le cardinal Mazarin se rend à Doullens.

30 mai. Un corps d'armée de 4,000 hommes quitte Doullens
pour se rendre à Hautbourdin.

6 juin. Le duc d'Orléans et Mazarin, alors à Amiens, passent
en revue près de Corbie les troupes de la Ferté-Senneterre, composées de 10,000 hommes. — Le même jour, le maréchal de
Rantzau arrive à Doullens avec son armée, comptant 7,000
hommes ; il venait du Boulonnais.

8 juin. Le prince Thomas vient rejoindre le roi à Amiens. —
Les soldats pillent les villages entre Flesselles et Mézerolles.

25 juin. Conseil de guerre tenu à Doullens, entre le duc d'Orléans, Gassion, Rantzau et Villeroy.

27-31 juillet. Arrivée du roi à Abbeville ; il se rend ensuite à
la ville d'Eu.

6 août. La princesse Marie (1), fille de M. de Nevers, autrement dit duc de Mantoue, avait fait don au roi de France de
10,000 soldats polonais ; une partie d'entre eux débarqua à
Dieppe et on en envoya 160 loger à Domart.

28 août. Logement de 100 Polonais à Domart ; ces soldats
n'ont point de mousquet mais seulement un sabre ; ils sont vêtus

(1) Marie-Louise de Gonzague, fille de Charles, duc de Nevers
puis de Mantoue ; elle fut mariée en premières noces, en 1645, à
Ladislas Sigismond, roi de Pologne ; trois ans plus tard, Jean-Casi-
mir succéda à son frère et épousa sa belle-sœur.

d'un justaucorps gris, de hauts-de-chausses rouges et portent des
bas blancs et des souliers ; ces habits leur furent donnés par l'ordre du roi à leur débarquement à Dieppe. Ces sol·lats portaient des
bonnets bleus, verts ou rouges ; ils avaient la tête rasée, hormis
une touffe de longs cheveux qui leur tombait sur les yeux. Ces
Polonais étaient stupides et grossiers, mais faciles à contenter ;
ils ne portaient point d'épée, mais un sabre fort large et recour-
bé, attaché par une étroite lanière disposée en bandoulière.

25 août. Logements de troupes à Berneuil, Bernaville et
Gorges.

28 août. Les soldats français logés aux environs de Doullens
quittent leurs cantonnements pour se rendre en Flandre.

10-11 septembre. Arrivée à Amiens de 1,500 hommes de chevaux de l'armée de Turenne ; le lendemain ils font des réquisitions de vaches à Talmas et aux environs de Domart.

2-3 novembre. Logements de troupes à Gorenflos, Condé-
Folie, Longpré, Fienvillers, Agenville, Hiermont, Maison-Ponthieu, Conteville, Yvrench et Yvrencheux.

7 novembre. Logements à Domqueur et Plouy.

10 novembre. Les soldats logés à Domléger pénètrent dans les
souterrains creusés par les habitants, les mettent au pillage, établissent un corps de garde à l'entrée et vont vendre à Abbeville
et à Auxi le blé qu'ils ont volé dans la carrière.

11-22 novembre. Logements de troupes à Prouville, Beaumetz,
Talmas, Équancourt, Conteville, Ribeaucourt, Oneux, Fransu,
Villers-Bocage. Les habitants ont fort à souffrir de la part des
soldats français, qui se livrent à tous les excès ; ils brûlent toutes
les dépendances du château de Prouville, dont il ne reste que le
corps de logis ; ils pillent les moulins d'Arondel et de Saint-
Léger, le village de Saint-Ouen, où ils brûlent deux maisons ; ils
incendient aussi deux maisons à Domart.

22-28 novembre. Le régiment de Mazarin, gens de chevaux, passe la nuit à Domart.

9 décembre. Arrivée à Saint-Valery sur Somme de nombreux navires chargés de blé.

12-13 décembre. Le régiment de Mazarin quitte Hesdin, où il tenait garnison, loge une nuit à Franqueville et repart le lendemain pour se rendre à Amiens.

« Des bleds en 1647. — Les bleds estoient de belle monstre et en grande quantité ; chacun se resjouissoit, mais Dieu retira sa bénédiction. La veille de S. Arnoul et le jour suivant (17 et 18 juillet), il fit un brouillard sy espais et sy puant que tous les bleds noircirent, et au lieu de voir la moisson dorée, elle étoit noire, notamment les bleds blancs ; les épis demeurèrent tout droits ; il n'y avoit que de petits et maigres grains qui n'estoient que de l'écorce, de façon que les gerbes ne rendirent pas demy quarte. Il y avoit des gerbes en abondance mais fort peu de grains, ce qui fut cause que le bled valut cent dix sous le quartier, et n'eut esté les orges, les pamelles et autres menus grains, nous eussions eu la famine par toute la France, car l'accident fut général. »

1648.

13 février. Convoi de Harponville défait par les ennemis.

29 février. Un maître d'école d'Amiens, convaincu d'avoir abusé de l'une de ses écolières, est condamné à mort ; il interjette appel à Paris.

Mars. Fréquents logements à Domart.

1er avril. La Meilleraye arrive à Amiens ; il en repart le 14 pour se rendre à Doullens.

15 avril. Arrivée du prince de Condé à Amiens ; il quitte cette

ville le 21 et se rend à Doullens ; il est escorté de 3,500 cavaliers qui logent à Naours, à Talmas et aux environs.

1er mai. Vingt pièces de canon sont envoyées d'Amiens à l'armée du prince de Condé.

22 mai. M. de Vaubecourt entre en Artois par Péronne avec un détachement de 4,000 hommes.

24 mai. Le comte de Guiche entre aussi en Artois par Péronne avec une armée de 5,000 hommes.

15 juin. Un détachement de l'armée ennemie, fort de 8,000 hommes, quitte les environs d'Estaires, passe près d'Arras et s'avance jusqu'auprès de Péronne. Les paysans effrayés quittent leurs villages avec leurs femmes, leurs enfants, leurs bestiaux et leurs meubles et se réfugient à Amiens ; le nombre en est si grand dans cette ville que le passage dans les rues devient fort difficile. Peu de jours après, le gros de l'armée ennemie vient rejoindre l'avant-garde.

16 juin. M. de Vaubecourt est envoyé à Albert avec cinq régiments de cavalerie et trois régiments d'infanterie à l'effet d'observer la marche des Espagnols.

19-20 juin. Quelques coureurs de l'armée ennemie tuent un homme à Fransu et volent des vaches aux portes de Doullens.

14 août. Passage à Harponville de tout l'attirail de l'armée française.

15 août. Quinze bateaux sont pris à Moreuil pour être conduits à Arras.

27 août. Arrivée à Amiens des 5,000 prisonniers faits à Lens par le prince de Condé ; ils sont escortés par 2,000 hommes de chevaux.

6 septembre. *Te Deum* chanté à Amiens en réjouissance de la bataille de Lens.

8 septembre. *Te Deum* chanté à Abbeville pour le même sujet.

17 septembre. En quittant l'armée de Flandre pour se rendre

à Paris, le prince de Condé s'arrête à Abbeville, où il est tiré plus de cinquante coups de canon.

21 septembre. Le général Erlach arrive à Yvrench avec son armée, forte de 7,000 hommes ; ses soldats prennent leurs logements à Cramont, Saint-Riquier, Pernois, Flesselles, Gorenflos, Berneuil, Franqueville, etc.

26 septembre. Arrivée à Doullens du maréchal de Grammont avec 4,000 soldats.

1-4 octobre. Siège du château de Domart par le colonel Erlach, neveu du général de ce nom, parce que les habitants avaient refusé d'acquitter la contribution à laquelle il les avait taxés.

29 octobre. Logement à Saint-Hilaire.

2 novembre. Logement à Ribeaucourt.

11-14 novembre. Logement de trois régiments à Berneuil.

Novembre. Les soldats de l'armée française ayant quitté la Flandre pour prendre leurs quartiers d'hiver entrent dans le Ponthieu et logent à Maison-Ponthieu, Ergnies, Vauchelles, Ailly, Saint-Ouen, Bettencourt, Fransu, Bernaville, Surcamps, Montrelet ; ils pillent Ergnies, Saint-Ouen et Vignacourt. Les cinq compagnies de gens de chevaux du régiment de Fabry, logées à Montrelet, s'établirent successivement à Saint-Hilaire, Saint-Léger et Bernaville.

« Le printemps de l'année 1648 fut assez mauvais et pluvieux jusqu'au mois de mai ; les quinze derniers jours de ce mois furent beaux, mais il commença à pleuvoir le 31 mai ; jusqu'au mois d'août, il ne fit pas quatre jours de beau temps, de sorte que tous les bleds ont germé. La moisson passée, la pluie continua jusqu'à la Toussaint, de sorte qu'on ne pouvoit semer les bleds tant la terre étoit couverte d'eau et battue comme l'aire d'une grange, ce qui fut la cause que les bleds furent tardifs à semer ; on en semoit encore plus de huit jours après la saint Martin, de façon qu'on ne voioit pas de bled sur terre au mois de janvier. La gelée commença le premier jour de febvrier et continua jusqu'au premier jour de mars, et, à la fin du mois de mars, il neigea pendant neuf jours ; la neige fondue, on commença à voir la pointe des bleds au 6 avril ; après, il plut continuellement jusqu'au mois de mai ; il fit ensuite cinq jours de beau temps et la pluie tomba plus fort que jamais. Les 26 et 27 juillet s'éleva un brouillard puant qui gasta les bleds. »

1649.

10 janvier. Le curé de Domart lit au prône un ordre du gouverneur de Doullens qui autorise à tuer et à assommer « les perturbateurs de l'ordre public », qu'ils soient ou non du régiment du gouverneur.

12 janvier. Sept pièces de canon sont envoyées de Doullens à Amiens.

18 janvier. Logement à Saint-Léger de 200 cavaliers du régiment de Ravenel, sortis d'Hesdin.

28 janvier. Logements à Fransu et à Bussus.

28 février. Les curés de l'évêché d'Amiens et les maïeurs et les échevins de la Picardie sont assignés « à comparoir devant le bailli d'Amiens pour porter les plaintes et souffrances » de leurs localités.

1er mars. Il est tiré six volées de canon à Doullens suivant le signal convenu pour avertir les paysans des environs qu'une armée ennemie, forte de 10,000 hommes, se trouvait près d'Arras ; c'était celle de l'archiduc Léopold, qui s'avança ensuite sur Cambrai.

15 mars. Les députés des trois ordres se réunissent à Amiens pour recevoir « les plaintes et doléances » des habitants de la Picardie depuis le commencement de la guerre. Ces trois dépu-

tés sont, pour le clergé, l'évêque d'Amiens ; pour la noblesse, M. de Wailly ; pour le tiers-état, M. Jumel.

29 mars. Logements à Fransu, Flesselles et Bernaville.

21-30 avril. Logements à Saint-Ouen, Bettencourt, l'Étoile, Pernois et Berteaucourt.

2-3 mai. Logements à Buigny-l'Abbé et à la Vicogne.

Mai. Passages et logements de troupes à Beauquesne, Saint-Riquier, Ailly-le-Haut-Clocher, Alliel, Famechon, Saint-Léger, Berteaucourt, Bouchon, Bernaville, Hiermont, Canaples, Fieffes, Pernois, Ergnies, Franqueville, Berneuil ; les soldats tuent un homme dans ce dernier village et en blessent deux autres.

24 mai. L'armée française, conduite en Artois le 4 mai par le marquis d'Hocquincourt, gouverneur de Péronne, rentre en Picardie sous le commandement de M. de Villequier ; le quartier du roi est établi à Albert, et l'armée campe aux environs de cette ville.

28 mai. Incendie du château d'Heilly.—Le même jour, l'armée du comte d'Harcourt arrive aux environs d'Amiens.

1er juin. Passage à Abbeville du prince de Galles qui va trouver le roi à Compiègne ; il laisse ses gardes à Longpré-les-Corps-Saints.

3 juin. L'armée du comte d'Harcourt campe auprès de Talmas ; 800 chevaux du régiment de la Villette logent à Naours ; la nuit suivante, ces cavaliers vont piller le village de Saint-Léger.

6-9 juin. Le régiment de Rantzau arrive à Franqueville pour y loger ; les habitants s'étaient enfuis et les soldats n'y trouvèrent plus personne et manquèrent de vivres ; trois jours plus tard, ils vont loger à Saint-Ouen et à Bettencourt.

11 juin. Le régiment de Rantzau quitte ces deux villages pour aller loger à Bourdon et à Yzeux.

16 juin. Arrivée du roi à Amiens.

18 juin. Le cardinal Mazarin vient rejoindre le roi.

22 juin. Des soldats logés à Rubempré viennent loger à Domart.
— Le même jour, les soldats du régiment de Ravenel logent à
Lanches et à Saint-Hilaire ; ils ne maltraitent pas les paysans,
mais ils fauchent les blés pour nourrir leurs chevaux.

17 juillet. Logement du régiment de Gamaches à Fieffes, du
régiment du Vidame à Bonneville, du régiment de la Meilleraye
à Talmas et du régiment de Monteclair à Berteaucourt.

25 juillet. Le régiment de la Meilleraye quitte Talmas pour se
rendre à Long ; les habitants, armés, attendent les soldats aux
barrières de leur village et les empêchent d'entrer.

26 juillet? Défaite du régiment de Hautwer à Béhen, attaqué
par les habitants de plusieurs villages des environs ; ils noient
cent soldats.

29 juillet. Toute la cavalerie du camp volant commandé par le
vidame d'Amiens quitte le Ponthieu et se rend à Auxi-le-
Château.

11-30 août. Les bagages de ce camp arrivent à Argœuvres et y
restent près de trois semaines.

26 septembre. Le camp volant du Vidame arrive dans la vallée
de Contay.

5 octobre. Le régiment de Monteclair loge à Bourdon et à
Yzeux. — Le même jour, le régiment de la Meilleraye loge à
Berteaucourt.

19 octobre. Les villages de Gorges et d'Épécamps sont pillés.

21 octobre. L'armée du comte d'Harcourt campe à Lucheux.

27 octobre. Mort à Paris du duc de Chaulnes, gouverneur de
Picardie. Il souffrait de la pierre ; un empirique se fit fort de le
tailler adroitement et répondit de sa vie ; le duc y consentit,
mais l'opération ne réussit point ; son corps fut transporté
à Chaulnes.

16 novembre. Le clocher de Long est battu à coups de canon.

Décembre. Les fantassins, logés pendant trois semaines dans le faubourg Saint-Gilles d'Abbeville, détroussent tous les passants.

18 mars. Charles Stuart, fils de Charles Iᵉʳ, roi d'Angleterre, passe à Doullens pour se rendre à Bruxelles.

8 mai. Logement de troupes à Lucheux.

14 mai. Logement à Domart du régiment de Picardie, comprenant plus de 1400 hommes.

Mai. Logements à Rainneville, Berteaucourt, Pernois, Ailly-le-Haut-Clocher, Bellancourt, Bourdon.

2 juin. La ferme du Bois-Riquier, près Saint-Ouen, est pillée et le fermier assassiné.

9 juin. Le régiment de Picardie pille en passant Ribeaucourt, Barlette et Gencourt, puis va loger à Berteaucourt.

7 octobre. Mort de M. de Monteclair, gouverneur de Doullens, blessé l'avant-veille (dans un combat livré près d'Aubenton).

16 décembre. Entrée à Doullens de M. de Bar, nommé gouverneur de cette place en remplacement de M. du Bois d'Amour, qui avait succédé à M. de Monteclair.

« Grande cherté de vivres en France et dans les royaumes voisins en 1650, car la récolte fut insuffisante ; il y auroit eu famine en France s'il ne fût venu du bled de l'étranger. Les pauvres ont souffert grand faim et disette et il en est mort grand nombre. En Picardie, le bled y fut vendu huit livres le quartier. Le pauvre peuple étoit tout terni et tout défiguré de disette. »

1651

Janvier. Logements de troupes à Ailly-le-Haut-Clocher, Long,

20

le Mesnil, Franqueville, Buigny-l'Abbé, la Vacquerie, Vauchelles, Halloy et Mouflers.

20-26 février. Arrivée du cardinal Mazarin à Doullens ; il en repart le 21 pour se rendre à Péronne.

12 mars. Les soldats des garnisons d'Amiens et de Corbie sont envoyés dans le Boulonnais pour s'opposer à la marche des ennemis ; ils logent à Berteaucourt puis à Yvrench.

3 avril. Une partie de la garnison d'Abbeville est envoyée à Ailly-le-Haut-Clocher parce que les habitants ont refusé de payer la taille.

25 avril. Logement à Yvrencheux ; les soldats « étouffent » la carrière, tuent un homme et commettent d'étranges cruautés.

1-13 mai. Le régiment de Rambures loge successivement à Berteaucourt, Montrelet, Bonneville et Ailly-le-Haut-Clocher. — Le régiment de Poitou, composé de 400 hommes, loge à Fransu puis à Coisy.

Les soldats logés à Argœuvres traversaient la Somme à la nage pour aller voler dans les villages de l'autre rive; les paysans n'osaient plus se rendre au marché d'Amiens.

14-16 mai. Le régiment de Rantzau loge à Naours, puis à Long et à Belloy ; 120 cavaliers de ce régiment pillent Bettencourt et Saint-Ouen.

1er juin. Trois cents volontaires du régiment de Rambures logé à Fransu vont attaquer la carrière de Franqueville, où s'é- taient réfugiés les habitants ; mais ceux-ci, craignant d'être étouffés, se rendent et laissent piller leur souterrain.

3 juin. Logement à Ribeaucourt ; les habitants de ce village et ceux des environs avaient mis leurs meubles en sûreté dans le château de M. de Wargemont, et avaient conduit leurs bestiaux dans la cour du château ; les paysans évitèrent le pillage en donnant trente grands setiers de blé aux soldats.

9 septembre. Un détachement de l'armée française, fort de 2,000 hommes, est envoyé au secours de Furnes. — Berneuil est livré au pillage.

5 octobre. L'armée française quitte l'Artois et passe près de Corbie.

Novembre. L'armée française vient prendre ses quartiers d'hiver en Picardie ; des soldats logent à Agenville, Long, Longuet, Ailly-le-Haut-Clocher, Buigny-Saint-Macloud, Saint-Léger.

Décembre. Logement de troupes à Berteaucourt, Bernaville, Saint-Ouen, Bettencourt, Lanches-Saint-Hilaire, Franqueville, Surcamps et à Bellancourt.

23 décembre. Le quartier du roi quitte Talmas et les environs, où il était logé, pour se rendre à Halloy et à Pernois. — Le régiment de Ravenel loge à Agenville.

3-5 janvier. Logement du régiment de Rantzau à Bernaville ; il se rend ensuite à Ailly-le-Haut-Clocher.

22 février. Logement à Saint-Ouen du régiment de Rambures.

11-15 juin. Un détachement de 4,000 hommes de l'armée ennemie s'avance entre Arras et Doullens ; le gouverneur de cette dernière ville fait une levée de paysans dans son gouvernement. Domart fournit cinquante hommes qui sont renvoyés le 15 juin.

17 juin. M. de Bar fait disposer des pieux par les habitants de son gouvernement.

17 juillet. Le duc d'Elbeuf, gouverneur de la Picardie, se trouvait aux environs de Chauny avec une armée de 4,000 hommes ; les ennemis, supérieurs en nombre, le forcèrent à se jeter dans cette place, qui fut aussitôt investie et rudement assaillie. Désespérant d'être secouru, le duc d'Elbeuf se rend à composition.

TABLE DES NOMS PROPRES.

C

O

P

TABLE DES MATIÈRES.

Amiens. — Imprimerie A DOUILLET et C°, rue du Logis du Roi, 13.

CPSIA information can be obtained
at www.ICGtesting.com
Printed in the USA
BVHW042245281018
531522BV00007B/82/P